V&R

Arnold Langenmayr

Einführung in die Trauerbegleitung

Vandenhoeck & Ruprecht

Bibliografische Information der Deutschen Nationalbibliothek

Die Deutsche Nationalbibliothek verzeichnet diese Publikation in der Deutschen Nationalbibliografie; detaillierte bibliografische Daten sind im Internet über http://dnb.d-nb.de abrufbar.

ISBN 978-3-525-40346-4
ISBN 978-3-647-40346-5 (E-Book)

Umschlagabbildung: day-walker/photocase.com

© 2013, Vandenhoeck & Ruprecht GmbH & Co. KG, Göttingen /
Vandenhoeck & Ruprecht LLC, Bristol, CT, U.S.A.
www.v-r.de
Alle Rechte vorbehalten. Das Werk und seine Teile sind urheberrechtlich geschützt. Jede Verwertung in anderen als den gesetzlich zugelassenen Fällen bedarf der vorherigen schriftlichen Einwilligung des Verlages.
Printed in Germany.

Satz: SchwabScantechnik, Göttingen
Druck und Bindung: ⊕ Hubert & Co., Göttingen

Gedruckt auf alterungsbeständigem Papier.

Inhalt

Vorwort 9

Trauer – Trauerberatung – Trauertherapie –
ein viel diskutiertes Thema 11

**Umgang mit Trauer in verschiedenen Zeitepochen
und Kulturen** 14

Der Trauerprozess 27
    Definition von Trauer 27
    Trauerphasen und Traueraufgaben 37
    Den Trauerprozess besonders belastende Faktoren 41

Spezielle Tauersituationen 46
    Verlusterlebnisse bei Kindern 46
    Verlusterlebnisse der Eltern 51
    Scheidung 52
    Geschwisterverlust 55
    Suizid/Suizidfolgen 58
    Aborte und Fehlgeburten 61
    Verbotene und delegierte Trauer 65
    Weitere spezielle Situationen 66

Folgen von Trauer 68
    Psychische Symptome 68
    Abgrenzung trauerbedingter Symptome
    von nicht trauerbedingten Symptomen 71
    Körperliche Symptome als Folge von Trauer 82

Nachsterben 84
Das Immunsystem als Vermittler zwischen Trauererlebnis
und körperlichen Trauerfolgen 95
Soziale Reaktionen, Auswirkungen auf das Sprachverhalten
und Gläubigkeit 100
Langfristige Verlustfolgen 102

Trauertherapie und -beratung 105
Personzentrierte Gesprächspsychotherapie 107
Transaktionsanalyse 114
Psychoanalyse 126
Individualpsychologie 141
Analytische Psychotherapie 143
Neopsychoanalyse 144
Katathym-imaginative Psychotherapie (KiP) 147
Gestalttherapie 150
Rituale 158
Psychodrama 159
Primärtherapie 162
Bioenergetik 167
Hypnose 169
Verhaltenstherapie 172
Familientherapeutische und systemische Ansätze 183
Gruppentherapie 198
Therapie mit Kindern 200
Spezielle Trauertherapien 203
   Kriseninterventionsprogramme 203
   Trauertherapien im engeren Sinn 205
   Regrief Therapy 206
   Konfrontative Ansätze mit verhaltenstherapeutisch-
   gestalttherapeutischen Elementen 208
   Geleitete Trauerkonfrontation 209
   Transitional Family Therapy
   (Familienübergangstherapie) 209
   Visual/Kinesthetic Dissociation (V/KD) 216

    Traumatic Incident Reduction (TIR) 217
    Eye Movement Desensitization and
    Reprocessing (EMDR) 217
    Thought Field Therapy (TFT) 219

Empirische Evaluationen von Trauerberatung
und Trauertherapie 221
    Klinische Erfahrung 222
    Konstruktvalidität 223
    Empirisches Vorgehen 223

Fortbildung in Trauerberatung und Trauertherapie 241

Literatur 258

Anlaufstellen und Übersichtsliteratur 276

Vorwort

Nachdem meine Mitarbeiter/-innen und ich uns mehrere Jahre der Beratung und Therapie Trauernder gewidmet hatten, unser eigenes Modell einer klientenzentrierten Trauertherapie konzipiert und Versuche der Evaluation unternommen hatten, schien es an der Zeit, unsere Erfahrungen und unseren wissenschaftlichen Kenntnisstand zu multiplizieren, indem wir ihn einem größeren Kreis von Psychologen, Psychotherapeuten, Ärzten, Pfarrern, Sozialarbeitern und Sozialpädagogen, Diplompädagogen und beruflich überwiegend mit Trauernden befassten Personen wie etwa Bestattern zur Verfügung stellen.

Daraus entstand zunächst 1998 ein kleines Institut in der Südeifel, das regelmäßig Fortbildungsveranstaltungen in Trauerberatung und Trauertherapie anbot. Diese Aktivitäten sind inzwischen an die Ruhr Campus Academy (RCA), die Weiterbildungsorganisation der Universität Duisburg-Essen, verlagert worden.

Inzwischen werden die Seminare von zwei Kolleginnen (Samira Akasmou und Nao Honekamp-Yamamoto) und mir durchgeführt. Als Grundlage für diese Seminare habe ich das zusammengefasst, was Gegenstand dieses Buchs ist. Unsere Vorstellungen über Fortbildung auf diesem Gebiet und unsere ersten Erfahrungen damit stelle ich am Schluss dar.

In unseren Seminaren taucht oft die Frage auf, was denn konkret der Unterschied zwischen Trauerbegleitung, Trauerberatung und Trauertherapie sei. Ich muss gestehen, dass ich die Begriffe wechselweise verwende, ohne konkrete sachliche Unterschiede damit zu verbinden. Sicher wird man von Trauertherapie eher bei der sogenannten komplizierten Trauer sprechen, aber andererseits wird die menschliche Haltung gegenüber dem Klienten, die das Entscheidende in der Arbeit mit Trauernden darstellt, sich nicht grundlegend zwischen den genannten drei Tätigkeitsbezeichnungen unterscheiden. Ich hatte ursprünglich gedacht, es müsse hier eine klare Differenzierung geben und mir sei nur noch nicht eingefallen, wie diese aussehen könnte. Insofern habe ich in letzter Zeit mit Befriedigung zur Kenntnis genommen, dass andere Kolleginnen und Kollegen (z. B. Daniela Tausch 2012) sich hiermit nicht nur auch schwer tun, sondern solche Bemühungen für ziemlich überflüssig halten. Ich bitte daher um Verständnis, wenn ich im Folgenden die Begriffe wahlweise verwende.

Ich danke allen meinen Mitarbeitern für die Unterstützung bei der Materialsuche und bei der aktiven Umsetzung unseres Konzepts. Allen Teilnehmern unserer Seminare bin ich für die Anregungen in der Diskussion sehr verbunden.

Arnold Langenmayr

Trauer – Trauerberatung – Trauertherapie – ein viel diskutiertes Thema

Man könnte eigentlich schon erstaunt sein, dass bei einem Thema wie Trauer, Trauerberatung und Trauertherapie seit etwa einem Jahrzehnt heftige wissenschaftliche Kontroversen ausgetragen werden. Besonders zwei Punkte erregen die Gemüter interessierter Wissenschaftler ebenso wie die von Praktikern: zum einen die Frage, ob Trauernde, wie Sigmund Freud meinte und zum Beispiel Verena Kast (2013) vertritt, ihre Libido vom Toten abziehen und in neue Beziehungen investieren sollen, die Beziehung zum Toten also entemotionalisiert und in den Bereich verdrängter Inhalte geraten soll. Dem steht die Meinung von Klass (Klass et al. 1996) gegenüber, dass Bindungen lebenslang aufrechterhalten werden können und sollen, auch nach dem Tod der geliebten Person.

Das zweite, fast noch heftiger umstrittene Streitthema betrifft die Frage, ob Trauerberatung überhaupt Erfolg versprechend, sinnvoll und nötig sei oder ob man sich diesen ganzen Bereich nicht einfach sparen könne, weil er überflüssig, ineffektiv und kostenaufwendig sei.

Um die Situation kurz zu beleuchten, möchte ich Sie bitten, sich zwei Minuten auf ein kurzes Experiment einzulassen. Setzen Sie sich bequem hin, schließen Sie die Augen und stellen Sie sich vor, Sie seien ein Hinterbliebener und gerade auf der Suche nach einem Trauerberater. Und nun stellen Sie sich weiter vor, dass links von Ihnen Verena Kast steht, an der Hand von Sigmund Freud – und Carl Gustav Jung hat sich auch noch etwas dazwischengemogelt. Sie ruft Ihnen lautstark zu: Sie müssen loslassen, loslassen! Auf Ihrer rechten Seite steht allerdings Dennis Klass und redet auf Sie ein, Sie sollten keinesfalls loslassen, sie dürften und müssten für Ihr Seelenheil die verlorene Bindung weiter aufrechterhalten. Unmittelbar hinter Klass steht noch Herr Neimeyer. Er rät Ihnen von Trauerberatung ab. Trauerberatung – so erklärt er Ihnen – sei völlig nutzlos und allenfalls in einem Fall mit komplizierter Trauer anzuraten. In Ihrem Fall aber sei Beratung reine Geld-, Zeit- und Ressourcenverschwendung. Hinter ihm hat sich Frau Konigsberg (2011) aufgebaut, sie lässt gerade einen Spot aus dem Internet ablaufen, in dem sie erklärt, Trauerberatung sei auf alle Fälle reiner Humbug – komplizierte Trauer hin oder her. Überhaupt seien die ganzen Erkenntnisse zur Trauer zum Wegwerfen. Neimeyer ist fast erschrocken über den durchschlagenden Erfolg seiner früheren skeptischen Ausführungen. Es ist ihm etwas peinlich und er wendet sich um und versucht, Frau Konigsberg etwas zu beruhigen: alles halb so schlimm (Neimeyer 2012). Doch es ist zu spät. Frau Konigsberg ist zwar Journalistin, aber ihre (Halb-)Wahrheiten ziehen immer weitere Kreise, unbehelligt von wissenschaftlichen Einwänden.

Ich würde sagen, Sie sitzen ganz schön in der Patsche. Sie sind verwirrt und haben das Gefühl, Sie sind nun noch schlechter dran als vor Ihrem Entschluss, eine Trauerberatung aufzusuchen.

Nun kommt aus einer weiteren Richtung ein anderer Kollege, sagen wir einmal, es sei ich. Ich rede ebenfalls auf Sie ein und erkläre Ihnen, Sie müssen sich auf jeden Fall so verhalten, wie Sie es selbst für richtig halten. Spätestens jetzt platzt Ihnen der Kragen und Sie sagen mir: Ich muss überhaupt nichts, ich entscheide selbst, was für mich gut ist, und wenn Sie mir als Trauerberater zuhören wollen, mir helfen wollen, den einen oder anderen Aspekt klarer zu sehen, Sie mich begleiten wollen, dann soll es mir recht sein. Wenn Sie aber glauben, Sie hätten mir zu sagen, wie ich mit meiner Trauer umgehen soll, was für mich gut oder schlecht, richtig oder falsch ist, das können Sie sich abschminken.

Und sehen Sie, da jedenfalls sind wir beide uns völlig einig. Sie wissen mit Sicherheit am besten, was Ihnen gut tut und welchen Weg Sie einschlagen wollen. Und jemand, der Ihnen, verborgen hinter statistischen Signifikanzen und schön formulierten Aussagen, vermitteln will, er wisse genau, wo es für Sie langgeht, den sollten Sie zum Teufel jagen. Es gibt keinen idealen therapeutischen Weg, auch nicht in der Trauertherapie und Trauerberatung, sondern jeder sollte in Kenntnis der vielen Möglichkeiten des Vorgehens seinen eigenen Weg wählen, der zu seiner persönlichen Struktur und Lebensgeschichte am besten passt.

Nichts anderes gilt für die Ausbildung zum Trauerberater. Wenn Ihnen jemand erzählt, wie Sie künftig richtig Beratung machen sollen, so verzichten Sie lieber. Es gibt viele wissenschaftliche Erkenntnisse zum Thema Trauer und viele Methoden, Trauerberatung zu machen. Doch welche für Sie richtig ist, welche Ihnen liegt, zu Ihrer Lebenseinstellung passt, das können nur Sie selbst beurteilen. Ich verbinde dies mit der Hoffnung, dass jeder sich die Freiheit nimmt, auch diesen dann gewählten Ansatz noch an seine eigenen Vorstellungen und Bedürfnisse anzupassen. Damit diese Entscheidungen jedoch nicht willkürlich erfolgen, ist eine solide Kenntnis von Trauersymptomen, Trauerprozessen, Trauerverarbeitung, modifizierenden Umständen und Folgen von Trauer, von Therapien allgemein und Trauertherapien im Besonderen Voraussetzung.

Und genau das ist das Anliegen dieses Buches. Nehmen Sie sich, was Ihnen zusagt und womit Sie etwas anfangen können, und lassen Sie den Rest getrost beiseite. Das Buch bietet Ihnen eine Menge Erkenntnisse über Trauer. Nehmen Sie sie, wenn Sie wollen, auch alle und legen Sie sie anschließend beiseite oder speichern Sie sie im Hinterkopf. Und in der konkreten Beratungssituation machen Sie das, was Sie spontan für richtig halten. Um uns nicht misszuverstehen: Ich plädiere nicht für Vernachlässigung jeder Ausbildung, sondern nur dafür, nach dieser und auf deren Basis sich auch die Freiheit des eigenen Urteils zu bewahren jenseits von Expertenmeinungen. Wenn dieses Buch dazu beiträgt, bin ich recht zufrieden.

Umgang mit Trauer in verschiedenen Zeitepochen und Kulturen

Die Paläontologie findet beim Homo erectus erstmals zwischen 500.000 und 300.000 Jahren v. Chr. Hinweise auf Totenbehandlungen und Totenriten. Dies ist als Ausdruck beginnender Auseinandersetzung mit Leben und Tod, mit Diesseits und Jenseits zu sehen (Ullrich 1991). Eine Vielfalt an Totenriten und Totenbehandlungen während des Paläolithikums deutet auf intensive Beschäftigung mit dem Tod hin. Am Ende des Jungpaläolithikums findet man häufiger Körperbestattungen. Mit dem Übergang zur Sesshaftigkeit (Mesolithikum/Neolithikum) wurden offensichtlich vorher sichtbare Widersprüche in der Auseinandersetzung um Leben und Tod – sichtbar etwa im Kannibalismus – gelöst (Ullrich 1991).

Natürlich können Einstellungen zum Tod und zu Toten in dieser Zeit nur erschlossen werden. Jedoch lassen Fundstätten und ihre Lage, die Art der Bestattung und des Umgangs mit den körperlichen Überresten Vermutungen zu. Als früheste Hinweise auf Totenbehandlungen und Totenriten wurden eine Vielzahl von fossilen Menschenresten mit artifiziellen Defekten an Knochen wie Schnittmarken, Kratzspuren, Bruchflächen oder Schädelbasisdefekten gefunden, die postmortal entstanden sein müssen und daher nicht auf Kampfhandlungen, Verletzungen oder Ähnliches zurückgehen können. Die Bearbeitung der Knochen und die Säuberung von Weichteilen diente dazu, sie einige Zeit aufbewahren zu können. Auf Totenriten deuten die Deponierung oder Bestattung von Knochen mit postmortalen artifiziellen Defekten hin. Im Altpaläolithikum wurden Zähne und Schädelbruchstücke einfach noch weggeworfen, nachdem sie ihre Bedeutung im Rahmen von Totenriten verloren hatten. Vor allem im Mittel- und Jungpaläolithikum wurden Knochenbruchstücke mit postmortalen artifiziellen Defekten gelegentlich an bestimmten geschützten Stellen von Rastplätzen absichtlich niedergelegt (in Höhlen, unter Steinen, an der Basis von Höhlenwänden, an Feuerstellen). Auch Bestattungen ganzer Knochen, von Teilskeletten und Schädelbestattungen finden sich im Mittel- und Jungpaläolithikum. Dies belegen in dieser Zeit auftauchende Beigaben und bestimmte absichtlich gewählte und gestaltete Lagen der Funde wie etwa innerhalb eines aus Hörnerpaaren von Ziegen gebildeten Kreises oder unter einem Mammutschulterblatt sowie gezielte Behandlungen wie das Bestreuen mit Ocker. Dass dabei Schädelteile bevorzugt werden, könnte auf Vorstellungen einer besonderen Verbindung des Schädels des Toten mit seiner Persönlichkeit hindeuten. Falls Muskelfleisch gegessen worden sein sollte, so kann dies nur im Rahmen von Totenriten stattgefunden haben (Ullrich 1991).

Eine verhältnismäßig späte Entwicklung im Paläolithikum (zu Beginn der mittleren Würmzeit um etwa 30.000 v. Chr.) stellen Ganzkörperbestattungen dar. Sie sind Ausdruck einer veränderten Einstellung zu Tod und Jenseits. Am Leichnam werden keine Manipulationen mehr vorgenommen, was bedeuten könnte, dass der Erhalt des gesamten Körpers für ein Weiterleben im Jenseits wichtig geworden ist. Die Ganzkörperbestattung kann jedoch auch oder zusätzlich als engere Verbundenheit des Toten mit der Gemeinschaft gesehen werden. Dafür spricht das Vorkommen vor allem auf Rast- und Siedlungsplätzen, womit der Tote noch eine Weile in der Gemeinschaft verblieb. Darüber hinaus sicherte die (Ganzkörper-)Bestattung an saisonalen Feuerstellen dem Toten den Platz bis zur nächsten Wiederkehr der Horde, da er hier vor wühlenden Tieren und Verwesung sicherer war. Vorher hatten Ganzkörperbestattungen nur für ausgezeichnete und besonders aus der Gruppe herausragende Individuen stattgefunden. Möglicherweise war nur ihnen eine Existenz über den Tod hinaus zugebilligt worden, während nun an solchen Privilegien breitere Schichten teilhaben.

Im Mittel- und Jungpaläolithikum sind Ganzkörperbestattungen in Hockerlage gehäuft, oft existieren Grabgruben und Grababdeckungen, die Körper sind mit Ocker oder Rötel bestreut. Die bereits früh ausgeprägte besondere Fürsorge für Kinder und der besonders intensive Schmerz bei ihrem Tod lässt sich daraus erschließen, dass es sich bei den ältesten Körperbestattungen um Kinder handelte und ihnen im Jungpaläolithikum besonders reiche Beigaben mitgegeben wurden. Doppel- und Mehrfachbestattungen fanden meist bei besonderer verwandtschaftlicher Verbundenheit wie bei Geschwistern, Eltern und Kindern statt, wie sich aus medizinischen Analysen erhärten lässt. Brandbestattungen sind eher regionale Besonderheiten. Sie finden sich etwa in Israel um 30.000 v. Chr. und in Australien um 25.000 v. Chr.

Hinweise deuten darauf, dass auch der Neandertaler Totenriten und Totenbestattungen kannte. Deponierung von Toten in Höhlen oder deren Begraben deuten darauf hin. Möglicherweise sind auch die im Kreis um ein in Usbekistan gefundenes Neandertalerkind aufgereihten Steinbockhörner so zu deuten.

Den wahrscheinlich ältesten schriftlichen Bericht über den Tod einer geliebten Person, dessen psychische Auswirkungen und den Versuch, ihn zu verarbeiten, stellt das Gilgamesch-Epos dar, das in der frühesten Fassung etwa vor knapp 5.000 Jahren in Mesopotamien entstand, also auf dem Gebiet des heutigen Irak.

Gilgamesch, König von Uruk (wahrscheinlich um 2.800 v. Chr.), so beginnt die Erzählung, schikaniert seine Untertanen, er lässt das Mädchen nicht zu seinem Liebsten, den Sohn nicht zum Vater, beunruhigt die Bürger. Diese überlegen nun, wie sie ihn besänftigen können. Sie kommen zu dem Schluss, dass Gilgamesch einsam ist, einen Freund braucht. Dieser ist nicht leicht zu finden, da er genauso stark und wild sein muss wie dieser, um gleichwertig zu sein. Sie finden den im Wald wie ein wildes Tier lebenden Enkidu, den die Götter in Erhörung der Bitten der Bürger geschaffen haben, und ködern ihn mit einer Hure, um ihn zu schwächen und in die Stadt zu locken. Nachdem er sich sieben Tage und sieben Nächte mit ihr vergnügt hat, folgt er ihr willenlos in die Stadt. Tatsächlich befreunden sich Gilgamesch und Enkidu nach einigen Kämpfen, bei denen sie ihre gleiche Stärke festgestellt haben, und bestehen eine Reihe von Abenteuern. Beim letzten kommt Enkidu zu Tode. Gilgamesch ist tieftraurig, bewacht den Toten und erinnert sich an die eigene Sterblichkeit. Aus der hieraus entstandenen Angst sucht er nach einem Mittel für das ewige Leben. Er findet zwar ein entsprechendes Kraut, aber während er sich wäscht und badet, stiehlt es ihm eine Schlange, die sich sofort als Zeichen ihrer Verjüngung häutet. Im Lauf der weiteren Suche nach einem Mittel gegen den Tod gerät er in ein Schattenreich zu Ziuzudra. Der rät ihm in der älteren sumerischen Fassung: »O Gilgamesch, wohin noch willst du laufen? Das Leben, das du suchst, wirst du nicht finden! Denn als die Götter einst die Menschen schufen, da teilten sie den Tod der Menschheit zu, das Leben aber nahmen sie für sich! Drum fülle dir, o Gilgamesch, den Bauch, ergötze dich bei Tage und bei Nacht, bereite täglich dir ein Freudenfest mit Tanz und Spiel bei Tage und bei Nacht! Lass deine Kleider strahlend sauber sein, wasch dir das Haupt und bade dich in Wasser, blick auf das Kind, das an die Hand dich fasst, beglückt sei deine Frau an deiner Brust – denn solches alles ist der Menschen Lust!« (zit. nach Uhlig 1976, S. 172 f.). In der jüngeren babylonischen Fassung rät Ziuzudra, der hier Utnapischtim heißt, hingegen: Kümmere dich um die Armen und Notleidenden, gib ihnen zu essen.

Bereits hier werden zwei mögliche Alternativen in Reaktion auf den Tod generell und den einer geliebten Person im Besonderen deutlich: die Zuwendung zum Leben und seinen schönen Seiten, um aus der jedem zur Verfügung stehenden Zeit möglichst viel Befriedigung zu schöpfen, sowie soziales Engagement und Zuwendung zum Nächsten. Die erstgenannte Lösung findet sich auch in einem modernen Lehrbuch der Psychologie: Eric Berne (1975) schildert eine Gruppentherapiesitzung, in der ein Patient erzählt, dass er an Krebs leide. Alle sind tief betroffen, bemitleiden ihn. Nach einiger Zeit dämmert ihnen, dass wir Menschen alle im selben Boot sitzen. Keiner von uns weiß, wie lange ihm beschieden ist, und das Sinnvollste ist, mit der noch zur Verfügung stehenden, nicht bekannten Zeitspanne das zu machen, was einem wichtig erscheint.

Ariès (1974, 1984) hat sich mit den Veränderungen befasst, die die Einstellung zum Tod in der westlichen Welt in den vergangenen Jahrhunderten durchlaufen hat. Er stellt gravierende Wandlungen fest, sowohl was die Kontrolle der Abläufe als auch den Ort des Geschehens und die soziale Unterstützung anbelangt. Im Mittelalter lag die Kontrolle des Geschehens beim Toten selbst und unmittelbar nach dem Tod bei seiner Familie. Die Geschehensabläufe fanden zunächst in der Gemeinschaft, zuletzt im Heim des Toten statt. Unterstützung erfolgte dementsprechend zunächst durch die Gemeinschaft, dann durch die Familie. Heute liege die Kontrolle beim medizinischen Personal, der Ort der Unterbringung sei das Hospital, es finde keine Unterstützung statt. Der Tod werde gegenwärtig in eine räumlich und psychisch möglichst große Entfernung von der Gemeinschaft in die Isolation verlagert. Ariès unterscheidet vier Modelle der Einstellung zum Tod:

- den zahmen Tod, der als trauriges, aber unvermeidliches und natürliches Ende des Lebens gesehen wird;
- den romantischen Tod, der als großes Ereignis erlebt und zelebriert wird, als Vertiefung und Bestätigung der Bedeutung des individuellen Lebens;
- den modernen Tod mit Isolation des Sterbenden *und* seiner Betreuer. Er stellt ein bedeutungsloses Ereignis dar, das jedem jederzeit passieren kann. Die eigentliche Angst richtet sich auf das Sterben;
- den modernen Tod mit totaler Isolation der sterbenden Person. Hier fehlen sogar die beim vorherigen Modell noch vorhandenen und ebenfalls isolierten Betreuer. Der Tod wird ignoriert und muss so schnell und sauber wie möglich abgewickelt werden.

In der gegenwärtigen westlichen Gesellschaft, so Ariès, werden die beiden zuletzt genannten Modelle praktiziert. Die räumliche Distanzierung zwischen Sterbenden und Lebenden dient der Leugnung der Realität des Todes. Parkes et al. (1997) sehen Ärzte und Schwestern in der Funktion von Priestern und Ministranten des modernen westlichen Menschen, die die Illusion verkörpern, das Leben könne ewig dauern.

Heute ist der häufigste Sterbeort das Hospital, in den USA für 80 % der Menschen. Die meisten Menschen wünschen sich einen schnellen, plötzlichen Tod, was individuell als am wenigsten belastend erlebt wird. Littlewood (1992) weist auf den erstaunlichen Widerspruch hin, dass das genau die Sterbevariante ist, die für die Angehörigen am schmerzhaftesten ist. Überlegungen über den eigenen Tod hat bis zum 45. Lebensjahr noch kaum jemand angestellt, nach dem 65. Lebensjahr gibt es jedoch kaum jemand, der das noch nicht getan hätte (Littlewood 1983, zit. nach Littlewood, 1992).

Mit dem Tod wird heute verschieden bewusst umgegangen (Littlewood 1992):

- offen bewusst: Über den Tod und seine Konsequenzen wird offen mit dem medizinischen Personal, der Familie und Freunden gesprochen;
- gemischt bewusst: Einige wissen davon, dass eine Person sterben wird, andere nicht; eine andere Variante dieses Umgangs ist: Jeder weiß Bescheid, aber jeder versucht, die Wahrheit vor dem anderen zu verbergen;
- nicht bewusst: Die Tatsachen werden, etwa vom medizinischen Personal, vor dem Sterbenden verheimlicht. Dabei kann es zu der paradoxen Situation kommen, dass der Sterbende sich über seine Lage im Klaren ist, aber versucht, seine Umgebung zu schonen, indem er so tut, als wüsste er nicht von seinem bevorstehenden Ende.

Kübler-Ross (1969) unterscheidet fünf Stadien beim Sterbenden, wenn er seine Prognose erfährt, die sich ohne Probleme auch auf die Situation der Angehörigen übertragen lassen: (1) Leugnung und Isolation; (2) Ärger; (3) Geschäftigkeit; (4) Depression und (5) Akzeptanz.

Hospize kombinieren heute Patientenservice (z. B. Schmerzbehandlung) mit ambulantem Service (über ein Freiwilligen-Netzwerk) und Betreuung der Hinterbliebenen. Die Patienten empfinden im Hospiz weniger Angst und Depression (Hinton 1979), sind mobiler und haben weniger Schmerzen, die Betreuer empfinden weniger Angst und weniger somatische Symptome (Parkes 1978). Kritiker betrachten die Unterbringung im Hospiz trotzdem als Isolierung. Dagegen lässt sich jedoch ebenso argumentieren, dass die Isolierung umso geringer ist, je besser das jeweilige Netzwerk ausgebaut ist.

Es lassen sich einige allgemeine und von Kultur zu Kultur verschiedene Aspekte von Trauer und Reaktionen auf Verluste ausmachen: Weinen, Angst und Ärger sind als Reaktion auf den Tod allgemein verbreitet, und die meisten Kulturen bieten Möglichkeiten zum Ausdruck dieser Emotionen. Die Emotionsunterdrückung westlicher Gesellschaften weicht allerdings hiervon deutlich ab (Parkes et al. 1997).

Rosenblatt (1997) schildert, dass für die meisten kleineren Gesellschaften (mit einer Population von höchstens einer Million Menschen) der Tod eine Reise oder einen Übergang zu einem neuen Zustand darstellt. Während dieser Reise kommunizieren die Toten oft mit den Lebenden. Häufig gibt es ein Trauerabschlusszeremoniell, das die Trauerzeit beendet, die Trauernden in neue Gefühlszustände und soziale Situationen entlässt, und auch der Tote tritt mit diesem Zeitpunkt in einen endgültigen Zustand ein, nimmt sozusagen auf Dauer Abschied vom Leben und den Überlebenden.

Rituale definieren den Tod, den Grund des Todes, die tote Person, die überlebende Person, die Beziehung zwischen Hinterbliebenen und anderen, die Bedeutung des Lebens und gesellschaftlicher Werte. Werden die Rituale nicht praktiziert, führt dies bei allen Beteiligten zu Verwirrung.

In beinahe allen Gesellschaften wird an Geister der Verstorbenen geglaubt, sie werden als präsent und in der Welt der Lebenden agierend vorgestellt. So beendet der Tod nicht die Beziehungen.

In Gesellschaften, in denen der Tod als durch andere verursacht gesehen wird, enthalten die Trauergefühle viel Wut und führen zu

Versuchen, den Verursacher zu identifizieren und sich zu rächen (Rosenblatt 1997). Differenziert würden Trauergeschehnisse auch dadurch, dass verschiedene Todesarten mit verschiedenen Glaubensvorstellungen, verschiedenen Emotionen und verschiedenen Ritualen verbunden seien.

Auch differiert die Definition pathologischer Trauer deutlich von Gesellschaft zu Gesellschaft. Gehen wir kurz beispielhaft auf einige geografisch entfernte kulturelle Vorstellungen ein. In ihren Schilderungen der Todesvorstellungen in Südseekulturen, in Australien und in Bengalen, die 1930 veröffentlicht und 1996 wieder aufgelegt wurden, schildert Effie Bendann: Auf den Fidschis schlüpft der Geist eines berühmten Führers nach dem Tod in einen jungen Mann und befähigt ihn zu Heldentaten. In Melanesien verletzen sich Frauen nach dem Tod ihres Mannes bewusst, schneiden sich ins Fleisch und reiben Asche in die Wunden (roro-sprechende Stämme Neu-Guineas). Fruchtbäume des Toten werden von den Trauernden heruntergeschnitten und seine Schweine geschlachtet. Dies wird als Abschiednehmen empfunden. In Australien (Pennefather River in Queensland) fährt der Geist beim Tod eines Mannes in seine Kinder, und zwar sowohl in die Jungen als auch Mädchen, beim Tod einer Frau deren Geist in ihre Schwestern. Fehlen solche Angehörigen, wird er zerstreut. Bei den Warramunga (Australien) wird das Haar von Witwen geschnitten, ihre Körper werden mit Meeresschaum bedeckt, und sie wohnen während der Trauerperiode in einer kleinen Hütte entfernt von den Lagern der anderen. Bei den Binbinga (ebenfalls Australien) nehmen die der anderen Totemgruppe angehörenden Männer an einem Mahl aus Teilen des Körpers des Toten teil. Frauen sind davon ausgeschlossen, weil sie Menschenfleisch nicht berühren dürfen (Bendann 1996). In Bengalen stellt man sich vor, totgeborene Kinder kehrten in ihre Eltern zurück und würden mit der nächsten Schwangerschaft neu geboren.

Eine ausführliche Schilderung der Verhältnisse in Indonesien auf der Insel Nias gibt Klasen (1993). Der Sinn des Lebens wird dort darin gesehen, Ahne einer großen Nachkommenschaft zu werden.

Der Lebensstrom fließt von Urbeginn der Welt durch die Reihe der Vorfahren und lebt in Kindern und Enkeln weiter. Jedem Lebewesen wird von Geburt an eine bestimmte Menge »noso« (Seele) zugeteilt. Ist die Seele verbraucht, löst sie sich auf und geht in die Allseele ein, von der sie gekommen ist, so ähnlich wie eine Kerze verlöscht, wenn das Wachs aufgebraucht ist. Individuellen Fortbestand hat die Seele nicht. Übrig bleibt allerdings die Seele des Herzens, die sich nach dem Tod in eine kleine Spinne verwandelt. »Beghu zi mate« ist ein körperloser Geist, der nach dem Tod einige Zeit in der Nähe des Grabes bleibt, sich später in der Unterwelt aufhält, gelegentlich auch zurückkehrt, sich in der Nähe von Gräbern, Flüssen und großen Bäumen aufhält und Unheil anrichtet. Obwohl die Einwohner von Nias den Tod als natürliches Ende der Realität ansehen, wird er dennoch im konkreten Fall als erschreckend, unfassbar, durch Zauberei verursacht erklärt. Wenn der Tod naht, bereiten die Kinder ein großes Fest vor. Es wird gefeiert, indem man Schweine schlachtet und tanzt. In einigen Gegenden wird geraume Zeit vor dem erwarteten Tod ein Sarg gefertigt, der in den Häusern steht und zwischenzeitlich zur Aufbewahrung von Reis verwendet wird. Stirbt jemand im Kreis der Familie, so gilt dies als Ehre für die unmittelbaren Verwandten. Wenn Vater oder Mutter auf fremdem Boden sterben, bringt dies Unglück und Schande. Deshalb werden Sterbende möglichst nicht im Krankenhaus gelassen, sondern nach Hause geholt. Es bedeutet eine große Ehre für ein Kind, wenn Vater oder Mutter in seinem Schoß stirbt. Alle Anwesenden wollen mit dem Sterbenden zum Zeitpunkt des Sterbens in Berührung treten, ihn küssen, umarmen, anfassen. Sie haben die Vorstellung, dass sie so einen Teil seiner Kraft auf sich übertragen. Nach dem Tod setzt lautes Jammern und Klagen ein, die Heldentaten des Toten werden laut gerühmt. Der Tote liegt noch ein oder zwei Tage im Haus. In dieser Zeit findet das Fest statt. Dann wird er beerdigt. Der Tote kann noch vier Tage lang zurückkehren und bekommt zweimal täglich eine Schale mit Essen hingestellt. Nach dem vierten Tag trifft man sich zum Gebet im Haus des Verstorbenen. Nun wird er beschworen, nicht mehr wiederzukommen. Die Mittelrippe eines Palmzweigs wird vor dem Haus zerbrochen. Der Geist soll fürchten, dass man ihm so die Füße zerbrechen wird, wenn er es wagen sollte wiederzukommen. Den letzten Schritt stellt die Errichtung des Grabes der Ahnen mit Steinen und Zement dar, wieder verbunden mit einem Fest. Nun ist das Leben abgeschlossen, der Tote wird Ahne, die Angehörigen haben ihre Pflichten erfüllt, das Grab kann vergessen werden. Diese Zeremonie hat unter dem Einfluss der Missionare das ursprünglich praktizierte Holen einer Spinne abgelöst, die als Seele des Herzens vorgestellt wurde und am Grab in einem Käfig aufbewahrt wurde.

Aus diesem Beispiel ergeben sich für Klasen (1993) einige allgemeine Erkenntnisse:

- Der Umgang mit dem Tod wird von Kindheit an erlernt.
- Die Riten erleichtern den Ausdruck der Gefühle.
- Der Tote hat bis zum Schluss eine Bedeutung für die Gemeinschaft.
- Die gesellschaftlich vorgegebenen Riten erleichtern und erlauben den Trauernden den Ausdruck ihrer eigentlichen Gefühle.
- Diesen können sie individuell gestalten und übersteigern. Es besteht eine direkte Entsprechung zwischen den üblichen Stimmungen und Verhaltenstendenzen Hinterbliebener und den gesellschaftlichen Ritualen. Der Klagegesang entspricht der Tendenz zum Weinen und Klagen, das Zerreißen der Kleider, Sich-Wunden-Beibringen und Raufen der Haare der Tendenz, sich zu verletzen und die Wut über den Verlust gegen sich selbst zu richten. Trauerkleidung symbolisiert in ihrer Eintönigkeit das Gefühl, verlassen und nicht mehr attraktiv zu sein, auch den Wunsch, sich nicht mehr am Leben zu beteiligen, sich in Gedanken nur noch mit der verlorenen Beziehung zu befassen und sich zu vernachlässigen. Die Unterbringung in separaten Wohnungen und die Isolierung der Trauernden steht für deren Bedürfnis, mit ihrem Schmerz allein zu sein, aber auch für ihr Gefühl der Verlassenheit und des Ausgestoßenseins. Speisetabus spiegeln die in dieser Situation natürliche Unlust zu essen wider.

- Trauerrituale wiederum fördern auch Bindungen und Empathie, binden die Trauernden in die Gesellschaft ein und verhindern ihren dauerhaften Rückzug über die vorgesehene Trauerzeit hinaus.
- Die Bannung des Toten ist die Projektion der eigenen verdrängten Feindseligkeit und Ambivalenz ihm gegenüber.
- Die ritualisierte Trauer schafft auch die Möglichkeit, die neu entstehende Kräfteverteilung in der Gemeinschaft ohne den Toten zu beurteilen und zu entwickeln. Sie dient damit der Gemeinschaft und deren Erhalt mindestens ebenso wie den Angehörigen.

Die sehr einfühlsamen Schilderungen der unterschiedlichen Autoren über Trauer und Trauerriten in den verschiedenen Kulturen kranken dennoch daran, dass sie ihre subjektiven Eindrücke schildern und sich wenig um objektiv empirische Nachweise bemühen. Diese Lücke füllt die Untersuchung von Rosenblatt et al. (1976). Bezogen auf 75 Kulturen wurden von Fachleuten Variablen eingeschätzt, die das Vorhandensein oder Fehlen bestimmter beschreibender Merkmale wiedergeben, und auf ihre Korrelation mit Trauervariablen hin untersucht. Generell zeigt sich dabei die Effektivität von Trauerritualen:

So korreliert das Maß an Trauer, das nach der Trauerperiode noch vorhanden ist, mit dem Vorhandensein von Trauerritualen negativ. Wenn für Witwen und Witwer eine längere Trauerzeit vorgeschrieben ist, leiden sie nach deren Ende seltener unter noch zurückgebliebener Trauer. Offensichtlich ermöglichen Trauerrituale eine zeitlich genügend ausgedehnte und den individuellen Bedürfnissen ausreichend Raum gebende Trauer: Wenn Trauerzeremonien vorhanden sind, ist bei Witwen und Witwern die Trauerzeit länger. Je größer der Besuch bei den Abschlusszeremonien, desto unwahrscheinlicher, dass nach der Trauerzeit noch Trauer zurückbleibt; hierbei müssen allerdings die Größe der Gesamtpopulation ebenso wie etwa Schwierigkeiten der Anreise berücksichtigt werden.

Auch weitere von den Autoren gefundene Zusammenhänge sind psychologisch gut interpretierbar und plausibel. So tendieren insbesondere bei einem Partnerverlust Frauen generell eher zum Weinen, Männer eher zu Wut und Ärger. Das Vorhandensein ritueller Spezialisten, worunter Priester oder Klagefrauen zu verstehen sind, geht mit geringerem Niveau von Ärger und Aggression einher. Der negative Zusammenhang zwischen dem Vorhandensein ritueller Spezialisten und Attacken auf Dinge ist stärker ausgeprägt als der mit selbstbezogenen Attacken. Das bedeutet, dass die rituelle Kanalisierung von Gefühlen dem Einzelnen bei deren Kontrolle hilft und ihn vor Exzessen bewahrt, dass es dabei aber mehr um den Schutz vor unkontrollierten Sachzerstörungen als um Selbstschutz geht. Vor allem vorhandene Erbschaftsregeln für Landbesitz korrelieren positiv mit dem Vorhandensein ritueller Spezialisten. In solchen Fällen kommt es seltener vor, dass Hinterbliebene die Gemeinschaft nach einem Todesfall verlassen. Auch dies ist ein Zeichen dafür, dass die Aggressionsvermeidung durch Ausweichen weniger nötig ist. Den rituellen Spezialisten fällt also besonders die Funktion der Aggressionskontrolle zu. Der Umfang der Isolation der vom Verlust betroffenen Personen korreliert damit, ob ihnen ein institutionalisiertes Ziel für Attacken zur Verfügung steht, also etwa eine Puppe, ein dafür ausersehenes Tier oder eine andere Person.

Die Kanalisierung der Aggressionsrichtung durch Rituale differiert je nach betroffener Personengruppe zwischen Männern, Frauen, Kindern und Eltern. So findet sich der genannte Zusammenhang zwischen Isolation und gesellschaftlich vorgesehenen Aggressionszielen nicht bei Kindern, die von Verlusten betroffen sind. Man könnte dies damit erklären, dass ihre Aggressionen bei Isolation unauffälliger und für die Gemeinschaft weniger bedrohlich sind, da sie eher zu zurückhaltenden Verhaltensweisen tendieren und ihre Aggressionen nicht so effektiv sind. Das Kenntlichmachen von Trauer bei Hinterbliebenen, etwa durch das Tragen besonderer Kleidung, korreliert bei Witwen mit Attacken gegen sich selbst, bei Witwern und Eltern mit Attacken gegen Sachen.

Einige Ergebnisse der Untersuchung von Rosenblatt et al. (1976) deuten auf Angst vor Rache der Toten hin, wenn gegen ihre vermeintlichen Wünsche und Besitzansprüche gegenüber überlebenden Partnern verstoßen wird: Regelungen für eine Wiederheirat (z. B. eine männliche Person aus derselben Sippe zu heiraten) korrelieren mit einer Reihe von Variablen, die den Toten bannen und die Endgültigkeit des Bruchs der Beziehung sichern sollen (Tabu, den Namen des Verstorbenen auszusprechen; Zerstörung seines Eigentums; wertvolle und vom Toten geschätzte Gegenstände wegzuräumen) sowie mit der Furcht vor Geistern.

Diese Untersuchung belegt die offenkundig hilfreiche Wirkung sozial festgelegter Trauerrituale, die andere Autoren hingegen eher im gesellschaftlichen als im individuellen Bereich sehen. Littlewood (1992) etwa weist darauf hin, dass es wichtig ist, dass die Trauernden nicht nur die allgemein verbindlichen Trauerrituale den individuellen Bedürfnissen entsprechend ausgestalten, sondern etwa in der Trauertherapie spontan selbst gefundene Rituale praktizieren und dabei begleitet werden.

Der Trauerprozess

Bevor wir uns empirischen Arbeiten zur individuellen Trauer zuwenden, sollten wir uns darüber verständigen, dass Untersuchungen in diesem Bereich durch Stichprobenverzerrungen belastet sein können. Insbesondere eine Interaktion zwischen Teilnahmebereitschaft und Geschlecht der Teilnehmer einer Befragung könnte dazu führen, dass in die Stichproben weniger depressive Männer und mehr depressive Frauen eingehen. Dies jedenfalls legt eine Untersuchung von Stroebe und Stroebe (1989) nahe, wonach die Teilnahmebereitschaft an Bereavement-Studien bei Witwern eher dann gegeben ist, wenn sie weniger depressiv sind, bei Frauen, wenn sie sich depressiv fühlen (befragt wurden 30 verwitwete Frauen und Männer unter 60 Jahren).

Definition von Trauer

(1) Nach Rando (1997) ist normale, unkomplizierte Trauer eine Form der *posttraumatischen Stressstörung* (post-traumatic stress disorder/PTSD, deutsch PTBS = posttraumatische Belastungsstörung). Begründet wird diese Zuordnung mit

(1.1) der Ähnlichkeit in der manifesten Symptomatologie (laut ICD-10) wie anhaltende Erinnerungen an das traumatische Erlebnis oder das wiederholte Erleben des Traumas in sich aufdrängenden Erinnerungen (Flashbacks), Träumen oder Alpträumen sowie innere Bedrängnis in Situationen, die der Belastung ähneln oder damit in Zusammenhang stehen; Vermeidung solcher Situationen, anhaltende Symptome einer erhöhten psychischen Sensitivität und Erregung sowie eine teilweise oder vollständige Unfähigkeit, sich an einige wichtige Aspekte des belastenden Erlebnisses zu erinnern; Ein- und Durchschlafstörungen, Reizbarkeit und Wutausbrüche, Konzentrationsschwierigkeiten, Hypervigilanz und erhöhte Schreckhaftigkeit.

(1.2) dem typischen Wechsel zwischen Leugnung und Hemmung mit Phasen des Sicheinlassens und der Erleichterung beim Prozess des Durcharbeitens und

(1.3) der Forderung, dass als letzter Behandlungsschritt eine neue kognitive Gesamtsicht mit affektivem Loslassen erfolgen muss.

(1.4) Häufig sind zudem sozialer Rückzug, ein Gefühl von Betäubtsein und emotionaler Stumpfheit, Gleichgültigkeit gegenüber anderen Menschen sowie eine Beeinträchtigung der Stimmung.

(1.5) Voraussetzung für die Definition ist ferner, dass die Symptome innerhalb von sechs Monaten nach dem belastenden Ereignis oder der Belastungsperiode aufgetreten sein müssen und das Störungsbild länger als einen Monat dauert.

(2) Zusammenhang zwischen *Trauer und Depression:* Die aktuellen Klassifikationssysteme der American Psychiatric Association (DSM-IV = Diagnostic and Statistical Manual of Mental Disorders) und der World Health Organization (ICD-10) bemühen sich, ätiologisch neutral und von theoretischen Bindungen unabhängig zu sein. Obwohl dieses Prinzip bei anderen Diagnosen nicht immer durchgehalten wird (z.B. Delirium), werden Personenverluste bei der Diagnose »Depression« herausgehalten (ICD-10). Wegen der erwiesenen Ähnlichkeit depressiver Symptomatik mit den psychischen Folgen von Personenverlusten scheint dies nicht gerechtfertigt zu sein (Simpson 1997). Dem kommt die DSM-IV-Version entgegen, die Verlustfolgen aufführt, die einer größeren Depression gleichen und mindestens zwei Monate nach dem Verlust noch anhalten. Das psychotraumatische Stresssyndrom (PTSD) hat eine enge Beziehung zu unverarbeiteter Trauer (Simpson 1997).

Ähnlichkeiten zwischen Trauer und Depression bestehen im Erscheinungsbild der Gefühle beziehungsweise der Gefühlsleere.

Die Entwicklung unterschiedlicher diagnostischer Instrumente zur Erfassung von Depression beziehungsweise Trauer deutet andererseits darauf hin, dass vielfach auch ein klarer Unterschied gesehen wird. So gehen die Autoren der Münchner Trauerskala (Beutel et al. 1995) von der Möglichkeit einer klaren Trennung und eindeutigen Unterscheidung zwischen Trauer und Depression aus. Sie entwickelten ihre Skala gerade zu diesem differenzialdiagnostischen Zweck und validierten sie an Abortpatientinnen im Vergleich zu Patientinnen mit Spontanabort oder Totgeburt. Inwieweit mit diesem Instrument Trauerprozesse generell erfasst werden können, ist allerdings noch nicht geklärt.

Ein offensichtlich scheinender Unterschied ist auch die Bezogenheit auf ein aktuelles oder klar definierbares Ereignis bei Trauer. Doch auch dies ist nicht unumstritten. Es gibt auch Untersuchungen, die im Vorfeld einer depressiven Erkrankung und noch mehr in der Kindheit so betroffener Personen gehäufte Verluste finden (Bron 1991).

Weitere Interpretationen von Trauerreaktionen sind laut Littlewood (1992) folgende:

(3) Die Trauerreaktion ist eine *Krankheit:* Diese Sicht des Trauerprozesses spiegelt die Äußerungen Trauernder wider, die sich als verwundet und physisch verletzt bezeichnen. Zwar handelt es sich dabei um keine körperliche oder seelische Erkrankung im eigentlichen Sinn, dennoch benötigen Trauernde unbedingt Betreuung, speziell bei Formen komplizierter Trauer.

Die Trauerreaktion kann auch als eine natürliche *biologische Funktion* gesehen werden. Dafür spricht, dass sich Atmung, autonome Systeme, endokrine Systeme, kardiovaskulare Funktionen und die Immunfunktion verändern. Auch das noch zu besprechende Nachsterben zum Beispiel des Ehepartners stützt diese Interpretation.

(4) *Psychodynamisch gesehen* stellt die Trauerreaktion nichts anderes als eine Kombination aus verschiedenen Abwehrmechanismen vor

allem unter Beteiligung der Verdrängung dar, wie sie immer notwendig werden, wenn bisherige Motivbefriedigungen nicht mehr möglich sind, abgewehrt und durch neue ersetzt werden müssen. Da nahestehende Menschen für uns eine Vielzahl verschiedenster Motive zu befriedigen in der Lage sind, stellt der Ausfall einer Bezugperson immer eine Situation dar, in der eine große Anzahl von Motiven gleichzeitig und ganze Motivsysteme nicht mehr befriedigbar sind und langfristig ersetzt werden müssen. Trauer bedeutet den Rückzug der Libido vom verlorenen und deren Lenkung auf ein neues Objekt. Dabei kommt es häufig auch zur Identifikation mit dem Verstorbenen (dem verlorenen Objekt, wie Psychoanalytiker sagen) und zu narzisstischer Regression. Beides sind ebenfalls Abwehrmechanismen. Identifikation bedeutet, die Situation auch dadurch lösen zu können, dass weite Bereiche des Motivationsgefüges der verstorbenen Person übernommen werden, um ihr ähnlicher zu werden und sie somit nicht mehr so schmerzlich vermissen zu müssen, sie also als Objektrepräsentanz zu verinnerlichen.

Nehmen wir als Beispiel einen kleinen Jungen, der mit seinem Vater spielen möchte, der ihm aber erklärt, er habe jetzt keine Zeit, da er gerade Briefe schreiben müsse. Nach etwas ärgerlichem Brummen holt sich der Kleine einen Block und einen Bleistift aus der Schublade und beginnt, Briefe zu schreiben.

Als Regression wird bezeichnet, wenn ein nicht mehr mögliches Motiv durch in der Entwicklungsgeschichte der Person liegende frühere und damit zumeist einfacher strukturierte Motive ersetzt wird. So etwa könnte ein Kind, dessen Mutter schwer erkrankt, vielleicht sogar stirbt, sich wieder wie ein Säugling verhalten. Es kann wieder einnässen, am Daumen lutschen oder in der Schule durch Passivität auffallen. Narzisstisch wird eine Regression genannt, wenn alle Tendenzen der Zuwendung und Zuneigung vorübergehend oder dauerhaft von der Außenwelt abgezogen und auf die eigene Person gerichtet werden.

(5) Auch die *bindungstheoretische Erklärung* der Trauerreaktion verweist auf eine Analogie zu normalen psychischen Prozessen. Alle

Bindungen werden nach dem Muster der Bindung und wechselseitigen Reaktionssysteme in der Beziehung zwischen Mutter und Kind gebildet. Spätere Bindungen folgen diesen frühesten Mustern ebenso wie die Reaktionen auf Trennung dementsprechend dem früh erworbenen Umgang mit einer solchen Erfahrung folgen. Die Mutter aktiviert und verstärkt Motive (Triebe). Die erste Reaktion auf das Ausbleiben der Mutter und später jeder anderen geliebten Person ist Angst. Sie ist identisch mit dem Ansteigen des unbefriedigten Motivs; hinzu kommen Ärger und Weinen (Bowlby 1973). Die zweite Phase ist gekennzeichnet durch Verzweiflung, wiederholte Versuche, das verlorene Objekt zu finden, und eine Desorganisation des Verhaltens. Sie ist gekoppelt mit verstärkten Sinnesanstrengungen, basierend auf der Erkenntnis, dass bisherige Verhaltensweisen jetzt inadäquat geworden sind. Die dritte Phase dient für den Fall, dass sich ein Ersatz anbietet oder das verlorene Objekt zurückkehrt, der Reorganisation des Verhaltens, das sich im Fall des endgültigen Ausbleibens teilweise noch auf den alten Partner konzentriert. Die Beziehung zu diesem wird nun neu interpretiert und strukturiert. Die Beziehung zwischen dem realen Partner und seiner inneren Repräsentanz wird gelöst, er wird zum rein inneren Objekt, mit dem kommuniziert und umgegangen werden kann.

Gesunde Erwachsene sind in der Regel in dieser Phase in der Lage, ihre Motive auf neue Personen zu richten und ihre Ich-Funktionen (Wahrnehmung, Intelligenz, Gedächtnis) zur Etablierung neuer Beziehungen einzusetzen. Das kleine Kind, das weitgehend ohne Kontakt gelassen wird, wie dies früher etwa die Regelsituation im Krankenhaus war, zieht sich völlig und dauerhaft von der Außenwelt zurück (Hospitalismus, vgl. Spitz 1973). Es lässt sich nicht nur nicht mehr auf neue Personen ein, sondern erkennt in dieser Phase selbst die wiederkehrenden Eltern nicht wieder.

Im Anschluss an eine Schülerin Bowlbys, Mary Ainsworth (Ainsworth et al. 1978), werden mehrere Bindungstypen unterschieden, die sich unter anderem in dem von ihr konzipierten Fremde-Situation-Test ermitteln lassen: Ein Kind geht mit der Mutter in ein

Spielzimmer zu einem Untersucher, die Mutter oder eine andere hauptsächliche Bezugsperson verlässt nach kurzer Zeit den Raum, und das nun folgende Verhalten des Kindes wird beobachtet.

- Sichere Bindung bedeutet hier, dass das Kind Nähe und Distanz der Bezugsperson angemessen regulieren kann. Es ist beim Weggang der Mutter kurzfristig irritiert, weint vielleicht auch, kann aber schnell getröstet und beruhigt werden. Es spielt dann allein oder mit dem Untersucher und läuft der Mutter bei deren Rückkehr entgegen und begrüßt sie freudig.
- Unsicher-vermeidende Bindung meint eine Pseudounabhängigkeit von der Bezugsperson. Die Kinder vermeiden Kontakt mit dem Untersucher und beschäftigen sich primär mit Spielzeug. Offensichtlich sollen so die entstandenen Spannungen abgebaut werden, so dass auch das Spielen nicht wirklich entspannt wirkt. Auf den Weggang der Mutter reagiert das Kind, als ob nichts passiert wäre. Es spielt dann für sich allein, wendet sich nicht an den Untersucher und bezieht ihn auch nicht ein. Die Wiederkehr der Mutter wird scheinbar gar nicht besonders registriert.
- Unsicher-ambivalente Bindung bedeutet das Schwanken zwischen intensiver Hinwendung an eine Bezugsperson und deren Zurückstoßung innerhalb kurzer Zeiträume. In der Testsituation reagieren Kinder dieses Bindungsmusters bei der Trennung deutlich verunsichert, weinen, laufen zur Tür, schlagen gegen diese und sind durch die Testerin kaum zu beruhigen. Bei Wiederkehr der Bezugsperson zeigen sie abwechselnd anklammerndes und aggressiv-abweisendes Verhalten. Sie sind auch jetzt kaum zu beruhigen.
- Als desorganisierte Bindung wird bezeichnet, wenn die Kinder ein deutlich desorientiertes, nicht auf eine Bezugsperson bezogenes Verhalten zeigen. Es kommt zu Hospitalismus-ähnlichen Verhaltensweisen wie zum Beispiel Erstarren, Im-Kreis-Drehen, Schaukeln und anderen stereotypen Bewegungen. Auch Mischformen der anderen Bindungsmuster wie beispielsweise gleich-

zeitiges intensives Suchen nach Nähe und deren Ablehnung können auftreten.

Gestörtes Bindungsverhalten auch Erwachsener geht auf frühe unverarbeitete Trennungen beziehungsweise inadäquate Bindungen zurück. Belege hierfür sind die Erfahrungen mit der Krankenhausunterbringung von Kindern. Noch vor einigen Jahrzehnten wurde den Eltern vom Krankenhauspersonal nicht gestattet, Kinder in dieser Situation zu besuchen. Als Grund wurden neben der Infektionsgefahr auch das Verhalten der Kinder angegeben. Diese verhielten sich nach der Krankenhauseinlieferung zunehmend ruhig und angepasst, nach Besuchen der Eltern aber immer aggressiv und protestierend. Bei dem angenehm angepassten Verhalten handelte es sich allerdings um erste Hospitalismussymptome, um beginnende Bindungsstörungen und Depression. Durch den völlig anderen Umgang mit Kindern im Krankenhaus heute (gelockerte bis freie Besuchszeiten, Rooming-in, das heißt gleichzeitige Unterbringung einer Bezugsperson im Krankenhaus) werden keine der früher festgestellten Folgeerscheinungen von kindlichen Krankenhausaufenthalten mehr gefunden. Auch Untersuchungen von Spitz (1973) zeigten, dass Kinder, die mit ihren straffällig gewordenen Müttern in der Haft zusammen untergebracht wurden, keine Schäden davontrugen, während dies für die von der inhaftierten Mutter getrennten Kinder nicht zutraf.

Den faszinierendsten Beleg für die Bindungstheorie liefert aus meiner Sicht noch immer das Experiment von Harlow (1958) mit Primaten. Die im Experiment früh von ihren Müttern getrennten Primaten zeigten deutliche Verhaltensauffälligkeiten (kaum Kontakt, Außenseiterposition in der Gruppe) im Vergleich zu den bei den Müttern verbliebenen. Neuere Untersuchungen an einer Rattenart mit starker Mutter-Kind-Bindung lassen sogar organische Veränderungen bei früher Mutter-Kind-Trennung für vorstellbar halten (Bock et al. 2003). Die Trennung für täglich eine halbe Stunde ergab Veränderungen im Gehirn (überhöhte Synapsenproduktion und mangelnde Synapsenauslese).

Einige beeindruckende Längsschnittstudien ergeben Hinweise auf Zusammenhänge zwischen frühen Bindungserlebnissen und Lebensläufen: Spangler (1994) konnte aus frühem mütterlichen Interaktionsverhalten Sozialkompetenz mit zwei Jahren sowie vorschulische und schulische Variablen (Leistung, Leistungsmotivation, Erfolgszuversicht) vorhersagen. Insbesondere die Fähigkeit der Mütter, sich in ihre Kinder hineinzuversetzen, den eigenen psychischen Zustand und den anderer zu reflektieren, scheint hierbei von Bedeutung (Fonagy 1997) und das Urvertrauen zu fördern. Wie spätere Bindungsfähigkeit mit dem Erleben früher Bindungen einhergeht, konnte das Ehepaar Grossmann (2004) in einer aufwendigen Studie untermauern.

(6) Weitere die Trauerreaktion mit nicht pathologischen Begriffen erklärende Vorstellungen sind die *persönliche Konstrukttheorie und kognitive Modelle.* Sie postulieren ein Interagieren der äußeren Welt mit inneren Annahmen. Ein Verlust bedeutet demnach, dass eine Person ihre Annahmen aufgeben und neue entwickeln muss. Konstrukte über die Welt, die Personen im Lauf ihres Lebens entwickeln, stellen in ihrer Summe das Selbst dar. Da alle Beziehungen einer Person mit dem Selbst verbunden sind, ändert sich durch einen Verlust nicht nur das Selbst, sondern es ändern sich auch alle anderen Beziehungen dieser Person.

(7) Die Annahme, Trauer sei eine vorübergehende *Geisteskrankheit,* erfasst sicher nicht Trauerprozesse generell. Die Trauernden selbst haben oft Angst, verrückt zu werden, vor allem, wenn sie von ausgeprägten Halluzinationen verfolgt werden, die im Trauerfall durchaus übliche Symptome sind, wie etwa das Hören der Stimme des Verstorbenen, das »Wiedererkennen« in einer Menschenmenge oder die plötzliche Wahrnehmung des Geruchs des Sterbezimmers.

(8) Trauerreaktion kann auch eine *Mobilisierung kreativer Energie* bedeuten, was sicherlich einen zutreffenden Teilaspekt erfasst. In

Fällen symbiotischer Beziehung oder einer sehr autoritär strukturierten Ehe mag die soziale Umgebung verwundert sein, wie viel kreative Energie nach einiger Zeit der Hilflosigkeit der/die Hinterbliebene entwickeln kann.

Ich erinnere mich an die Erzählung eines Oberarztes, mit dem ich wegen einer Zusammenarbeit bei der Betreuung einer bestimmten Patientengruppe konferierte. Mit ungläubigem Staunen erzählte er mir die Geschichte seiner Mutter, auf die er sich offensichtlich keinen rechten Reim machen konnte. Bei ihr war eindeutig ein Mammakarzinom festgestellt worden. Kurz darauf starb sein Vater, unter dessen autoritärer Struktur die ganze Familie gelitten hatte, insbesondere auch die Mutter. Die drei Kinder wunderten sich, dass die Mutter plötzlich aufblühte, wieder in Gesellschaften und sogar tanzen ging. Als sie nach zehn Jahren an einer anderen Krankheit verstarb, wollten die Kinder wissen, was aus der Diagnose Mammakarzinom geworden war, und ließen die Mutter obduzieren – es wurden keine Hinweise darauf mehr gefunden.

(9) Caplan (1964) sieht die Trauerreaktion als *Copingkrise,* das heißt, alle einer Person bisher zur Verfügung stehenden Mechanismen zur Krisenbewältigung versagen angesichts des Ausmaßes der Trauerkrise. Den Ablauf der Ereignisse stellt sich Caplan in etwa in folgenden Schritten vor:

- die Person ist hilflos,
- die üblichen Copingstrategien für Stressereignisse sind nicht mehr erfolgreich,
- die Abwehrfunktionen sind geschwächt,
- die Person muss sich an andere um Hilfe wenden und reagiert besonders empfindlich auf deren Reaktionen,
- gegenwärtige Krisen wecken die Erinnerung an frühere.

In diesem Modell ist das soziale Unterstützungssystem wichtig. Unter den vielen Copingstilen, die einer Person zur Verfügung stehen, ist die Vermeidungstendenz relativ stark persönlichkeitsgebunden (Cronkite u. Moos 1984). Offensichtlich sind auch geschlechtsspezifische Unterschiede zu finden: Nach Verlust eines Kindes flüchten Väter eher in ihre Arbeit, Frauen tendieren eher zu depressivem Verhalten (Clyman et al. 1980); Väter können nach dem Tod eines Kindes ihre Copingkapazität schneller wieder nutzen als Mütter (Littlewood et al. 1990). Dieses Fehlen von Synchronizität ebenso wie Differenzen im Copingstil tragen nach dem Kindstod zu verstärkten Spannungen zwischen Vater und Mutter bei. Da Väter in solchen Fällen wie auch sonst eher nicht zum offenen Ausleben ihrer Trauer tendieren, wird dies von den Müttern irrtümlich oft als mangelnde Anteilnahme und Fehlen gefühlsmäßiger Erschütterung interpretiert.

(10) *Phänomenologische und existenzialistische Modelle* betonen die durch Personenverlust mögliche Veränderung der sozialen Position sowie im Anschluss an den Partnerverlust mögliche, das gesamte Dasein in Frage stellende existenzielle Ängste etwa vor Selbstauflösung.

(11) *Ethnische Modelle* betonen die Bedingtheit der Trauerreaktion durch die ethnische Zugehörigkeit der Betroffenen, die nur auf diesem Hintergrund eingeschätzt und psychologisch angegangen werden kann.

Angesichts erhöhter Krankheitsanfälligkeit und Sterblichkeit Hinterbliebener (Stroebe u. Stroebe 1993) wird die Frage gestellt, welche Aspekte des Verlusts dabei entscheidend sind: die fehlende Berührung, der Ausfall von Klang, Geruch, Anblick, Liebe, Hass, Sexualität, Unterstützung oder Einkommen des Verstorbenen. Vermutlich lässt sich der Verlust einer Person jedoch nicht auf einzelne Merkmale reduzieren, sondern vielmehr ist es der Verlust einer Gestalt und eines Gefüges verschiedenster Motivbefriedigungsmöglichkeiten. Welche Aspekte in diesem Gefüge dominieren, dürfte von Person zu Person und von Beziehung zu Beziehung variieren.

Trauerphasen und Traueraufgaben

Es ergeben sich im zeitlichen Verlauf des Trauerprozesses so viele typische Muster, dass die meisten Autoren eine Einteilung in Trauerphasen vorschlugen. Im Wesentlichen werden folgende drei Phasen der Trauerreaktion genannt:

- initiale Phase von Betäubung, Schock, Verleugnung, Identifikation mit dem Verstorbenen, Affektisolierung, Intellektualisierung/Rationalisierung;
- akute Trauer mit intensiven Emotionen (Verzweiflung, Depression), Rückzug oder Identifikation mit dem Verstorbenen;
- Ablösung und Hinwendung zu neuen Personen und Erholung.

An diesem Modell der Trauerphasen wurde, etwa von Worden (1987), kritisiert, dass man daraus schließen könnte, es genüge für Trauernde, in Passivität abzuwarten, bis eine Phase nach der anderen sich von selbst erledigt habe. In der Folge ist das Bedürfnis entstanden, die Notwendigkeit aktiver Auseinandersetzung mit dem Erlebten und den entstandenen Gefühlen durch die Konzeption von Traueraufgaben zu betonen. Als solche nennt Worden (1996):

- die Realität des Verlusts zu akzeptieren,
- Schmerz oder emotionale Aspekte des Verlusts zu erfahren,
- Anpassung an eine Umgebung, in der der Verlorene fehlt,
- für die tote Person einen neuen Platz im emotionalen Leben zu finden, der es erlaubt, sich an sie zu erinnern.

Ein weiterer Kritikpunkt am Trauerphasenmodell ist, dass der Trauerprozess nicht linear verläuft, sondern frühere Phasen noch einmal auftauchen, spätere Phasen vorzeitig erscheinen können, manchmal eine Pause im Prozess eintritt und so weiter. Dem begegnen Stroebe und Schut (1999) mit ihrem Dual-Prozessmodell der Trauer. Trauer wird als dynamischer Prozess gesehen, bei dem zwei unterschiedliche Copingtendenzen wirksam sind, nämlich Vermeidung und Sich-Einlassen. Beide wechseln sich ab und sind nie zur selben Zeit aktiv. Trauer ist demnach ein dynamischer regulativer Prozess des Oszillierens zwischen verlustorientierten und wiederherstellungsorientierten Stressoren. Übliche Bewältigungsstrategien sind dabei sozialer Rückzug und Vermeidung, Hyperaktivität und Ablenkung, Sinngebung, Religiosität, zuversichtliche Lebenseinstellung und Hinwendung zu anderen, um Zuwendung und Trost zu erhalten.

Diesen Vorstellungen steht eine modifizierte Sicht des Ergebnisses von Trauerarbeit gegenüber. Als kulturelle Sicht der Moderne betrachten Klass et al. (1996) die Vorstellung, dass das Ziel der Trauer die Loslösung vom Verstorbenen und die Reinvestierung der Energie in eine neue Beziehung sei und es einen pathologischen Vorgang darstelle, wenn jemand an der Beziehung zum Verstorbenen festhalte. Stattdessen seien weiterbestehende Bindungen nicht als Leugnung zu sehen, es sei vielmehr wesentlich für einen gelungenen Trauerprozess, dem Toten einen Platz im weiteren Leben und der Gemeinschaft zu bewahren. So könne der Tote eine Quelle für Bereicherung und verbessertes Zurechtkommen in der Gegenwart darstellen.

Von der Schwere der Verarbeitung her lassen sich *normale Trauer, komplizierte Trauer und pathologische Trauer* unterscheiden.

Mindestens zwei Drittel aller Trauernden werden von Trauerberatung profitieren, diese aber nicht unbedingt nötig haben. Es handelt sich um normal Trauernde, die sich, eingebunden in ein funktionierendes soziales Netzwerk, in einem Prozess befinden, der sich zwischen tiefer Trauer und aufscheinenden neuen Perspektiven immer mehr in letztere Richtung bewegt.

Die Unterscheidung zwischen einfacher und komplizierter Trauer ist schwierig, da die Symptome in beiden Fällen nicht grundsätzlich, sondern eher hinsichtlich ihres Ausmaßes verschieden sind (Znoj 2005). Die Schwierigkeit der Definition zeigt sich auch schon darin, dass unterschiedliche Autoren diesbezüglich zu unterschiedlichen Ergebnissen kommen. Znoj (2005, S. 32) nennt auf der gedanklichen

Ebene »Zustände der Verwirrung, magisches Denken, intensives Träumen, Schlafstörungen, Gedankenrasen, fixe Ideen, Schuld- und Sühnegedanken, religiöse (Wahn-)Ideen und problematische Überzeugungen (der Tod ist eine Strafe Gottes)«. Allerdings unterschieden erst die Unmöglichkeit, solche Gedanken zu stoppen und durch Alternativgedanken zu ersetzen, die normale von der komplizierten Trauer. Hinzu kämen Depression, Angst, Panikattacken und Gefühlskälte sowie auf der körperlichen Ebene Schmerz, besonders Herzschmerz.

Rosner und Wagner (2009) nennen ausgeprägte Depression und Angst, vorwiegende Beschäftigung mit dem Toten, Unglauben, Sehnsucht, Ärger, Schuld, Rückzug und Vermeidung als Kennzeichen komplizierter Trauer, allerdings nur dann, wenn diese länger als sechs Monate andauern und mit geringerer Lebensqualität, erhöhten Suizidraten und medizinischen Beeinträchtigungen verbunden sind.

Wir könnten als weiteres Unterscheidungsmerkmal heranziehen, ob die Umstände des Verlusts eine Erschwerung des Trauerprozesses nahelegen, worauf wir weiter unten ausführlich eingehen werden. Auf ein wichtiges Problem bei der Definition von komplizierter Trauer und ihrer Abgrenzung von normaler Trauer macht Rosenblatt (2013) aufmerksam: Die Definition kann nicht von einer Kultur auf eine andere übertragen werden. Sogar innerhalb derselben Kultur mag das Konzept der komplizierten Trauer auf einige Personen und Personengruppen genau zugeschnitten sein, auf andere aber nicht.

Der Begriff der pathologischen Trauer wird heute zunehmend seltener verwendet und eher unter den Bereich der komplizierten Trauer subsumiert. Hierbei sind wohl weniger fachliche Gesichtspunkte maßgebend, als dass die mit dem Begriff »pathologisch« verbundene Diskriminierung vermieden werden soll. Allerdings ist kaum zu bestreiten, dass auch im Bereich der Trauerverarbeitung nicht nur erschwerte Prozesse zu finden sind, sondern auch psychische und physische Abläufe, die dem Betroffenen eine auch nur annähernde Eingliederung in seine bisherige Umgebung nicht mehr ermöglichen und seine Verbindung zur Realität völlig außer

Kraft setzen. Zweifellos ist der Übergang zwischen komplizierter und pathologischer Trauer sehr fließend, wie die Definition der pathologischen Trauer durch Volkan (Volkan u. Josephthal 1994) zeigt:

Ein wesentliches Kennzeichen pathologischer Trauer sei, dass das ganze Leben von der Suche und der Sehnsucht nach dem Verstorbenen bestimmt sei. Reinkarnationsinteressen, das Austüfteln wissenschaftlicher Theorien, das fortgesetzte Wiedererkennen des Toten in Lebenden sowie der Eindruck, der Tote bestimme weiterhin das Leben des Hinterbliebenen, seien weitere Kennzeichen pathologischer Trauer.

Jansen (1985) charakterisiert pathologische Trauer durch Traurigkeit, Niedergeschlagenheit, Interessenverlust, Angst, Ärger, Selbstzweifel, Schlaf- und Appetitstörungen, agitierte oder gebremste motorische Funktionen und Rückzug.

Insgesamt ist demnach pathologische Trauer die Fixierung in bestimmten Stadien und eine Übertreibung und Verzerrung des Trauerprozesses. Sie lässt sich nach Dauer, zeitlichem Verlauf, Intensität und Ausprägung der depressiven Verstimmung charakterisieren, die deutlich ausgeprägter als die der komplizierte Trauer, aber nur graduell von dieser unterschieden ist.

Da auch in anderen Bereichen der Psychologie und Psychiatrie (z. B. bei Schizophrenen) der Begriff des Pathologischen nicht vermieden wird, besteht aus meiner Sicht keine Veranlassung, ihn bei Trauerprozessen mit einem Tabu zu belegen. Ich würde hinzufügen, dass ein Kennzeichen hierfür eine erhebliche Realitätsverwirrung ist. Bei pathologischer Trauer ist eine bereits im Vorfeld bestehende Pathologie zu vermuten. Die Trauerproblematik ist auf dieser Basis nicht mehr zu bewältigen. Es könnte allerdings auch sein, dass frühere pathologische Prozesse, die als überwunden angesehen werden konnten, durch einen bedeutenden Verlust wieder aufbrechen und zum Beispiel einen schizophrenen Schub auslösen. Der Klient einer Trauerberaterin erzählte ihr seine Vorstellung, dass alle Toten sich auf einer Ebene einige Meter unter der Erde aufhalten und dort weiterleben. Zudem wirkte der Klient, der sich bis zum Verlust seiner Ehefrau nicht sonderlich auffällig verhielt, sehr verwirrt. In diesem

Fall würde ich keine Bedenken haben, von pathologischer Trauer zu sprechen. Auch wenn jemand kurze Zeit nach einem Verlust mit gehäuften Schüben von Multipler Sklerose oder mit epileptischen Anfällen reagiert, die dem bei ihm sonst zu findenden milden Verlauf deutlich widersprechen, würde ich nicht zögern, von pathologischer Trauer zu sprechen.

Hinsichtlich ihrer Schwere und ihres Verlaufs lassen sich die Prozesse unterscheiden nach:

- verzögerter Trauer, die zunächst ausbleibt und erst durch spätere Ereignisse ausgelöst wird;
- ambivalenter Trauer, wobei die anfängliche Trauer späteren Schuldgefühlen weicht;
- chronischer Trauer, die abnorm lang und/oder intensiv und verbunden mit Gefühlen der Abhängigkeit und Hilflosigkeit ist;
- kaschierter Trauer, die durch Fehlen von Trauer gekennzeichnet ist, aber mit körperlichen Beschwerden einhergeht: mit vegetativen Symptomen von mehr als zwölf Monaten Dauer, ausgeprägten funktionellen Beeinträchtigungen, mit psychosomatischen Symptomen und psychomotorischer Verlangsamung. Gehäuft sind hierbei auch Gefühle von Wertlosigkeit zu finden.

Den Trauerprozess besonders belastende Faktoren

Nach Rando (1997) sind folgende Todesumstände für ein besonders traumatisches Erleben des Todes eines Angehörigen verantwortlich und komplizieren den Trauerprozess:

- *Plötzlichkeit und fehlende Antizipation des Geschehens:* Nach Glick et al. (1974) ist die problematischste Situation die eines völlig unvorbereiteten Verlusts. Die Autoren vermuten die Wirksamkeit antizipatorischer Trauer darin, dass die Emotionen zum Zeitpunkt des tatsächlichen Todes schon weitgehend bearbeitet sind. So erklären sich die größere Ruhe der Angehörigen zum

Todeszeitpunkt und ihre geringeren Schwierigkeiten 13 Monate danach. Littlewood (1992) weist darauf hin, dass die Interessen der Angehörigen und die des Sterbenden sich hier fundamental widersprechen. Während die Distanzierung von der Beziehung vor dem Tod den Verwandten hilft, ist für den Sterbenden gerade die Intensivierung der Beziehung wichtig. Andere Autoren erklären die mildere Wirkung eines lange vorhersehbaren Todes auf Angehörige damit, dass diese Situation die Möglichkeit bietet, bisher unbearbeitete Konflikte noch zu bereinigen, dass die Partner sich dabei näher kommen und sich die Wahrscheinlichkeit zurückbleibender Schuldgefühle reduziert (Jerneizig et al. 1994).

- *Gewalt, Verletzung, Zerstörung:* Bei den Hinterbliebenen von Mordopfern überwiegen Wut, Aggression und Fantasien, was man dem Täter alles antun könnte. Es handelt sich hierbei um den Abwehrmechanismus der Identifikation mit dem Aggressor. Die erlittene Aggression wird leichter ertragen, wenn der Gewalttäter dadurch entmachtet wird, dass man an seiner Macht partizipiert. Dies kann in der Therapie dazu führen, dass der Klient sich plötzlich dem Täter nicht mehr so unähnlich fühlt, wie ihm das lieb wäre. Dies kann zu Angst vor eigenen mörderischen Tendenzen, zunehmender Diskrepanz zwischen der Wut auf den Täter und dem Verständnis für die eigenen aufkeimenden Aggressionen und Rückzug von der Therapie führen (Redmond 1996).
- *Vermeidbarkeit und/oder Zufälligkeit:* Wenn jemand etwa auf einer Urlaubsreise im Omnibus tödlich verunglückt, so wäre dies vermeidbar gewesen, wenn er die Reise nicht gemacht hätte; das Geschehen ist aber auch zufällig, da der Betroffene keine Kontrolle über die Abläufe hat.
- Der *Verlust eines Kindes;*
- der gleichzeitige *Verlust mehrerer Personen* (Raphael 1984);
- *die persönliche Begegnung des Hinterbliebenen mit dem Tod* in Zusammenhang mit einer bedeutenden Lebensbedrohung, einer massiven oder schockierenden Konfrontation mit dem Tod und einer Verletzung von anderen;

- der *Tod durch Suizid* oder verkappten Suizid (etwa durch Selbstvernachlässigung) (vgl. Kalish 1985);
- die *Unsicherheit über den Verlust und die Umstände* (vgl. Lazare 1979);
- Tode, bei denen *der Tote nicht gefunden wird* (Simpson 1979);
- *schambesetzte Todesumstände,* etwa wenn der Ehemann an Herzversagen während des Besuchs der lange verheimlichten Geliebten gestorben ist (Littlewood 1992).

Hinsichtlich der sozialen Begleitumstände gelten als verschlechternde Belastungen für den Trauerprozess:

- soziale Desintegration;
- mangelnde soziale Unterstützung, fehlendes hilfreiches soziales Netz (Littlewood 1983, zit. nach Littlewood 1992);
- finanzielle Probleme, niedriger Sozialstatus;
- wenn alle (einschließlich des Hinterbliebenen) so tun, als ob nichts geschehen wäre (Littlewood 1992).

Folgende Beziehungsmerkmale gelten als besonders problematisch für den Trauerprozess:

- ängstliche und abhängige Beziehungen (Horowitz et al. 1980);
- symbiotische Beziehungen;
- extrem einseitige Rollenverteilungen;
- sehr ambivalente Beziehungen (Raphael 1984) sowie
- narzisstische Beziehungen, bei denen der Verstorbene eine Erweiterung des eigenen Selbst war (Worden 1987).

Der Trauerprozess wird weiterhin als kompliziert eingeschätzt, wenn der Hinterbliebene selbst folgende Merkmale aufweist:

- prämorbide psychische Belastung;
- Unfähigkeit, Gefühle auszudrücken;

- vorangegangene ungelöste Verluste;
- mehrere Verluste in kurzer Zeit (Kalish 1985); zeitlich auseinander liegende Verluste, die jeweils für sich betrauert werden konnten, sind weniger problematisch als Mehrfachverluste und Verluste, die in sehr kurzer Zeit aufeinanderfolgen. Mehrfachverluste beeinträchtigen Gesundheit, Ehe, finanzielle Situation, Arbeitssituation und Persönlichkeit insgesamt (Mercer u. Evans 2006).
- eigene Vorerkrankung (Littlewood 1992) und
- vermeintliche Stärke und Widerstandskraft (Littlewood 1992).

Einen Versuch, die Schwere eines Personenverlusts mit Hilfe objektiver Umweltdaten zu erfassen, stellt die sogenannte Verlustformel dar (Toman 1965):

$$l = \sum_{i=1}^{n_l} l_i \text{ (Gesamtverlust)}; \quad l_i = \frac{1}{-\log k} \text{ (Einzelverlust)};$$

$$k = \frac{a_l t}{a_o a \sqrt{a} \, (\bar{n}-1)} \text{ (Ausmaß des einzelnen Verlusts)};$$

a_l = Alter der verlorenen Person, a_o = Alter der ältesten Person in der unmittelbaren Familie, t = Zeit, die die Person mit der verlorenen zusammenlebte, a = Alter der betroffenen Person, n = Anzahl der Personen in der Familie.

Sicher wird man bei einer hohen Anzahl untersuchter Personen hiermit eine Differenzierung in der Verlustschwere erreichen. Insofern mag die Verlustformel für Forschungszwecke gute Dienste leisten; so ist es möglich, bei Verlust der Eltern den betroffenen Kindern mit dieser Formel unterschiedlich schwere psychopathologische Erscheinungen zuzuordnen (Langenmayr 1975a).

An Formeln dieser Art wurde vor allem ihre mangelnde subjektive Differenzierung gerügt (z. B. wie das Kind den Verlust erlebte, welche Beziehung es mit dem Verstorbenen verband), was ursprünglich in quantitativen Forschungsansätzen gerade als Vorteil betrachtet wurde. Schließlich macht gerade die quantitative Erfassung der subjektiven Aspekte bei Verlusten empirisch mehr Probleme als die Feststellung relativ objektiver Umweltdaten. Für die Betrachtung des Einzelfalls ist diese Formel allerdings viel zu undifferenziert. Andererseits hat sich mittlerweile gezeigt, dass der Beitrag subjektiver Momente zur Varianz des Trauererlebens zunächst überschätzt worden sein könnte, was in neueren Publikationen dazu geführt haben dürfte, dass wieder Versuche gemacht werden, die Verlustschwere mit globalen Formeln zu erfassen, und nun eher subjektiv differenzierende (mit Tests und Fragebögen erfasste) und objektive Daten gleichzeitig zu einem einheitlichen Index vermischt werden (Worden 1996).

Spezielle Tauersituationen

Verlusterlebnisse bei Kindern

Zunächst ist für die kindliche Verarbeitung von Verlusten wichtig, welche Vorstellung sie überhaupt und in welchem Alter vom Tod haben. Speece und Brent (1984) analysierten 40 Untersuchungen zu kindlichen Todesvorstellungen. Nach ihrer Meinung gehört zu einem reifen Todeskonzept eine Vorstellung von der Irreversibilität (der Tod lässt sich nicht rückgängig machen), der Nonfunktionalität (Erlöschen aller lebenswichtigen Funktionen mit dem Tod) und der Universalität (Tod trifft alle Menschen). Wittkowski (1990) fügt noch die Vorstellung von der Kausalität (der Tod wird biologisch oder physikalisch verursacht) hinzu. Kastenbaum (1992) differenziert zusätzlich dahingehend, dass der Tod anderer Personen unvermeidlich ist und dass dies auch auf den eigenen Tod zutrifft. Alle diese verschiedenen Vorstellungen werden vom Kind in unterschiedlichen Altersstufen und unterschiedlichen Reifestufen (z. B. bezogen auf die Entwicklung der Intelligenz nach Piaget) erworben. Kinder erleben in den ersten Lebensjahren den Tod in Anlehnung an erlebte Trennungen. Entsprechend wird eine Wiederkehr des Objekts vermutet, da dies ja auch der gerade erworbenen Objektpermanenz (präoperationales Denken nach Piaget) entspricht. In der Regel beschäftigen sich Kinder sehr früh überwiegend in Zusammenhang mit erlebten Todesfällen mit dem Tod. Im Alter von drei bis sechs Jahren spricht das Kind Toten noch immer Eigenschaften wie Lebenden zu, das heißt, der Tod ist eine vorübergehende oder lediglich graduelle Sache (Nagy 1965). Das Ende aller Lebensfunktionen ist er noch nicht. Kinder dieses Alters haben entsprechend das Bestreben zu wissen, wo der Tote denn nun sei und wo er weiterlebt. Der Tod ist also noch nicht voll akzeptiert. Negative Gefühle beruhen auf der Assoziation von Tod mit Trennung. Ansonsten wird der Tod noch angstfrei erlebt, zum Beispiel im Spiel problemlos die Rolle eines Toten übernommen. Todeswünsche gegenüber anderen sind nicht von der Vorstellung begleitet, dass der andere am nächsten Tag dann nicht mehr da ist, um mit ihm zu spielen. Es geht nur darum, dass er dann jetzt nicht mehr da ist, um einem Ärger zu bereiten. Zwischen fünf und neun Jahren erfolgt die Personifizierung des Todes zum Beispiel als Skelett, als Geist und so weiter. Der Tod wird noch als vermeidbare Eventualität gesehen, dem man mit Geschick ausweichen könne. Allmählich (mit etwa sieben Jahren) beginnen Kinder, sich Vorstellungen von Gründen für den Tod zu machen. Es wird aber noch geleugnet, dass man auch selbst sterben müsse. Noch trifft er nur ältere Menschen. Mit acht Jahren wird der eigene Tod langsam zur Gewissheit (Gesell u. Ilg 1971). Neunjährige beziehen den Tod nun auch auf sich selbst und verstehen ihn als Aufhören aller Lebensfunktionen. Nach dem neunten Lebensjahr wird der Umgang mit Tod und Sterben realistischer und von konkreten oder aktuellen Ereignissen abgelöst. Das Interesse richtet sich zunehmend auf die Zeit nach dem Tod und Jenseitsvorstellungen. Mit zwölf werden weitgehend die Vorstellungen der Eltern übernommen, was Gläubigkeit oder Nihilismus anbelangt. Mit vierzehn hängt die Einstellung zum Tod überwiegend von der persönlichen Beziehung zum Leben ab, zum Beispiel skeptisch, zynisch oder offen. Da Jugendliche nun die Trauer von Menschen, die einen Verlust erlitten haben, verstehen, können sie auch mitfühlend reagieren.

Von Verlusten betroffene Kinder müssen sich der verbliebenen Beziehungen sicher fühlen, um ihre Trauerarbeit zu leisten. Sie haben weniger die Fähigkeit, ihre Situation zu regulieren als Erwachsene, was sie hilfloser macht. Über Gefühle nach Verlusten zu sprechen ist für Kinder eher schwierig. Als Reaktion auf Elternverluste können

Weinen, Regression, Erstarrung, Angst, aber auch Euphorie auftauchen. Letzteres kann die Reaktion beim Wegfall von Einschränkungen sein, die mit dem Verstorbenen verbunden waren, oder bei heftigen Machtkämpfen mit einem Elternteil könnte dessen Tod als Sieg interpretiert werden. Auch Wut oder Schuldgefühle und Anschuldigungen sind mögliche Reaktionen. Selbstbestrafungsreaktionen können auftreten oder Bestrafung durch provozierendes Verhalten erzwungen werden. Auf längere Sicht sind Identifikation mit dem verstorbenen Elternteil und seine Idealisierung ebenso möglich wie bei Erwachsenen mit Partnerverlust.

Bei kleinen Kindern wird das Fernbleiben einer Bezugsperson in Verbindung mit den jeweils vorherrschenden Bedürfnissen gebracht und zu einer Irritation beim Erleben dieser Bedürfnisse führen; die Psychoanalyse spricht hier von Fixierung. Wenn zum Beispiel das Kind mit zwei Jahren gerade anfängt, seine Machtbedürfnisse und Aggressionen auszuleben, was durchaus altergemäß ist, und zu der Zeit ein Verlust eintritt, so wird dieser Motivbereich als schuldgefühlsbeladen verdrängt, mit entsprechenden Konsequenzen für die weitere Entwicklung (Langenmayr 1975a).

Worden (1996) teilte Kinder mit Verlusten in zwei Gruppen ein, eine Experimentalgruppe und eine, mit deren Daten Kreuzvalidierungen vorgenommen wurden. Der Autor fand sechs Variablen, die mit einem hohen Risiko für die weitere Entwicklung des Kindes ein oder zwei Jahre nach einem Verlust korrelierten, und die er jeweils mit den Ausprägungen 0 oder 1 bewertete (1 für Werte mit 0,5 Standardeinheiten über dem Mittel, 0 für die anderen) und zu einem total risk score addierte. Dabei handelt es sich um folgende Variablen:

- Alter des überlebenden Elternteils (älter als 38 Jahre wurde mit 0 bewertet, 38 Jahre und jünger mit 1);
- Anzahl der Kinder unter zwölf Jahren in der Familie (drei oder mehr wurden mit 1 kodiert);
- Stressscore des überlebenden Elternteils;
- Copingscore des überlebenden Elternteils;

- Depressionsscore des überlebenden Elternteils;
- Totalscore auf der von den Eltern ausgefüllten »Child Bereavement Check List«.

Speziell für die Situation von Kindern mit Elternverlusten nennt Worden (1996) sechs Hauptkategorien von Mediatoren, die Verlauf und Ergebnis der Anpassung an einen Verlust bestimmen:

- der Tod und die ihn umgebenden Rituale,
- die Beziehung zum verlorenen Elternteil vor und nach dessen Tod,
- das Zurechtkommen des überlebenden Elternteils und seine Fähigkeit, als Elternteil für das Kind zu fungieren,
- Familieneinflüsse wie Größe, Solvenz, Struktur, Copingstil, Unterstützung, Kommunikation, Stressoren, Veränderungen und Einbrüche im Leben des Kindes,
- Unterstützung des Kindes durch Peers und andere Personen außerhalb der Familie sowie
- Charakteristika des Kindes einschließlich Alter, Geschlecht, Selbstwahrnehmung und Verständnis vom Tod.

Die besondere Reaktion von Kindern auf den Verlust eines Elternteils sieht Worden (1996) aufgrund seiner kontrollierten Stichprobenerhebung in

- der Zunahme von Angst im ersten Jahr nach dem Verlust, was bei Mädchen ausgeprägter ist als bei Jungen;
- der Somatisierung und dem Auftauchen von Gesundheitsproblemen vor allem im ersten Jahr nach dem Verlust, auch hier waren Mädchen öfter betroffen als Jungen;
- der Zunahme von Unfällen im ersten Jahr nach dem Verlust, hieran sind vor allem Jungen beteiligt;
- der geringen Mittelwertdifferenz bei Schulproblemen. Zum Teil treten offenbar nicht nur Leistungsabfälle, sondern auch über-

kompensatorische Verhaltensweisen mit leicht besseren Schulleistungen auf. Daher ergibt sich kein großer Unterschied in den Mittelwerten der Schulleistungen zwischen Experimental- und Kontrollgruppe, hingegen ein deutlicher Unterschied in der Streuung der Einzelwerte um den jeweiligen Mittelwert, das heißt in den Varianzen;
- einer Verringerung des Selbstwertgefühls, beginnend zwei Jahre nach dem Tod des Elternteils. Vermutlich dauert es so lange, bis dem Kind die Nachteile eines fehlenden Elternteils auch im Vergleich mit Peers deutlich werden und diese sich im gesamten Familiensystem zum Beispiel in Form einer Überlastung des verbliebenen Elternteils niederschlagen.

Der für die Verarbeitung bedeutsamen Frage, wie man Kindern den Tod oder den bevorstehenden Tod einer Bezugsperson erklären soll, gingen DeMaso et al. (1997) nach. Sie empfehlen, offen und ehrlich zu sein. Kinder, denen die Ernsthaftigkeit der Erkrankung etwa eines Geschwisters nicht erklärt wird, haben ihre eigenen Vorstellungen, die getragen sind von Missverständnissen, Schuld, Scham und Ärger. Ferner sollte altersadäquat erklärt werden. Entscheidend für das Kind ist, ob es sich Verantwortung für das Geschehen zuschreibt, wie dies auch Wallerstein et al. (1988) für Kinder bei der Scheidung der Eltern nachgewiesen haben.

Dabei ist es notwendig, den Tod konkret zu erklären: Die Herzfunktion kann ein kleines Kind sicherlich nicht verstehen, schon eher, dass eine Pumpe nicht mehr funktioniert. Erinnerungen an frühere Verluste, etwa eines Haustiers, können sinnvoll sein. Hilfreich sind Erklärungen wie die, das Geschwister »sei bei Gott im Himmel« und »lebe in unserer Erinnerung weiter«. Den Tod mit »schlafen« oder »verloren« sein zu vergleichen, weckt hingegen Ängste.

Wichtig ist es, auf Fragen vorbereitet zu sein wie etwa: »Mama, wirst du auch sterben?« Entscheidend ist es dann, nicht in Allgemeinplätze auszuweichen wie »Jeder muss einmal sterben«. Sinnvoller ist es, sich und das Kind zu fragen, worum es eigentlich geht.

Vielleicht könnte es die Sorge sein, bei wem das Kind dann bleiben würde.

Gefühle zu zeigen ist normal und wird von den Kindern erwartet, sonst könnten sie auf die Idee kommen, die Eltern vermissten das verstorbene Kind oder den verstorbenen Angehörigen nicht. Verhaltensänderungen auch gegenüber den Eltern und regressives Verhalten sollten erwartet werden, wie etwa ein Rückfall im Toilettentraining. Es sollte Kindern erlaubt werden, am Begräbnis teilzunehmen, sie sollten aber nicht dazu gezwungen werden. Zeichnungen des Kindes und deren Erläuterungen oder einen Gedächtnisbaum zu pflanzen können bei der Verarbeitung helfen.

Verlusterlebnisse der Eltern

Eine besonders belastende Situation ist der Plötzliche Kindstod (sudden infant death), da hier zu dem tragischen Geschehen notwendige, aber sehr belastende polizeiliche Ermittlungen hinzukommen, die von unterschwelligen Verdächtigungen, zumindest aber dem Gefühl der Eltern begleitet sind, verdächtigt zu werden, einschließlich der ständigen Wiederholungen der Ereignisse vor dem Tod (Littlewood 1992).

Die Verarbeitung des Plötzlichen Kindstods haben Beutel et al. (1997) in einer retrospektiven Untersuchung von 60 Paaren eruiert, die Teilnehmer einer Selbsthilfegruppe waren. Das Ereignis lag durchschnittlich fünf Jahre zurück. Verwendet wurde ein standardisierter Fragebogen zu Depressivität, Angst, Körperbeschwerden und Trauer. Die Kontrollgruppe bestand aus ebenso vielen gleichaltrigen Männern und Frauen. Depressivität und Körperbeschwerden waren in der Untersuchungsgruppe erhöht. Die Mütter reagierten depressiver und grübelten häufiger über die Ursachen des Plötzlichen Kindstods nach als die Väter. Sie zeigten ihre Traurigkeit offener und fanden es hilfreicher, über ihre Gefühle zu sprechen, was der üblichen Geschlechtsrollenverteilung entspricht. Das heißt nicht, dass die Väter vom Geschehen nicht genauso betroffen wären: Sie reagieren mit vermindertem Selbstwertgefühl und werfen sich mangelnde Beteiligung an der Versorgung des Babys vor (Mandell et al. 1980). Im Anschluss geborene Kinder erleichterten die Verarbeitung des Verlusts. Allerdings entstand bei rascher Folge eine große Ängstlichkeit um das weitere Kind (Beutel et al. 1997). Kindstod durch Unfall oder Krebs ruft oft Wut auf den vermeintlichen oder tatsächlichen Verursacher hervor, zuweilen auch auf den Ehepartner, dem Versagen in der Beaufsichtigung oder im Umgang mit dem Kind vorgeworfen wird. Der Tod eines Familienmitglieds wird auf der Basis der vorher existierenden Familienbeziehungen interpretiert und verarbeitet. So kann der Tod eines Kindes in einer kampfbetonten Ehe zur Einschüchterung und Erzeugung von Schuldgefühlen beim jeweils anderen Partner benutzt werden. In solchen Fällen ist eine psychologische Betreuung unumgänglich, wenn das Auseinanderbrechen der Familie als Folge verhindert werden soll. Die Beteiligung der Eltern an der Pflege des todkranken Kindes vermag deren Angst und Hilflosigkeit zu reduzieren (Lauer et al. 1983). Vor allem führt die Pflege des Kindes in der Folge zu besserer Verarbeitung (Lauer et al. 1989).

Scheidung

Die Reaktion auf Tod und Scheidung differiert in wesentlichen Punkten sowohl bei Kindern als auch bei Erwachsenen: Jungen haben häufiger Schwierigkeiten nach der Scheidung der Eltern als nach dem Tod eines Elternteils (Worden 1996). Die Selbstanschuldigungen von Kindern für den Verlust eines Elternteils sind nach Scheidung der Eltern höher, Lernschwierigkeiten sind ausgeprägter als beim Tod eines Elternteils (Worden 1996). Bei Erwachsenen ist das weitere Geschehen im Fall des Todes mehr von Depression gekennzeichnet, das gilt besonders für Frauen. Aggressionen werden eher verdrängt. Bei Scheidungen spielen offene Aggression, Rachegefühle und Schuldzuweisungen hingegen eine bedeutendere Rolle.

Die Familie wird heute oft nicht mehr als aus Vater, Mutter und Kindern bestehende lebenslange Gemeinschaft gesehen. Entsprechend ist auch die Bereitschaft heute wesentlich größer als früher, eine Familie aufzulösen. Besondere Umstände, vor allem Stressereignisse, können allerdings den Trend zum Zusammenhalt in der Familie verstärken. Hansel, Nakonezny und Rogers (2011) fanden bei Kontrolle der Daten von 1991–2005, dass die Scheidungsraten in New York nach dem 11. September 2001 sanken, in anderen Großstädten um New York im Vergleich zu eher ländlichen Gebieten auch.

Mit der generell höheren Wahrscheinlichkeit von Scheidungen geht auch eine Veränderung der Bewertung von Scheidungen in der Gesellschaft allgemein einher. Die frühere Diskriminierung ist einer weitgehenden Akzeptanz gewichen, zudem sind vom Scheidungsgeschehen heute alle Bevölkerungsschichten betroffen. Früher war dies eher Randgruppen vorbehalten. Scheidungen treten am häufigsten kurz nach der Eheschließung auf, wenn beide Partner feststellen, sich Illusionen gemacht zu haben, und dann, wenn die Kinder groß und aus dem Haus sind und ein nicht befriedigender Zustand wegen der Kinder aufrechterhalten worden war.

Frauen sind bei der Scheidung häufiger initiativ als Männer. Der nicht initiative Teil geht psychologisch belasteter aus der Situation hervor (Initator/Noninitiator-Modell). Bezüglich der psychologischen Verarbeitung werden in der Regel Vorscheidungsphase, Scheidungsphase und Nachscheidungsphase unterschieden, wobei die juristische Scheidung damit nicht zusammenfallen muss.

Während früher Kinder aus Scheidungsfamilien als eher belastet angesehen wurden, betrachtet man sie heute als besondere Population, ohne damit sofort eine Wertung zu verbinden (Kardas u. Langenmayr 1996). Schmidt-Denter (2000) findet sowohl gering belastete als auch hochbelastete Kinder. Bei den Geringbelasteten schätzen beide Eltern die Beziehung des jeweils anderen zu den Kindern als positiv ein. Die Beziehung zu den Geschwistern und insbesondere zu den Vätern ist emotional verbunden. Die Hochbelasteten haben nur wenig positive Gefühle für ihre Väter. Diese schätzen die Scheidung als falsch ein und kritisieren die Sorgerechtsregelung.

Strohschein (2012) interviewte Kinder, deren Eltern in der Folge geschieden wurden oder zusammen blieben, und fand größere psychische Gesundheitsprobleme (Depression, Hyperaktivität, antisoziales Verhalten) bei Kindern, deren Eltern später geschieden wurden. Dies war sowohl auf sozioökonomische Nachteile als auch auf dysfunktionale Familienprozesse zurückzuführen. Besonders problematisch ist ein »parental alienation« genannter Vorgang, bei dem ein Elternteil alles unternimmt, um das Kind dem anderen zu entfremden und diesen in den Augen des Kindes zu diskreditieren.

Insbesondere Jungen scheinen vom Fehlen des Vaters beeinträchtigt, vor allem dann, wenn dieser sich im weiteren Verlauf von der Beziehung zurückzieht. Die wesentlichen Gesichtspunkte dabei scheinen die Identifikation mit dem Vater im Leistungsbereich und seine Rolle als männliches Vorbild zu sein.

Ein generelles Phänomen ist, dass Scheidungskinder sich die Schuld für das Geschehen geben (Wallerstein u. Blakeslee 1989). Entsprechend halten sie auch für möglich, durch initiierte Sorgen der Eltern (Krankheit, Schulschwierigkeiten, Unfälle usw.) die Familie zu stabilisieren. Scheidungskinder reagieren bei Konflikten eher ausweichend (impunitiv im Rosenzweig-Test) (Kardas u. Langenmayr 1996). Die bei letzterer Untersuchung gleichzeitig gefundenen geringeren Werte in einigen Hawik-Untertests könnten ein Spezifikum der untersuchten Gruppe (Verein alleinstehender Mütter und Väter) sein, würde aber auch dann bedeuten, dass ein solcher Effekt unter ungünstigen Umständen (bei deutlichen Konflikten) möglich ist.

Die Auswirkungen der Scheidung auf die Kinder hängt von einer Reihe von Variablen ab (Kardas u. Langenmayr 1996):

- vom Alter des Kindes (je früher, desto problematischer),
- von der Dauer seit der Scheidung,
- vom Geschlecht des Kindes,
- von Dauer und Intensität der elterlichen Konflikte vor einer Trennung,
- von Peer-Interaktionen,

- von der Veränderung der äußeren Lebensumstände,
- von der elterlichen Anpassung an die Nachscheidungssituation,
- von der Beziehung zum alleinerziehenden Elternteil,
- vom Kontakt der Expartner zueinander,
- von den Interaktionen zwischen neuen Partnern und ehemaligen Partnern sowie deren Beziehung zum Kind.

Eine Doktorandin der Universität Duisburg-Essen hat eine Untersuchung an Studenten durchgeführt, die als Kinder die Scheidung ihrer Eltern erlebt hatten (Teba 2012). Ziel war festzustellen, welche Scheidungsumstände spätere Depressionen und psychosomatische Erkrankungen fördern. Dabei wurde festgestellt, dass Unterstützung durch Verwandte sich hilfreich, Unterstützung durch Peers eher nachteilig auswirkte. Möglicherweise finden hier Vergleichsprozesse statt, die für die Scheidungskinder nachteilig sind. Gemeinsames Sorgerecht der Eltern erwies sich in dieser Stichprobe als nachteilig. Das zeigt, dass gemeinsames Sorgerecht nicht unter allen Umständen als positiv anzusehen ist. Es kann auch die Möglichkeit bieten, die Kämpfe der Ehe fortzusetzen.

Beim Vergleich von Familien mit und ohne Scheidung ist immer zu berücksichtigen, dass nichtgeschiedene Familien keinesfalls per se eine gute Voraussetzung für die Entwicklung der Kinder bedeuten, sondern nur bei geringen bis mäßigen Spannungen und Konflikten. Sonst könnte eine Trennungsfamilie durchaus besser abschneiden.

Geschwisterverlust

Dass Geschwister für die Entwicklung des weiteren Lebenslaufs eine wichtige Rolle spielen, ist unumstritten. Selbst Ergebnisse, die vor Jahrzehnten gefunden wurden, wie zum Beispiel, dass unter politischen Führern häufiger älteste Geschwister gefunden werden, haben nicht an Gültigkeit verloren (Wagner u. Schubert 1977; Steinberg 2001).

Insbesondere scheint die Anzahl der Geschwister relevant bis hin zur Wahl des Ehepartners. Hier wurden eher ähnliche Geschwisterzahlen gefunden, auch bei Kontrolle der Sozialschicht, des Herkunftsorts, des Wohnorts und so weiter (Langenmayr u. Schubert 1987). Ebenso sind Ehen bei ähnlichen Geschwisterzahlen eher erfolgreich (Langenmayr u. Schubert 1990). Die Relevanz von Geschwistern füreinander unterliegt einem U-förmigen Verlauf im Leben. In der Kindheit haben Geschwister eine intensive Beziehung. Im Erwachsenenalter haben sie durch die Gründung eigener Familien und eigene Kinder eher weniger Kontakt miteinander. Im höheren Alter, auch bedingt durch das Auseinanderfallen der eigenen Familie und die Beendigung der damit verbundenen Aufgaben, kommen Geschwister wieder eher aufeinander zu.

Es scheint angesichts der nachgewiesenen Bedeutung von Geschwistern für deren Entwicklung etwas frappierend, dass für Verluste von Geschwistern kaum eine größere Bedeutung nachzuweisen ist.

Die Auswertung der Daten einer psychiatrischen Tagesklinik zeigte unter den Patienten gehäufte Elternverluste in der Kindheit, aber keine erhöhte Anzahl von Geschwisterverlusten (Gözütok et al. 2000). Dasselbe gilt für die Klientel unserer ehemaligen Trauerberatungsstelle in Essen. Auch im höheren Alter zeigte der Verlust von Geschwistern nur eine geringe Verschlechterung des Funktionsstatus (gesundheitlich, depressive Symptomatik) (Lalive d'Epinay et al. 2009).

Die Bedeutung eines Geschwisterverlusts besteht möglicherweise vorwiegend in der dadurch veränderten familiären Situation und nicht so sehr im Objektverlust. Die Eltern sind deprimiert, gestresst oder widmen sich dem Kind nicht mehr so intensiv. Binger et al. (1969) finden bei den Geschwistern an Krebs verstorbener Kinder eine Reihe von Symptomen wie Kopfschmerzen, Einnässen, Depressionen, Schulprobleme, Angst- und Schuldgefühle und so weiter. Rosen (1990) spricht von verbotener Trauer, weil die hinterbliebenen Geschwister ihre Gefühle nicht zeigen, um die Eltern nicht zusätzlich zu belasten. Plötzlicher Kindstod eines Geschwisters (DeFrain u. Ernst 1978) und die damit verbundene Überbehütung durch die Eltern führen ebenso wie Verlust eines Geschwisters durch Suizid

(Pfeffer et al. 1997) oder Mord (Freeman et al. 1996) zu Angst, Depression und Anpassungsstörungen. Kurz vor oder während der Schwangerschaft von der Mutter erlebte bedeutende Personenverluste zeigen ebenfalls erhebliche Auswirkungen auf das Kind: Jungen von Müttern, die während der Schwangerschaft oder bis ein Jahr davor ein Kind, also ein Geschwister des entstehenden Kindes, oder den Ehepartner durch unerwarteten Tod verloren hatten, wiesen ein um 72 % gesteigertes Risiko für ADHS auf (Li, Olsen, Vestergaard u. Obel 2010).

Dem widerspricht, dass es im Fall weniger dramatischer Geschwisterverluste nicht viele empirische Ergebnisse gibt. Erst recht ist die Auswirkung im Erwachsenenalter eher dürftig nachgewiesen. Es muss daher wohl eher vermutet werden, dass nicht der Geschwisterverlust als solcher besonders schwer zu verarbeiten ist, sondern dass es eher dramatische Umstände eines solchen Verlusts oder eine völlige Veränderung des elterlichen Verhaltens sind, die zu lang anhaltenden Problemen führen.

Deutlicher problematisch kann auch der Verlust eines Geschwisters vor der eigenen Geburt sein. Hier sind oft durch das verstorbene Geschwister Erwartungen der Eltern im Hinblick auf einen Ersatz aufgebaut, die einerseits schwer zu erfüllen sind, andererseits die Möglichkeit des Aufbaus einer eigenen Identität des nachfolgenden Kindes verhindern.

Der Tod eines Zwillings ruft beim hinterbliebenen Geschwister größere emotionale Probleme und Ängste vor dem eigenen Tod hervor als bei anderen Geschwisterpaaren, insbesondere bei eineiigen Zwillingen, da aufgrund der Ähnlichkeiten auch diesbezüglich ein ähnliches Schicksal befürchtet wird.

Vergleicht man Verluste danach, welche Person verloren wurde, dann zeigt sich, dass im höheren Alter der Verlust eines Geschwisters eine relativ geringe Verschlechterung des gesundheitlichen Funktionsstatus bewirkt, der Verlust des Partners oder eines Kindes mit bedeutend länger dauernden depressiven Symptomen verbunden ist, aber auch mit Verstärkung von Interaktionen und erfahrener Unterstützung (Lalive d'Epinay et al. 2009). Erstaunlicherweise ist dies eine der wenigen Untersuchungen, die auch den Verlust eines nahen Freundes einbezieht. Die Autoren kommen in solchen Fällen zum Ergebnis einer besonders großen Zunahme depressiver Symptome.

Suizid/Suizidfolgen

Der Tod Jugendlicher ist für die Eltern oft deshalb besonders problematisch, weil zur selben Zeit Kämpfe um die Unabhängigkeit stattfinden und die Vorstellung, der Tod sei eine Reaktion auf diese Auseinandersetzungen, besonders intensive Schuldgefühle hervorruft. Noch deutlicher wird dies, wenn es sich um einen Suizid handelt. Dieser findet oft auf dem Hintergrund offener Feindseligkeit, Ambivalenz und ungeklärter Abhängigkeit statt und verursacht daher besonders große psychische Probleme und Selbstvorwürfe der Eltern (Barraclough 1987). So erklärt sich, dass die Eltern an Krebs gestorbener Jugendlicher im Vergleich zu denen an Krebs gestorbener Kinder weniger Erfolg bei der Bewältigung haben; beispielsweise sorgen sie weniger für sich (Littlewood et al. 1991).

Der Tod der Eltern von Erwachsenen wird im Allgemeinen als zeitgerecht und wenig problematisch angesehen, was jedoch nicht zutrifft. Die hinterbliebenen erwachsenen Kinder tendieren mehr als vergleichbare Kontrollpersonen zu Suizidgedanken oder Suizidversuchen und weisen häufiger eine Depression in klinischem Ausmaß auf (Birtchnell 1975). Die Trauer trägt in diesen Fällen die Möglichkeit zu persönlicher Reifung ebenso in sich wie zu Verzweiflung (Littlewood 1992).

Bron (1991) untersuchte 339 depressive Patienten (endogen, neurotisch, reaktiv) und fand einen Verlust von Vater, Mutter oder Ehepartner besonders oft im Jahre und Jahrzehnte zurückliegenden Zeitraum vor dem Suizid oder Suizidversuch. Geschwisterverluste tauchten etwas weniger auf. Verluste von Kindern, anderen Verwandten und Bekannten waren seltener mit Trauerreaktionen verbunden. Frauen zeigten suizidales Verhalten im Gegensatz zu anderen Populationen häufiger nach Verlusterlebnissen. Bezüglich dieser Wirkung war jedoch kaum ein Unterschied zwischen früheren und gegenwärtigen Verlusterlebnissen zu finden. In einer Reihe von Fällen fungierten die Verlusterlebnisse als Auslöser oder markierten einen allmählichen Übergang in eine endogene Depression, so der Autor, der als Psychiater erstaunlicherweise hier Umweltfaktoren für eine endogene Depression in Anspruch nimmt.

McMahon und Pugh (1965) untersuchten 320 Witwen und Witwer, die von Suizid betroffen waren. Sie fanden in den ersten sechs Monaten nach dem Verlust die Suizidhäufigkeit zweieinhalbfach und im ersten, zweiten und dritten Jahr eineinhalbfach gegenüber früheren Jahren erhöht. Im vierten Jahr war keine Erhöhung der Suizidrate mehr nachweisbar. Männer tendierten deutlicher zum Suizid. Sehr ähnlich sind die von Bojanovsky (1980) gefundenen Ergebnisse: Die erhöhte Suizidgefahr bei Männern im ersten halben Jahr nach Verwitwung hielt mit etwas niedrigerer Wahrscheinlichkeit bis zum zweiten Jahr nach dem Verlust an. Bei Frauen war die Erhöhung weniger deutlich, dauerte aber bis zum zehnten Jahr nach dem Verlust. Diese Ergebnisse entsprechen dem auch bei natürlichem Tod und anderen Trauerfolgen (siehe Nachsterben) bei Partnerverlust gefundenen Profil, so dass es sich beim Suizid wohl um das Symptom eines generellen Trauerprozesses handelt. Den größten Anstieg der Suizidrate nach Verlust des Ehepartners finden allerdings Ajdacic-Gross et al. (2008) schon sehr früh, nämlich in der ersten Woche nach dem Verlust.

Bezüglich der Differenzen zwischen den Geschlechtern lohnt es sich, einen Blick auf die unterschiedliche Bedeutung zu werfen, die die Ehe für Männer und Frauen hat. Der Tod des Partners stellt generell den Verlust eines/einer Vertrauten, des Sexualpartners und einer für soziale Aspekte wichtigen Person dar. Witwer kontrollieren jedoch im Vergleich zu Witwen mehr ihre Emotionen, leiden stärker unter sexueller Deprivation und richten ihre Gedanken eher in Richtung auf eine Wiederheirat (Glick et al. 1974).

Dass unverheiratete Männer auf den Verlust ihrer Mutter besonders oft mit Suizid reagieren (Bunch et al. 1971, Bunch 1972), dürfte wohl mit besonders engen Mutter-Sohn-Beziehungen zusammenhängen.

Gerade bei Jugendlichen ist es sehr wichtig, Suizide als Folgetaten vorhergehender Suizide zu vermeiden, da sie aufgrund von psychischer Ansteckung, unbewusst empfundener Erlaubnis durch den Suizidanten und Sympathie in dieser Gruppe häufig vorkommen (Stillion 1996). In Zeiten allgemeiner depressiver Stimmung und romantischer Verklärung von Versagungserlebnissen kann schon eine entsprechende Publikation (wie seinerzeit »Die Leiden des jungen Werthers«) eine Suizidwelle auslösen. Ebenso sind in Folge der Publikationen sehr auffälliger Suizide erhöhte Raten von Verkehrsunfällen beobachtet worden, die vom Autor (Phillips 1977) als mögliche verkappte Suizide interpretiert wurden.

Die Reaktionen (Gegenübertragungen) der Hinterbliebenen und der Betreuer von Personen, die einen Suizid begangen/versucht haben, hängen mit dem motivationalen Hintergrund des Suizids/Suizidversuchs zusammen (Wolfersdorf u. Etzersdorfer 2011): Wirkt der Suizid/Suizidversuch appellativ, so vermittelt er den Eindruck von Hilfsbedürftigkeit und verursacht bei Angehörigen und Betreuern das Gefühl der eigenen Hilflosigkeit. Dies induziert gesteigerte, aber nicht unbedingt planvolle Aktivität.

Bei manipulativem Charakter des Suizids/Suizidversuchs fühlt sich das Gegenüber erpresst. Entsprechend könnte man mit dem Gefühl des Ärgers rechnen und mit dem Bedürfnis, sich zu wehren, ohne dies aber wirklich riskieren zu können.

Intentionaler Charakter des Suizids/Suizidversuchs ist auf ein Ziel gerichtet. Dementsprechend haben Angehörige und Betreuer das Gefühl, eingesetzt zu werden.

Bei ausgeprägtem Todeswunsch treten bei der sozialen Umgebung im Erfolgsfall Ohnmachtsgefühle und Resignation auf, bei missglücktem Suizidversuch Erleichterung, dass der Suizid nicht geklappt hat.

Psychotische Hintergründe sind gekennzeichnet von Angst, Hoffnungslosigkeit und wahnhaftem Erleben und führen bei Hinterbliebenen zum Gefühl, dass eine Behandlung erforderlich ist, oder erzeugen auch eigene Verwirrung.

Bei Hoffnungslosigkeit erwartet der Suizidant/Suizidversucher Unveränderbarkeit seiner Situation, es fehlt jede Zukunftsperspektive. Bei Angehörigen und Betreuern löst dies die Gefahr aus, dass sie die Hoffnungslosigkeit übernehmen und innerlich der Suizidhandlung zustimmen.

Für Betreuer ist die Kenntnis der Faktoren wichtig, die einen Suizid erahnen lassen. Ringel (1969) hat das präsuizidale Syndrom konzipiert, dessen wesentliche Bestandteile Einengung im Denken und in den Kontakten, Aggressionsumkehr (aus Gehemmtheit wird Aggression gegen sich selbst) und Suizidfantasien sind. Insgesamt ist die Situation vor dem Suizid durch zunehmenden Narzissmus gekennzeichnet (Henseler 2000). Die Abschiedsbriefe sind daher von wenig Bezug zu den Hinterbliebenen und mehr durch die eigene Gekränktheit und Enttäuschung gekennzeichnet. Starre Ausdrucksweisen und Befehlsformen überwiegen (Osgood 1960).

Angehörige helfender Berufe sind besonderen Belastungen ausgesetzt. Ihre Suizidrate ist auf das etwa Zweifache erhöht (so z. B. Henseler u. Reimer, 1981, für kalifornische Ärzte). Hintergrund dürfte sein, dass sie ihre eigenen Interessen und Lebensbedürfnisse zu leicht aus den Augen verlieren. Aus diesem Grund ist gerade bei Fachleuten, die berufsmäßig häufig mit Suizidanten zu tun haben, Selbstfürsorge und Supervision unerlässlich.

Aborte und Fehlgeburten

Diese sind oft mit Fantasien verbunden, was aus dem Kind wohl geworden wäre. Eltern denken vor allem zu Zeiten daran, die für die Entwicklung des Kindes relevant gewesen wären, wie etwa die Zeit der Einschulung. Vor allem Mütter leiden unter der Situation und solchen Fantasien, oft aber auch die Väter. Diese Verlustsituation wird mehr als andere in belastender Weise gegenüber Dritten verschwiegen (Littlewood 1992).

In einer Nacherhebung dreizehn Monate nach einem Spontanabort konnten Beutel et al. (1993) zeigen, dass das Ereignis in den meisten Fällen als bedeutsamer Verlust erlebt wird. Nach sieben bis dreizehn Monaten nehmen die Trauersymptome allmählich ab. Depressivität und körperliche Allgemeinbeschwerden sind zwar nicht generell erhöht, jedoch sehr wohl bei einer Untergruppe mit chronischer (pathologischer) Trauer. Unabhängig von einer erneuten Schwangerschaft tauchten nach dreizehn Monaten noch schmerzhafte Gefühle beim Anblick von Schwangeren und Babys sowie Ängste vor einem erneuten Abort auf. Die Patientinnen mit chronischer Trauer waren charakterisiert durch ein negativeres Erleben der Schwangerschaft, ausgeprägte Vorbereitungen auf das erwartete Kind, eine unsichere berufliche und familiäre Situation in der Zeit vor dem Abort und intensive psychische Belastung und Verzweiflung unmittelbar danach.

Eher allgemein auftauchende Probleme stellten Hall et al. (1987) fest. Die Trauerreaktionen nach Spontanabort bestanden in Alpträumen davon, lebhaften wiederkehrenden Erinnerungen auch an Gespräche zum Zeitpunkt des Aborts, anhaltendem intensiven Ärger in Zusammenhang mit dem Abort, der Beschäftigung mit Embryos oder Föten symbolisierenden Objekten, wiederkehrenden Reaktionen zum jahreszeitlichen Termin des Abgangs oder des errechneten Geburtstermins, zum Beispiel wehenähnlichen Krämpfen und Abdominalschmerzen. Den Jahrestag des Verlusts oder anderer gynäkologischer Ereignisse fand Condon (1986) oft als Auslöser für eine verzögerte Trauerreaktion.

Friedman und Gath (1989) konnten entgegen anderen Vermutungen zeigen, dass bereits in der frühen Schwangerschaft ein Spontanabort deutliche psychische Folgen bei der Mutter haben kann. So wurden 31 von 67 Frauen vier Wochen nach dem Spontanabort anhand von Selbstwert-Einschätzungsskalen (personal self-esteem/ PSE) und Depressionsskalen als psychiatrische Fälle eingestuft (48 % im Vergleich zu 11,2 % in der Normalbevölkerung). Hingegen findet Bond (2011) kein erhöhtes Risiko für psychische Störungen (psychiatrische Kontakte) bei eingeleitetem Abort während der ersten drei Monate in den zwölf Monaten danach und in den neun Monaten vorher im Vergleich zu Frauen mit Lebendgeburten.

Beutel et al. (1992) fanden in einer Längsschnittstudie an 86 Abortpatientinnen mit der Perinatal Grief Scale (Toedter et al. 1988) und standardisierten Symptomskalen erhöhte Trauer, Depressivität und Angst nach einem Spontanabort. Der Embryo war in der zehnten Schwangerschaftswoche in Fantasien, Träumen und konkreten Vorbereitungen psychisch repräsentiert. Beim Verlust traten Trauer und Verzweiflung auf. Prognostisch besonders ungünstig waren besondere Belastungen in der Schwangerschaft und mangelnde soziale Unterstützung. Aus diesen Faktoren ließ sich schuldhafte Verarbeitung vorhersagen. Depressive Reaktionen traten bei Frauen mit mehreren Aborten auf, die noch keine Kinder hatten. Die Erwünschtheit der Schwangerschaft spielte für die depressive Verarbeitung keine Rolle; Übelkeit, Angst, Ärger und Depression herrschten vor.

Aborte scheinen insbesondere dann größere Probleme zu verursachen, wenn ihnen bereits ein ähnliches Ereignis vorausgegangen ist (Chalana u. Sachdeva 2012): In diesen Fällen zeigten sich vor allem im zweiten Drittel der Schwangerschaft erhöhte psychiatrische Auffälligkeiten in Form von Depressionen und Angst. Je geringer der Abstand zwischen der vorherigen und der späteren Fehlgeburt ist, desto größer waren die Belastungen. Wenn schon mehrere Fehlgeburten vorlagen, zeigten sich depressive Episoden. Psychosen konnten allerdings nicht festgestellt werden.

Mit den Langzeitfolgen von Aborten beschäftigten sich Deckardt et al. (1994). Die psychischen Folgen zeigten sich dabei unabhängig vom Schwangerschaftsstadium. Die Trauer war selbst 24 Monate nach dem Abort nicht aufgelöst. Sie nahm in den ersten sieben Monaten kontinuierlich ab, die Verzweiflung blieb konstant, die Schuldgefühle nahmen zwischen dem 13. und 24. Monat sogar zu. 20 % der Patientinnen entwickelten eine pathologische Trauer mit einem Anstieg von Depressivität, Schuldgefühlen und körperlichen Allgemeinbeschwerden.

Die Auswirkungen von Aborten auf die eheliche Beziehung waren Gegenstand der Untersuchung von Gottlieb et al. (1996). Es wurden 31 Paare befragt, die zwei bis vier Jahre vorher ein Kind verloren hatten (ab der 20. Schwangerschaftswoche bis zum Alter von einem Jahr) und in der Klinik schon einmal befragt worden waren. Die Befragten waren überwiegend Kaukasier. Es ließ sich ein signifikanter Abfall der sexuellen Intimität feststellen. Die Frauen berichteten von weniger allgemeiner emotionaler Intimität. Bei den Frauen ließ sich aus den ersten Trauerreaktionen die Einstellung zur Ehe zwei Jahre später vorhersagen, hingegen nicht bei den Männern. Ein Prädiktor bei diesen war die erste Trauerreaktion ihrer Frauen, ob sie schon einmal überlegt hatten, sich zu trennen, und ob Warnzeichen des drohenden Todes des Kindes vorhanden gewesen waren.

Komplizierend können beim Tod eines Kindes während der Schwangerschaft die Tendenzen unserer Gesellschaft wirken, dies als leicht zu verkraften abzutun (aberkannte Trauer) und Bindungen an das Kind in dieser Zeit auszuschließen. Darüber hinaus kann dies Schuldgefühle wegen des eigenen Überlebens und die Wiederbelebung der Erinnerung an frühere Beziehungsbrüche mit sich bringen (Speckhard 1997).

Bei Totgeburten werden oft die vorher vorhandenen Vorwarnungen geleugnet. Das allgemeine Schweigen wird von der Mutter als Bestätigung einer schrecklichen Schuld empfunden (Littlewood 1992).

Als hilfreich hat es sich erwiesen, wenn die Eltern das tote Kind sehen können, eine Fotografie des Kindes erhalten, das Kind einen Namen bekommt und beerdigt wird sowie die Teilnahme der Eltern an einer Selbsthilfegruppe.

Der Tod des Kindes bei der Geburt ruft nicht nur Selbstvorwürfe hervor, sondern ist oft noch Jahre später mit dem Gefühl verbunden, dass das medizinische Personal nicht alles für das Überleben getan habe, wobei es sich dabei oft um die Projektion der eigenen Schuldgefühle auf andere handelt, um Erleichterung zu erlangen.

Einige Autoren untersuchten, mit welchen konkreten und praktisch verwertbaren Möglichkeiten die psychischen Folgen von Totgeburten gemildert werden können. Kuse-Isingschulte et al. (1996) fanden, dass die psychische Reaktion auf Fehl- und Totgeburten günstig von offenen Gesprächen mit dem Fachpersonal und den Angehörigen, direktem oder indirektem Kontakt zum verstorbenen Kind sowie Aufklärung über Ort und Umstände der Beerdigung des Kindes beeinflusst wurde.

Rådestad et al. (1996) stellten fest, dass das Risiko psychischer Störungen vermindert wurde, wenn die Eltern das Kind noch sehen konnten. Dabei ist weniger die Dauer als die Atmosphäre von Belang, in der das geschieht. Ein Ultraschallbild oder eine Fotografie im Besitz der Mutter reduzierte spätere Trauer und Angst. Ein Ritual, vor allem ein Begräbnis, stellte sich als günstig für die Verarbeitung heraus. Vor allem Personen, die das Gefühl hatten, dass der medizinische Dienst für den Tod des Kindes verantwortlich sein könnte, tendierten in dieser Untersuchung zu Angstsymptomen. Die Folgen des Kindesverlusts während der Schwangerschaft können bis zur Scheidung der Eltern reichen. Leppert und Pahlka (1984) betonen die Bedeutung der Notwendigkeit zu trauern, um die Loslösung vom verstorbenen und die Hinwendung zu anderen Kindern zu ermöglichen.

Verbotene und delegierte Trauer

Verbotene (aberkannte) Trauer (disenfranchised grief) ist eine von der Gesellschaft nicht gewürdigte Trauer, unter der die Betroffenen nichtsdestoweniger leiden. Der Verlust eines Fötus durch eingeleiteten Abort gehört ebenso hierher wie eine misslungene Schönheitsoperation oder (für manche Personen) der Verlust von Haustieren. Bei den ersten beiden Beispielen spielt die Vorstellung eine Rolle, die Betreffenden seien selbst schuld, hätten es ja nicht anders gewollt und damit kein Recht auf Mitleid. Auch eine über den von der Umwelt zugestandenen Zeitraum hinaus andauernde Trauer zählt hierzu wie auch der Verlust einer geliebten Person durch Tod, zu der die Beziehung immer verheimlicht worden war. Die Aberkennung bedeutet natürlich nicht, dass die Trauer damit verschwunden wäre. Es besteht vielmehr die Gefahr, dass sie sich in psychosomatischen Symptomen Geltung verschafft.

In engem Zusammenhang damit steht delegierte Trauer. Die nationalsozialistische Vergangenheit in Deutschland wurde nicht von der unmittelbar betroffenen Generation bewältigt, sondern erst von der nachfolgenden (s. z. B. Pauls-Reize 2012). In diesen Fällen ist die Trauer, die von der vorherigen Generation nicht bewältigt werden konnte, an die nachfolgende Generation delegiert worden. Hierzu möchte ich ein Beispiel nennen: Die Teilnehmerin einer Selbsterfahrungsgruppe erzählt von ihrem Vater, der in Marokko während des Zweiten Weltkriegs in Kriegsgefangenschaft gewesen war und sich bei der Rückkehr auffällig verhielt, ohne mit jemandem über seine Bedrängnis zu reden. Gesprächen wich er aus, zog sich immer in sein Zimmer zurück, saß tagelang in diesem dunklen Raum und wurde eines Tages tot aufgefunden (Suizid durch Erschießen). An diesem Punkt der Erzählung stockt die junge Frau, sagt, es flimmere ihr vor den Augen. Als die Gruppe das Gespräch fortsetzt, andeutet, es könne sein, dass sie etwas nicht sehen will, beklagt sie sich heftig über die mangelnde Sensibilität der Gruppe und verlässt weinend den Raum. Sie kommt an diesem Tag nicht mehr in die Gruppe zurück. Bei der nächsten Sitzung erzählt sie, sie habe ein ausführliches Gespräch mit ihrer Mutter geführt. Diese erzählte ihr, der Vater sei in der Gefangenschaft fortgesetzt vergewaltigt worden, habe aber außer Andeutungen nie etwas darüber sagen können und sei eigentlich nicht darüber hinweggekommen. Die junge Frau empfindet die Situation als große Erleichterung und hat das Gefühl, seit langem wieder klar sehen zu können und keine Probleme mit ihren Augen mehr zu haben. Hier hat die junge Frau das aufgearbeitet, was aufzuarbeiten dem Vater nicht gelungen war.

Weitere spezielle Situationen

Nach dem Tod eines Elternteils können (vor allem erwachsene) Geschwister um ihre Stellung zum Toten rivalisieren. Sie können sich diesem Konflikt intensiver und geschützter hingeben, da der Verstorbene zur Klärung nichts mehr beitragen kann.

Sowohl beim Partnerverlust als auch beim Elternverlust können Erbschaftsstreitigkeiten einen erheblichen Umfang annehmen. Unabhängig von realen Interessen sollte aber immer auch die Möglichkeit gesehen werden, dass damit das Empfinden der Trauer vermieden werden kann.

Die Wiederheirat des hinterbliebenen Elternteils kann von den erwachsenen Kindern abgelehnt und eventuell auch aktiv hintertrieben werden. Dabei spielt das Gefühl eine maßgebliche Rolle, dass eine erneute Bindung des überlebenden Elternteils eine Verletzung der Loyalität gegenüber dem toten Elternteil darstelle. Der Hintergrund ist eine Eifersuchtshaltung, die auf den Toten projiziert wird.

Eltern, die ein erwachsenes Kind verlieren, machen häufig den Lebenspartner des Kindes dafür verantwortlich (Littlewood 1983, zit. nach Littlewood 1992) und erwarten oft auch Hilfe von diesem Partner.

Homosexuelle Partner werden oft von der Familie des Verstorbenen von der Beerdigung ausgeschlossen, da die Unzufriedenheit mit der Beziehung nun ohne Intervention ausgelebt werden kann.

Eigene Schuldgefühle und/oder Trauer können dazu führen, dass zur eigenen Entlastung ein Sündenbock innerhalb der Familie gesucht wird.

Folgen von Trauer

Die Mehrzahl der Trauersymptome bildet sich im ersten Jahr zurück. Offensichtlich gibt es eine eher psychische und eine eher somatische Reaktion auf den Tod von Bezugspersonen. Jerneizig und Langenmayr (1992) fanden sowohl bei den Trauersymptomen als auch bei den Verbesserungen durch klientenzentrierte Trauertherapie ein Cluster psychischer Symptome (Depression, Schlaf- und Konzentrationsstörungen, Agitiertheit und Nervosität) und ein Cluster somatischer Symptome (Atembeschwerden, Rückenschmerzen, Herz-Kreislauf-Störungen und Magen-Darm-Störungen). Beim ersten Typ handelt es sich offenbar um Personen, die sich intensiv mit dem Verlust auseinandersetzen, wofür auch der Zusammenhang mit schuldgefühlsbeladener Verarbeitung spricht, beim zweiten eher um Gefühle verdrängende Personen.

Psychische Symptome

Als psychische Folgen von Objektverlusten nennt Littlewood (1992) folgende:

- beeinträchtigte alltägliche Aktivität, Arbeitsunfähigkeit;
- Konzentrationsschwierigkeiten, Vergesslichkeit und Verwirrung;
- Beziehungsunfähigkeit;
- depressive Symptome und allgemeine Traurigkeit; insbesondere bei älteren Personen sind ungenügend verarbeitete Verlusterfahrung und Beziehungsbrüche wesentliche Ursache depressiver Erkrankungen, was psychotherapeutischen Bemühungen erheb-

liche Möglichkeiten eröffnet, wie Bron (1992) an 155 Patienten über 60 Jahre herausfand;
- Suchtmittel- und Medikamentenabusus, andere suchtähnliche Verhaltensweisen wie ständig neue Kleider zu kaufen, häufige Partnerwechsel;
- vermehrte Arztbesuche und Klinikbehandlungen;
- Schock, Taubheit (Vermeidung von Gefühlen, kalt, automatisch reagierend, entspricht der Selbstbeschreibung »Autopilot«);
- Ungläubigkeit;
- Angst, Panikattacken; Angst, nicht ohne die geliebte Person leben zu können, Angst, von den eigenen Gefühlen überwältigt zu werden, Angst vor dem eigenen Tod, vor Krebs und andere hypochondrische Ängste;
- generelle Unsicherheit;
- Erleichterung (wenn der Tote zuvor gelitten hatte, wenn Jugendliche den Tod der Eltern als Emanzipation erleben usw.);
- Gefühle der allgemeinen Bedeutungslosigkeit und Verzweiflung;
- Einsamkeit;
- Ärger (auf den Verstorbenen);
- Schuldgefühle;
- ständige Beschäftigung mit dem Toten und den zum Tod führenden Umständen;
- Sehnsucht, Gefühl der Anwesenheit des Toten, Suchen und Rufen nach dem Weggegangenen;
- visuelle, auditorische, haptische und olfaktorische Halluzinationen. Diese stellen ein im Trauerfall normales Geschehen dar, werden aber von den Betroffenen manchmal als Grund für Ängste um ihren geistigen Gesundheitszustand gewertet. Da ist es hilfreich, Ergebnisse von Untersuchungen zu zitieren: Verwitwete in Europa und USA gaben bei verschiedenen Befragungen zwischen 45 % und 61 % an, wenigstens einmal noch Kontakte mit ihren Partnern gehabt zu haben (Lier 2010). Sormanti und August (1997) fanden, dass von 43 Eltern, die ihr Kind verloren hatten, 38 von andauernden Verbindungen mit ihrem Kind berichte-

ten. Die meisten empfanden dies als positiv, als Bestätigung der Möglichkeit, irgendwann mit ihrem Kind wiedervereinigt sein zu können. Manchen tat es aber auch weh, dies als Gestaltung ihres Unbewussten und nicht als Realität ansehen zu müssen;
- Schlaf- und Appetitstörungen;
- Träume in gegenüber früher veränderter Häufigkeit und verändertem Inhalt;
- Erinnerungsobjekte und -plätze werden aktiv gesucht oder aktiv vermieden;
- Ruhelosigkeit; Apathie; Weinen; sozialer Rückzug;
- Leugnung: Die Tatsache des Todes des Verstorbenen wird überhaupt nicht zur Kenntnis genommen und das Leben so fortgesetzt, als sei nichts geschehen (z. B. wenn Mütter im Krieg nach der Meldung vom Tod ihres Sohnes noch lange Zeit den Tisch für ihn mitdeckten, als käme er zum Essen. Ein berühmtes Beispiel ist »Miss Sophie« aus dem Silvester-Sketch »Dinner for One«, die weiterhin das Geburtstagsmenü für ihre vier verstorbenen Freunde servieren lässt).

In manchen Fällen ist es sehr schwer festzustellen, ob es sich um eine akute oder vielleicht auch lange zurückliegende Trauerproblematik handelt oder ob es um Störungen auf einem anderen Hintergrund geht. So mögen gelegentlich psychiatrische Störungen und Personenverluste unabhängig voneinander, aber gleichzeitig auftreten. Auch sind Trauerberater gerade in den Anfängen ihrer Praxis mit dem Phänomen konfrontiert, dass sie von Personen aufgesucht werden, die erhebliche psychische Störungen auf einen Verlust zurückführen, obwohl sich dies nach einiger Zeit als unzutreffend herausstellt. Sollte sich aber zeigen, dass hinter dem Geschehen zwar nicht der angegebene Verlust von Bedeutung ist, aber doch ein weiter zurückliegender, so wäre Trauerberatung wieder gerechtfertigt.

Abgrenzung trauerbedingter Symptome von nicht trauerbedingten Symptomen

Aus diesen Gründen werde ich hier ein paar Worte über psychische Störungen allgemein sagen (ich halte mich überwiegend an die Darstellung von Wieck 1977) und versuchen, sie von Trauerphänomenen abzugrenzen oder auf Verwechslungsmöglichkeiten hinzuweisen.

Organisch begründbare körperliche Störungen werden in reversible (sogenannte Funktionspsychosen) und irreversible unterschieden. Reversible Störungen ergeben sich etwa nach einem Unfallgeschehen bei einer Gehirnerschütterung oder bei sich zurückbildenden Vergiftungserscheinungen. Hier können mit dem Zustandekommen der körperlichen Schädigung Verlusterlebnisse einhergehen (z. B. bei einem Autounfall, bei dem Mitinsassen ums Leben gekommen sind). Die sich aus der körperlichen Schädigung ergebenden psychischen Beeinträchtigungen sind hiervon wenig tangiert.

Hauptsymptome sind Verlangsamung der geistigen Abläufe, Gedächtnisstörungen, Störungen der Aufmerksamkeit, motorische Unruhe, Antriebsminderung und Gefühlsarmut. Es entsteht der Eindruck des Organischen. Konfabulationen (Zusammenhangsbildungen zwischen nicht zusammengehörenden Themen) und Perseverationen (fortgesetzte Wiederholungen) können auftreten, zuweilen auch produktive Symptome (wie Verkennung von Personen und Situationen, Entfremdungserlebnisse). Ferner können Entleerung des Erlebens, Inkohärenz des Denkens, Fluktuation der Aufmerksamkeit, Affektlabilität, inadäquates Bekanntheitsgefühl bei tatsächlich Unbekanntem, paranoide Ausgestaltungen, Erregtheit und Aggressionen, megalomane Vorstellungen (Größenideen) und Schuldthematiken auftreten. Aphasie ist eine sprachlich auffallende Störung mit zentralen Ursachen, die als motorische Produktionsschwäche (Broca-Aphasie) oder als Unfähigkeit, sprachliche Begriffe zu finden beziehungsweise Sprache zu verstehen (Wernicke-Aphasie) oder als totale Aphasie auftritt. Sie ist oft nur teilweise reversibel und hängt als sprachliche Störung mit Läsionen der linken Gehirnhälfte zusammen. Bei Verstärkung des Prozesses entstehen Bewusstseinstrübung, dann schwere Bewusstseinstrübung und schließlich fällt der Betroffene ins Koma.

Funktionspsychosen, also reversible organische Störungen, sind unspezifisch. Es wird stets ein Syndrom angesprochen, das mit der Schwere, nicht mit der Ursache der Beeinträchtigung variiert.

Bei den irreversiblen Störungen handelt es sich entweder um Residual- oder progrediente Zustände. Äußerlich auffällig können schon körperliche Stigmata wie beispielsweise Lähmungen sein. Anfälle und Absencen (bei Epilepsie und Epilepsie-ähnlichen Erkrankungen), Zittern (z. B. beim alkoholischen Korsakow-Syndrom) sind auch für Laien schnell einzuordnen. Bei einigen Störungen wie Multipler Sklerose sind auch Potenzstörungen oder der Verlust der Kontrolle über die Blasenfunktion zu finden. Oft treten Minderung der Fähigkeiten (Intelligenzmangel), Einengung der emotionalen Ansprechbarkeit, erhöhte Reizbarkeit, geistig-seelische Entdifferenzierung, organische Wesensänderung, euphorische oder depressive Grundstimmung auf.

Eine Verwechslungsmöglichkeit kann auch mit psychischen Störungen aufgrund von Verlusten bestehen, wenn etwa Angst, motorische Unruhe, Verlangsamung oder schockartige Zustände vorliegen. Auch schuldgefühlshafte Bilder können entfernt an Verlustreaktionen erinnern. Hier werden in der Regel die Anamnese, Befragung der sozialen Umgebung, körperliche Auffälligkeiten und die Berücksichtigung medizinischer Untersuchungsergebnisse weiterhelfen.

Beides, körperlich bedingte Störung und Verlusterlebnis, kann untrennbar verwoben sein, wenn etwa nach einem schweren Autounfall jemand sich langsam von der eigenen Gehirnerschütterung erholt, aber auch gewahr wird, dass vertraute Mitfahrer den Unfall nicht überlebt haben. Praktisch ist die Frage der Differenzierung in diesen Fällen nicht relevant, da psychologische Betreuung sowohl den Schock über das eigene Unfallerleben als auch das Verlusterlebnis bearbeiten sollte, und man das aufgreifen wird, was vom Betroffenen jeweils in den Vordergrund seiner Besorgnis gestellt wird. Als psychosomatisch orientierter Psychologe wird man zudem darauf vertrauen, dass in dieser Situation auch der körperliche Restitutionsprozess erheblich vom Gespräch und offener, wohlwollender Zuwendung profitieren wird.

Depression ist durch die Elementargefühle Traurigkeit, Angst und Schuld gekennzeichnet. Durch das Vorherrschen dieser Gefühle ist das Gefühlsspektrum insgesamt eingeengt. Es fehlen Gefühle wie Freude, Liebe oder emotionale Bindung an den Beruf. Häufig treten Missempfindungen auf wie etwa Kopfschmerzen, Schmerzen an Augen, Ohren und Hals. Hemmungen des Erlebnisablaufs (z. B. Schwierigkeiten, einen Gedächtnisinhalt zu reproduzieren), repetitive Verhaltensweisen wie Grübelzustände und vegetative Funktionsstörungen (Schlafstörungen, Appetitlosigkeit, Erlöschen der Libido, Obstipation, Störungen der Sekretion in Form von Schweißausbrüchen, Schwindelzustände, Herzrasen) sind häufige Symptome. Ein charakteristisches Kennzeichen ist ferner die Schwankung der Befindlichkeit über den Tag, besonders oft in der Form, dass morgens der Zustand schlechter ist und sich dann bis gegen Abend aufhellt. In Mimik und Gestik fallen der gequälte Gesichtsausdruck und die gebundenen (ineinander gefalteten) Hände auf, die dabei oft aneinander gerieben werden. Charakteristisch sind auch der »zyklothyme Seufzer« und häufiges Jammern.

Als arztgerechter Beschwerdekomplex wird bezeichnet, dass depressive Patienten häufig aus dem breiten Spektrum ihrer Beschwerden das heraussuchen, was für den jeweils mit ihnen befassten Arzt relevant sein könnte, also etwa Unterleibsbeschwerden beim Gynäkologen, Atemprobleme beim Lungenfacharzt, Schwindelgefühle beim Neurologen. Von »Reaktion im letzten Augenblick« spricht man, wenn der vorher eher ruhige und antriebsarme Patient plötzlich aktiv wird und nicht mehr aufhört zu erzählen, wenn es auf die Verabschiedung zugeht. Dahinter steht die Angst vor der Trennung, das Gegenüber soll festgehalten werden. Oft ist bei Depressiven auch Suizidgefahr gegeben.

Meist ist die Depression von Wellenbewegungen gekennzeichnet, wobei der Zeitraum einer Welle von geringer Länge bis zu einem halben Jahr variieren kann. Gegen Ende einer depressiven Phase mag fast ein normaler Eindruck entstehen. Bei einem Teil der Erkrankten folgt in der zweiten Phase das volle Bild einer Manie.

Manie ist das gefühlsmäßige Gegenteil von Depression. Die Stimmung ist extrem gehoben. Der manisch Kranke ist von allem begeistert, oft auch von sich selbst, er kennt keine Grenzen der Realität. Auch hierdurch tritt eine Verflachung aller anderen Gefühle ein. Der Erlebnisablauf ist gesteigert, was als Enthemmung und Ideenflucht auffällt (er kommt von einem aufs nächste). Körperlich fühlt er sich sehr wohl, die vegetativen Funktionen sind in die ergotrope Phase verschoben. Kritiklosigkeit, Sprunghaftigkeit im Denken, der Eindruck gesteigerter Fähigkeiten und eine Steigerung des Ich-Bewusstseins treten auf, gelegentlich aber auch Gereiztheit bei Kleinigkeiten.

Psychologisch wird Depression auch als Angst vor Selbstbehauptung, als Abgrenzung und als Versuch der Vermeidung, verlassen zu werden, interpretiert. Die erste Depression im Leben ist die des Kindes bei vorübergehender Abwesenheit der Mutter. Taucht die Mutter wieder auf, durchströmt das Kind ein ungeheures Glücksgefühl, wie es die Manie zeigt. Im Lauf der Zeit lernt das Kind, die Wiederkehr der Mutter zu antizipieren, die depressiven und die manischen Gefühle verschmelzen und weichen einer realistischen und verlässlichen Beziehung zur Bezugsperson. Fehlt die Bezugsperson dauerhaft, wird das Gefühl der Depression das grundlegende Lebensgefühl, gelegentlich abgelöst durch übersteigert erlebte positive Erfahrungen bis hin zur Selbstüberschätzung in der Manie.

Die *Abgrenzung* zwischen Trauer und Depression ist äußerst schwierig. Einige Autoren halten dies auch nicht für möglich, da es sich um denselben Prozess handele. Vermutlich geht es bei Depressionen um unbewältigte frühere Verlustsituationen, die verdrängt worden sind, während Trauer meistens aktuellere Situationen betrifft und bewusstseinsnäher ist. In der Depression wird kein Bezug auf nachvollziehbare traurige Ereignisse genommen, während er bei der Trauer auf der Hand liegt. Man könnte Depression daher als eine besondere Form der Trauerverarbeitung definieren, bei der das verlorene Objekt und das Verlustereignis grundlegend verdrängt sind und der Verlust in der frühesten Kindheit lag. In der Depression stellen sich die tatsächlichen Traueranlässe erst nach längerer intensiver therapeutischer Arbeit heraus. Die Verwechslungsmöglichkeit könnte demnach darin bestehen, dass jemand in der Trauertherapie einen aktuellen Verlust angeht, sein Grundgefühl aber ganz wesentlich von früheren Verlusten herrührt und ohne deren Bearbeitung nicht wesentlich gebessert werden kann. Da Trauertherapie in der Regel als Kurztherapie konzipiert ist, würde eine Verwechslung bedeuten, dass der Therapeut den zeitlichen Aufwand unterschätzt. Dies könnte zu erheblichen Enttäuschungen auf beiden Seiten führen.

Der Begriff der »endogenen Depression«, mit dem eine überwiegend erbliche Bedingtheit angedeutet wird, erschwert Klärungen zusätzlich, zumal sich bei endogenen Depressionen vermehrt Verluste finden, die länger zurückliegen (Bron 1991).

Als arztgerechter Beschwerdekomplex könnte von einem depressiven Klienten im Einzelfall natürlich auch ein Trauerfall präsentiert werden. Die Mimik und Gestik, vor allem die gebundene Haltung sowie die auf das ganze Leben und nicht auf ein einzelnes Ereignis bezogene Trauer sind gute Unterscheidungsmerkmale, ähnlich wie anklammernde Verhaltensweisen im therapeutischen Prozess. Sie verraten ein lebenslanges Programm und nicht ein vorübergehendes »Aus-der-Bahn-geworfen-Sein«.

Eine relativ klare Trennung zwischen komplizierter Trauer und Depression sehen Rosner und Wagner (2009): Sich zu sehnen sei Kennzeichen der komplizierten Trauer, depressive Stimmung und Interesselosigkeit das einer größeren Depression. Zudem seien Unterschiede im Schlaf-EEG zu finden und in der Reaktion auf bestimmte Antidepressiva.

Manischen Verhaltensweisen kann das sogenannte Acting-out (Ausagieren) nach einem Verlust ähnlich sein, wenn eine Person, anstatt die Trauer zuzulassen und nach und nach zu bearbeiten, diese verdrängt und sich von einem (auch sexuellen) Kontakt in den nächsten stürzt, das Leben in vollen Zügen zu genießen scheint. Dabei geht es jedoch nicht um wirklichen Genuss, sondern nur darum, die Trauer nicht zuzulassen und Ersatzbefriedigungen zu suchen. Neue Personen sind nicht als neuer Kontakt, sondern als vollständiges Abbild alter Kontakte gedacht.

Kennzeichnend für *Schizophrenie* ist eine Wahnthematik. Sie kann sich konkretisieren als Beeinträchtigungswahn, dabei hat der Klient das Gefühl, alle wollen ihm etwas Böses, er stößt überall auf absichtlich und aus Bösartigkeit aufgerichtete Grenzen.

Bei Erlebnisweisen der Depersonalisation fühlt man sich selbst nicht im eigenen Körper, kommt sich fremd vor, Gedanken erscheinen einem wie eingegeben, als wären sie nicht die eigenen.

Eine Versündigungsthematik liegt vor, wenn etwa eine junge Klientin die Kliniktreppe immer auf allen Vieren wie ein Hund hinaufgehen muss, weil sie sich wegen sexueller Gedanken für sündig und tierhaft hält. Beim Liebeswahn fühlt sich der Klient von ständigen Annäherungsversuchen belästigt.

Schizophrene Wahnsymptome sind (a) Wahnwahrnehmungen (Personenverkennungen, Situationsverkennungen, Ichbezogenheit); dabei treten (b) Wahneinfälle manchmal, aber nicht zwingend, im Anschluss an Wahnwahrnehmungen auf (z. B. fällt einer Frau nach einem Gespräch plötzlich ein, das Gegenüber habe ihr fortgesetzt auf die Brust geschaut). (c) Von Wahngedanken spricht man, wenn sich Wahnwahrnehmungen verfestigen. Untrügliches Kennzeichen ist die subjektive Sicherheit, die sogenannte Wahngewissheit. Als Beispiel für (d) Wahnsysteme mag eine Klinikpatientin gelten, die sicher war, im Jahr 1516 vom Himmel auf eine Wiese gefallen zu sein, um die Welt zu erlösen. Es sei nun ihre Aufgabe, hierfür Mitstreiter zu suchen und ihre Aufgabe in die Tat umzusetzen. Ein weiteres Symptom ist (e) der Verfolgungswahn.

Schizophrene Halluzinationen treten vor allem akustisch in Form des Stimmenhörens auf, auf den Geruchs- und Geschmackssinn bezogen, haptisch und sexuell. Schizophrene Denkstörungen bestehen in Gedankenentzug, Gedankenbeeinflussung und Gedankenausbreitung. Das heißt, dass der Klient das Gefühl hat, die eigenen Gedanken seien anderen schon bekannt, die dann »wissend« lächeln. Zerfahrenheit des Denkens ist ein weiteres Merkmal schizophrener Denkstörungen. Zu schizophrenen Gefühlsstörungen gehören Gefühlsverarmung, Angst, läppische Stimmung und Schuldgefühle. Der »leere« Affekt ist oft nicht nachvollziehbar. Er zeigt sich in leerem Lächeln, Stereotypien und Grimassieren.

Die Vorstellung, andere (z. B. fremde Stimmen) beeinflussen den Betreffenden, wird als Willensstörung bezeichnet. Als sprachliche Besonderheiten gelten Wortneuschöpfungen (sogenannte Neologismen), verschrobene und manierierte Ausdrucksweisen, endlose assoziative Aneinanderreihungen, Satzverschränkungen (das letzte Wort des ersten Satzes ist das erste des zweiten), echoartiges Wiederholen von Äußerungen (Echolalie) und ein sogenannter schizophrener Wortsalat. Weitere Symptome sind Gedankenleere, Vergesslichkeit, Antriebslosigkeit, Entschlussunfähigkeit und Intelligenzabbau.

Man unterscheidet verschiedene Formen der Schizophrenie: Eine Hebephrenie tritt in oder unmittelbar nach der Pubertät auf und wird als Teilbereich der einfachen Schizophrenie gesehen. Hierbei geht der Krankheitsprozess schleichend in einen Zustand zunehmender intellektueller Schwäche über. Bei paranoiden Formen steht das Gefühl, verfolgt zu werden, im Vordergrund. Katatone Schizophrenie ist gekennzeichnet durch stereotype Bewegungsabläufe oder Bewegungsstarre. Da heute diese Form nur noch selten gefunden wird, liegt nahe, sie als Ausdruck des früheren Umgangs mit schizophren Erkrankten zu sehen, der vor allem durch Isolation und Einschließung gekennzeichnet war. Hingegen ist heute ein Bild häufiger, das in ähnlicher Form in den Anfängen der Schizophrenieforschung eine Rolle spielte und auch zur Namensgebung führte: die multiple Persönlichkeit, bei der der Betroffene in mehrere, zuweilen miteinander kommunizierende Persönlichkeiten gespalten ist. Allerdings wird über die psychologischen Hintergründe und die Zuordnung bei der multiplen Persönlichkeit noch diskutiert.

Schizophrenie wird als Ausdruck extremer Isolation gesehen, als Versuch, jede Form von Hingabe und Vertrauen zu vermeiden. Kennzeichnend ist das Gefühl, die Welt einschließlich der eigenen Person könne sich jederzeit auflösen (Fenichel 1945). Der Verlauf erfolgt oft in Schüben, die mit Angst- und Bedrohtheitsgefühlen riesigen Ausmaßes einhergehen, nach denen jeweils wieder eine Stabilisierung auf weiter fortgeschrittenem Niveau eintritt. Der Krankheitsprozess ist unter anderem durch langjährige Psychotherapie positiv zu beeinflussen (Benedetti 1992).

Zur *Verwechslung mit Trauersymptomen* könnte es kommen, wenn katatone Symptome als Schockzustand aufgrund eines Verlusts gedeutet werden, wenn Angst, Unentschlossenheit, Abblocken von Gesprächen und Misstrauen als Sorge vor neuem Beziehungsbruch aufgrund des erlebten Todesfalles gesehen werden, obwohl es sich um generelle Beziehungsmuster dieser Art handelt. Das Auftreten von Wahnsystemen, extreme Manieriertheit und die genannten sprachlichen Indizien können als sichere Anzeichen für schizophrene Prozesse gelten. Zusätzlich kann eine sorgfältige Exploration der psychischen Verfassung des Betreffenden in der Zeit vor dem Verlust helfen, da schizophrene Prozesse nur in den seltensten Fällen durch akute Todesfälle ausgelöst werden.

Andererseits sind einige Symptome der Trauer ganz unverkennbar schizophrenen Symptomen ähnlich. Verwirrtheit, der Zusammenbruch des gewohnten Realitätsgefüges und Halluzinationen tauchen hier wie dort auf. Beim Gefühl, nachts vom geliebten verlorenen Mann an der Hand berührt zu werden (haptische Halluzination), ihn rufen zu hören (Stimmenhören), seine Stimme unter vielen Stimmen wiederzuerkennen (Personenverkennung), nicht mehr man selbst zu sein (Depersonalisation), oder bei Vergesslichkeit und Konzentrationsschwäche ist phänomenologisch kaum ein Unterschied festzustellen. Diese Ähnlichkeiten zeigen nur, dass es sich in beiden Fällen um den Verlust der Realität aufgrund des Wegfalls wesentlicher Möglichkeiten zur Befriedigung des Kontaktbedürfnisses handelt, die so gravierend sind, dass die frustrierten Motive das Ich nicht mehr zum Auffinden der gewünschten Ziele veranlassen können, sondern ihm durch Eintrübung Objekte vorgaukeln, die nicht vorhanden sind. Der Unterschied ist nur, dass es bei Trauer um einen vorübergehenden, bei einer schizophrenen Erkrankung um einen meist lebenslangen Prozess geht.

Die Bearbeitung eines aktuell erlebten Verlusts wird auf dem Hintergrund einer schizoiden Persönlichkeitsstruktur schwierig sein, und der Therapeut wird darauf gefasst sein müssen, dass seinem Eindringen in die Gefühlswelt mit massiven Aggressionen begegnet wird. Therapeuten mit Dankbarkeitserwartungen oder intensiven Hingabe- und Harmoniebedürfnissen sollten hier das Feld lieber anders strukturierten Kollegen überlassen.

Bei der *Zwangsneurose* ist eine Person von lästigen Impulsen und Gedanken geplagt, die im Gegensatz zur Schizophrenie, bei der wirksame Kräfte als außerhalb der eigenen Person erlebt werden, zwar als von innen kommend, aber als fremd erlebt und abgelehnt werden. Oft sind die sich aufdrängenden Motive aggressiver und »schmutziger« Natur. Die Zwangsneurose ist als Ausdruck einer Entwicklung zu sehen, bei der der Betreffende nicht genügend die Erfahrung gemacht hat, seine Handlungen und Gedanken selbst bestimmen zu können; sie ist also Ausdruck einer sehr rigiden und autoritären Erziehung. In der Zeit des magischen Weltbilds (zwischen zwei und vier Jahren), in der das Kind seine Macht und die Macht anderer einzuschätzen lernt, sind Zwänge Ausdruck normaler Entwicklung.

Man unterscheidet die Zwangssymptome in Zwangsgedanken und Zwangshandlungen. Zwangssymptome können sehr unangenehm sein, wenn etwa jemand nicht im vierten Stock an jemand anderem, der aus dem Fenster schaut, vorbeigehen kann, ohne vom unwiderstehlichen Gedanken befallen zu werden, ihn hinausstoßen zu müssen. Zwangssymptome können jedoch auch umständlich und merkwürdig, aber für den Betroffenen weniger bedrohlich anmutend sein.

Ein Klient wurde beim Überqueren der Straße von dem Polizisten, der den Verkehr regelte, seiner Meinung nach zu Unrecht verwarnt. Nachdem er sich etwas vom Ort des Geschehens entfernt hatte, wurde er vom unwiderstehlichen Drang befallen, in die Nähe des Polizisten zu gehen und ihn mit der Fingerspitze am Jackenknopf zu berühren. Der psychologische Hintergrund ist etwa folgender: Der Mann hat sich geärgert. Da er wohlerzogen ist, wehrt er sich nicht. Das verdrängte Motiv taucht in der Zwangshandlung wieder auf. Er will dem Polizisten auch etwas antun und sei es auch nur etwas ganz Geringfügiges.

Zwänge sind normale Begleiterscheinungen von Trauerprozessen. Bestimmte Rituale (kollektive oder individuelle) stellen gesellschaftlich oder vom Trauernden sich selbst verordnete Zwänge dar. Er kann zu einer bestimmten Zeit zum Friedhof gehen, täglich vor dem Schlafengehen das Bild der geliebten Frau ansehen, die Fernsehserie sehen, die sie so gern sah und über die er sich zu ihren Lebzeiten eher geärgert hatte. Dieser Vorstellung einmal nicht nachzukommen, löst Angst und Unruhe aus.

Um Zwangsgedanken oder Zwangshandlungen geht es auch, wenn jemand immer wieder an bestimmte gemeinsam erlebte Situationen und Plätze denkt und sie aufsuchen muss. Auch Brückenobjekte, besonders gepflegte und als kleines Heiligtum behandelte Erinnerungsstücke, haben magische Bedeutung. Den Hintergrund besonders ausgeprägter zwanghafter Verarbeitung von Todesfällen stellen nicht eingestandene Aggressionen gegen den Verstorbenen und ungelöste Probleme mit diesem dar. In der Regel muss eine Tendenz zur Verdrängung von Aggressionen vorhanden sein, um die Verarbeitung in diese Richtung zu lenken.

Für die Trauertherapie ergibt sich damit der Auftrag, die nicht gelungene Auseinandersetzung mit dem Verstorbenen nachzuholen (geeignet hierfür könnte die Technik des leeren Stuhls aus der Gestalttherapie sein). Dies kann nur gelingen, wenn hierbei die frühkindlichen Muster der Aggressionsverdrängung tangiert werden, die die Gestaltung der verlorenen Beziehung in diese Richtung gefördert haben.

Die Zwänge einer Zwangsneurose und die Zwänge Trauernder können nur graduell unterschieden werden. Die Zwänge Trauernder werden nicht als so stark und nicht als so bedrohlich empfunden. Sie stehen zudem nicht mit dem idealen Selbst so sehr in Widerspruch wie zwangsneurotische Symptome, da sie sich ja auf die Beziehung zur verlorenen Person beziehen und somit sozial akzeptierter sind. Auch das erstmalige Auftreten zum Zeitpunkt des Trauerfalls kann als Unterscheidungsmerkmal dienen.

Hysterie ist ein bedauerlicherweise diskriminierter Begriff, der aber nichts anderes beinhaltet, als dass eine Person nicht gelernt hat, dass sie so, wie sie ist, liebenswert ist. Sie zieht daraus den Schluss, dass sie anders sein muss, eine Rolle spielen muss, um dies zu erreichen. Sie kann sich wünschen, ein anderes Geschlecht zu besitzen. Sie kann fortgesetzt Witze erzählen, weil sie vermutet, dass sie somit die Zustimmung anderer erreicht, die sie sonst nicht zu haben glaubt. Somit kommt es zu einer Spaltung zwischen der Rolle, die jemand spielt, und seiner ureigensten Persönlichkeit. Probleme im Umgang mit dem anderen Geschlecht, vor allem auch im sexuellen Bereich, die Wahl tabuisierter Partner (z. B. verheirateter Partner), Konversionen und Phobien sind Symptome der Hysterie. Konversionen sind körperliche Auswirkungen psychischer Zustände, für die sich organisch keine Grundlage finden lässt, etwa Lähmungen, Blindheit oder Ohnmacht.

Phobien sind Angstzustände bei Situationen, Tieren und Gegenständen, die real nicht begründbar sind, wie die Angst vor Spinnen, Katzen oder offenen Plätzen. Im Trauerprozess tauchen Phobien in erster Linie in Zusammenhang mit Erinnerungen an die verlorene Person auf. Plätze, die eine gemeinsame Bedeutung haben, werden krampfhaft gemieden. Musikveranstaltungen, die man gemeinsam besuchte, Klubs, in denen man zusammen war, werden nicht mehr besucht. Dies dient der Vermeidung der Erinnerung und damit der Trauer. So ist es in der Trauertherapie ein erster Fortschritt, wenn zusammen mit dem Therapeuten die Ängste in diesen Situationen ausgehalten und durchgestanden werden. Verschiedene verhaltenstherapeutische Trauertherapieansätze, auf die wir noch eingehen werden, gehen solche Phobien aktiv an, konfrontieren den Klienten mit den ihn belastenden Situationen. Im Hintergrund ist die Einstellung des Klienten zu vermuten, dass er ohne den Partner nichts wert sei und Freunde und Bekannte ihn nur in der Zweierbeziehung akzeptiert hätten, nur in der Rolle des Ehemanns oder der Ehefrau. Es scheint sinnvoll, auch auf diese Ängste einzugehen und die Realität diesbezüglich zu überprüfen.

Phobien im Rahmen von Trauer beziehen sich eng auf Inhalte der gemeinsamen Beziehung. Allgemein haben Phobien weniger eng definierte Angstinhalte wie etwa bestimmte Tiere, Aufzüge oder hohe Plätze. In der Trauer ist die Unterscheidung hingegen stärker ausgeprägt. Beispielsweise sind nicht alle offenen Plätze betroffen, sondern nur diejenigen, die an den Toten erinnern. Die Hintergründe der hysterischen Konversion ist die Vermeidung bestimmter Situationen, die Lebende betreffen. Ohnmachtsanfälle Trauernder beziehen sich auf Situationen, die Verstorbene betreffen.

Die Unterscheidung wird bei hysterischen Symptomen besonders schwerfallen, da durch den Verlust eines Partners natürlich sexuelle und die Beziehung zum anderen Geschlecht betreffende Frustrationen auftreten. Hier wird letzten Endes nur die Klärung in der Anamnese helfen, wann genau Symptome aufgetreten sind.

Psychosomatische Symptome sind oft die Folge nicht bearbeiteter Trauer. Sie können bei rechtzeitiger Intervention vermieden werden. Sind sie bereits etabliert und liegt der Trauerfall länger zurück, so wird man sich auf eine bedeutend längere Therapiedauer als sonst in der Trauertherapie üblich einstellen müssen. Sollten sich nach Aufarbeitung der Trauer die psychosomatischen Symptome nicht restlos aufgelöst haben oder sollte sich in der Anamnese eine Genese außerhalb des angesprochenen Trauerfalls abzeichnen, so ist eine Psychotherapie anzuschließen.

Körperliche Symptome als Folge von Trauer

Zunächst einmal ist festzuhalten, dass es eine Reihe psychischer Strukturmerkmale gibt, die einen engen Zusammenhang mit körperlicher Gesundheit beziehungsweise Krankheit aufweisen. Sperry (1992) zufolge sind nach neueren Erkenntnissen Hoffnungslosigkeit, Hilflosigkeit, Kontrollverlust, Feindseligkeit, fehlendes Engagement und mangelnder Enthusiasmus gegenüber den Herausforderungen des Lebens sowie soziale Isolation Prädiktoren für Krankheit und vorzeitigen Tod. Optimistische Personen hingegen, die hartnäckig sind, Vertrauen und enge befriedigende Beziehungen zu anderen haben, seien gesünder, glücklicher und lebten länger.

Vermutlich gehen Zusammenhänge zwischen erlebten Verlusten und körperlichen Beschwerden zum Teil auf intermittierende Variablen der genannten Art zurück.

Viele Personen suchen nach einem Verlust den Arzt auf. Sie haben physische Sensationen sowie Sorgen um ihre Gesundheit, ihre Gedanken, Gefühle und ihr Verhalten. Nach Worden (1987) sind folgende physische Auffälligkeiten besonders zu erwähnen:

Völle- (vor allem im Magen und Bauch) und Engegefühle (vor allem im Bereich von Brust, Schultern und Kehle); Geräuschüberempfindlichkeit; Depersonalisationsgefühle (nichts, einschließlich der eigenen Person, fühlt sich real an); Atemlosigkeit und tief seufzende Atmung; Muskelschwäche; Energielosigkeit und Müdigkeit; trockener Mund.

Bei Trauernden ist weiterhin mit erhöhter Mortalität vor allem aufgrund koronarer Herzerkrankungen, aber auch durch Suizid, Unfälle und Infektionskrankheiten zu rechnen.

Es gibt kaum psychische und körperliche Erkrankungen, die nicht mit dem Verlust nahestehender Personen in Verbindung gebracht werden konnten. Selbst im Vorfeld vieler chronischer Erkrankungen wie Krebs (Langenmayr 1980) oder Multipler Sklerose (Langenmayr u. Prümel 1985) finden sich gehäuft solche Lebenslaufereignisse. Während die statistischen Zusammenhänge seit langem relativ eindeutig nachzuweisen sind, blieben die zwischen Lebensereignissen und körperlichem Krankheitsprozess intervenierenden Variablen lange unklar. Dies hat sich seit den Erkenntnissen der Psychoneuroimmunologie grundlegend geändert. Insbesondere in drei Erkenntnisbereichen wurde nachgewiesen, dass das für den Ausbruch und die Genese von Krankheiten maßgebliche Immunsystem auf psychosoziale Gegebenheiten anspricht:

- die Untersuchungen von Ader und Cohen (1981), nach denen im (tierischen) Konditionierungsexperiment die immunsuppressive Wirkung eines bestimmten Agens (Cyclophosphamid) an den neutralen Reiz Sacharin konditioniert werden konnte;
- Untersuchungen zur verringerten Immunfunktion bei Verwitweten (Bartrop et al. 1985) und bei in Scheidung befindlichen Personen (Kiecolt-Glaser et al. 1987, 1988), zu Veränderungen in der Reaktion der T- und B-Zellen bei Verwitweten (Beem et al. 1999) und zu Veränderungen der Immunfunktion unter Stress (Locke et al. 1985 im Tierversuch, Meyer u. Haggerty 1985 an Menschen) sowie
- der Nachweis suggestiver und psychotherapeutischer Beeinflussung des Immunsystems (Black et al. 1985).

Nachsterben

Bevor wir auf die psychoimmunologischen Zusammenhänge näher eingehen, wollen wir noch einen Blick auf einen breiten Untersuchungsbereich der Bereavement-Folgen werfen, auf das sogenannte Nachsterben, also den relativ rasch nach dem Tod eines Beziehungspartners folgenden Tod des anderen Partners.

Zunächst zeigt sich, wie Kastenbaum und Costa (1977) in einem Übersichtsartikel darstellen, dass der Todeszeitpunkt zumindest psychologisch mitbedingt ist, dieser sich also keineswegs mit Zwangsläufigkeit nur aus der körperlichen Verfassung ergibt. Zum Beleg dieser These verweisen sie zunächst auf den Voodootod in Afrika, Neuseeland, Australien sowie Mittel- und Südamerika. Hierbei sterben die fast ausschließlich betroffenen Männer binnen 24 Stunden, nachdem sie verdammt, verhext oder mit Riten mittels in ihre Richtung zeigender Knochen verurteilt wurden. Gegensuggestionen können das Leben der mit Fluch Belegten retten. Beeindruckend ist der Umkehrschluss der Autoren, wenn die Gedanken einer Gruppe, ein Wort oder ein Ritual töten könnten, dann sollten sie auch jemanden, der krank ist, heilen oder vor Krankheit bewahren können. Des Weiteren verweisen sie auf Erfahrungen in Konzentrations- und Kriegsgefangenenlagern, wo beobachtet wurde, dass Personen sich einfach zur Wand drehten und starben, obwohl ihr Gesundheitszustand dies nicht nahelegte. Schließlich sind noch Fälle mit extremer Aufregung und kurz darauf folgendem Tod sowie die Erfahrungen von Klinikern zu erwähnen, dass Personen bald sterben, die sich aufgegeben zu haben scheinen und offensichtlich nicht mehr leben wollten.

Dies sind jedoch keine sehr harten Fakten und so legen die Autoren mehr Gewicht auf statistisch signifikante Zusammenhänge. Diese zeigen geringere Todesraten unmittelbar vor Feiertagen, vor allem vor Weihnachten, und vor Sonntagen und anderen Tagen mit besonderer Bedeutung, die sich danach wieder erhöhen. Die Reaktion zu Weihnachten ließe sich zwar auch mit dem Fortschreiten der kalten Jahreszeit begründen. Dagegen lässt sich aber ins Feld führen, dass sich weniger Tode als zu erwarten auch vor dem jüdischen Versöhnungstag Jom Kippur in New York finden, einer Stadt mit großem jüdischen Bevölkerungsanteil, und allgemein auch vor Präsidentschaftswahlen in den USA (Phillips 1972).

Fischer und Dlin (1972) unterteilen die diesbezüglichen psychosomatisch verdächtigen Reaktionen in generelle Reaktionen auf allgemeine Feiertage und in Reaktionen auf individuell bedeutsame Termine, zu denen Geburtstage und Jahrestage gehören.

Phillips (1972) fand bei 1.251 berühmten Personen, die in entsprechenden Verzeichnissen gefunden worden waren, dass im Monat vor ihrem Geburtstag weniger und im Monat danach mehr Personen gestorben waren als nach dem Zufall zu erwarten war. Bei Aufteilung der Personen in drei Gruppen entsprechend ihrem Bekanntheitsgrad zeigte sich eine deutlichere Ausprägung des Effekts bei größerer Bekanntheit. Für Phillips bedeuten die Zusammenhänge, dass die untersuchten Personen ihren Geburtstag noch abwarten wollten, bis sie sich zum Tod bereit fanden. Damit wäre auch erklärt, warum bei berühmteren Personen, die bei ihrer Geburtstagsfeier wohl auch häufiger Ehrungen zu erwarten hatten, der statistische Zusammenhang deutlicher war.

Bei Reaktionen auf Jahrestage konnte Hilgard (1953) nachweisen, dass Kinder, die im Alter von zwei bis sechzehn Jahren durch den Tod des gleichgeschlechtlichen Elternteils oder eine emotional belastende Erfahrung mit diesem sensibilisiert worden waren, auf diese Zeit (Datum, Monat, Jahr) und auf das Alter, in dem sie das Ereignis erlebten, geprägt sind. Sind später die eigenen Kinder in diesem Alter, können sie als ihre so geprägten Eltern mit Symptomen, Krankheiten und Tod reagieren. Hierbei spielen Verdrängungen und Identifikationen eine wichtige Rolle (Fischer u. Dlin 1972). Die Hypothese wurde mehrfach empirisch bestätigt, so von Fischer (1961) für Bluthochdruck, von Weiss et al. (1957) sowie von Fischer et al. (1964) für Koronarverschlüsse und von Fischer (1962) für gynäkologische Operationen.

Der Umzug alter Leute ist mit erhöhtem Todesrisiko verbunden. Dabei spielen Umgebungsfaktoren und solche der individuellen Lebensumstände nachweislich eine Rolle ebenso wie der Umzug als solcher. Wie gut der Umzug bewerkstelligt wird, ist ebenso von Bedeutung wie die Tatsache, ob er als selbst initiiert oder aufgezwungen erlebt wird.

So kommen Kastenbaum und Costa zu dem Schluss, dass hinsichtlich des Todeszeitpunkts biologische, psychosoziale und Umgebungsfaktoren gleichermaßen beteiligt sind. »Diese Studien legen nahe, dass einige Personen die Fähigkeit haben könnten, den drohenden Tod um Stunden, Tage oder Wochen zu verschieben« (Kastenbaum u. Costa 1977, S. 238).

Die Betrachtung dieser Zusammenhänge und noch stärker des Nachsterbephänomens und der dabei nachgewiesenen differenzierenden Bedingungen, auf die wir nun eingehen wollen, ist deshalb von großer Relevanz, weil daraus anhand objektiver Daten auf die psychologischen Verletzungen und Verarbeitungsvorgänge bei durch Tod verlassenen Personen geschlossen werden kann.

Die Angaben in der Literatur über den Überhang an verstorbenen Personen bei Verwitweten oder allgemein bei von Personenverlusten Betroffenen erfolgt, indem das Größenverhältnis »gestorbene Verwitwete im Verhältnis zu allen Verwitweten« (Experimentalstichprobe) durch das Größenverhältnis »gestorbene nicht verwitwete Personen im Verhältnis zu allen nicht verwitweten Personen« (Kontrollstichprobe) dividiert wird. In der Regel ergibt sich dabei ein Überhang von 1,4 für Verwitwete allgemein. Das Verhältnis bedeutet einen oder zwei zusätzliche Tode unter je hundert Verwitweten. Dies mag als absolute Zahl wenig scheinen, ist aber angesichts der jedes Jahr neu verwitweten Personen eine durchaus beträchtliche und praktisch relevante Größe, die einen erheblichen psychologischen und psychotherapeutischen Aufwand rechtfertigt (M. Stroebe 1994). Zuweilen werden auch Differenzen der Prozentsätze hinsichtlich der Anteile der gefundenen Personengruppen in den Stichproben angegeben.

Schon 1963 fanden Young et al., dass Witwer im Alter von über 53 Jahren eine erhöhte Todesrate in den ersten sechs Monaten nach dem Verlust der Partnerin aufwiesen. 1968 zeigten dies Maddison und Viola auch für Witwen, 1985 wies Kalish nach, dass diese Zusammenhänge auch für andere geliebte Personen gelten.

Eine groß angelegte finnische Untersuchung (Martikainen et al. 1996) bestätigte erneut, dass der Überlebende einer Partnerbeziehung schneller stirbt, als seinem Alter nach zu erwarten wäre. Darüber hinaus kontrolliert diese Untersuchung eine Reihe von Variablen, die als Verursacher artefaktischer Korrelationen in Verdacht geraten waren. Hierzu gehören neben dem Alter das Faktum des gemeinsamen Unfalls, gewaltsame Tode und Suizide, ferner das Problem der gemeinsamen Lebensumstände und der Homogamie. Da beide Partner in der Regel bis zum Tod des einen Partners zusammenleben, sind sie denselben Umweltbelastungen ausgesetzt, genießen in der Regel auch dieselbe Ernährung und teilen ganz allgemein vorhandene Lebensrisiken weitgehend miteinander. Unter dem möglichen Artefakt der Homogamie wird verstanden, dass ähnliche und damit auch ähnlich krankheitsanfällige und zu ähnlichen Selbstschädigungstendenzen neigende Partner sich gegenseitig heiraten. In der Untersuchung von Martikainen et al. (1996) wurden nun alle verheirateten Männer und Frauen, die zum Zeitpunkt der Volksbefragung von 1985 zwischen 35 und 84 Jahre alt waren, im Zeitraum 1986–1991 bezüglich des Vorkommens von Todesfällen untersucht. Nach Kontrolle des Alters (Verwitwete waren im Schnitt etwas älter als verheiratete Personen), gemeinsamer Unfälle sowie der Homogamie blieb ein Überhang von 17 % Nachfolgetoden bei Männern und von 6 % bei Frauen. Das Alter, der sozioökonomische Haushaltsstatus (Mieter oder Hausbesitzer, Familieneinkommen nach Steuern), die Wohnregion, die Sprachgruppe (finnisch oder schwedisch) und die Haushaltsgröße hatten keinen maßgeblichen Einfluss. Bei kürzer zurückliegendem Tod des Partners war die Sterblichkeit höher als bei länger zurückliegendem. Der Überhang bei Männern war insgesamt 21 %, in der ersten Woche nach dem Tod der Partnerin sogar über 50 %, nach sechs Monaten 20 %. Bei Frauen lag der Nachfolgetod insgesamt 9 % über dem Prozentsatz in der Kontrollgruppe, zunächst fast 50 %, bei längerer Dauer weniger als 10 %. Der Ausschluss gemeinsamer Unfälle und gewaltsamer Tode hatte nur marginale Veränderungen zur Folge. Die Kontrolle der sozioökonomischen Umgebung reduzierte die Nachsterberate um 5–15 %, je nach zurückliegender Zeit des Partnerverlusts. Nach Bereinigung riskanter Lebensstile (einschließlich Unfall, Gewalt, Alkohol- und Tabakkonsum) blieben die erwähnten 17 % Überhang bei Männern und 6 % bei Frauen.

Wolfgang Stroebe, der zusammen mit seiner Frau Margaret ausgiebig Bereavement-Folgen untersucht hat, zog auf einem Kongress in Zürich den Schluss, dass Artefakte höchstens für 30 % der Nachfolgetode verantwortlich sind (Stroebe 1980).

In einer ebenfalls groß angelegten prospektiven Studie hatten auch Kaprio et al. (1987) die höhere Sterblichkeit Verwitweter nachweisen können. Prospektive Studien, bei denen spezifische vorab erhobene Daten zur Verfügung stehen, sind auch bei dieser Fragestellung wie generell im Bereich der Psychosomatik besonders interessant, weil Verfälschungen aufgrund der nachträglichen Datenerhebung, so geringfügig sie auch sein mögen, ausgeschlossen sind.

Erstaunlich ist, dass das Muster des Nachsterbens (z. B. etwas heftigere, aber kürzer andauernde Reaktionen bei Männern) in verschiedenen Ländern und über verschiedene Zeiträume hinweg konstant ist, wie es vor allem Studien zeigen, die sich bis zur Jahrhundertwende zurück erstrecken (Stroebe u. Stroebe 1983; M. Stroebe 1994).

Untersuchungen anderer Personenverluste als der des Ehepartners zeigen, dass Eltern generell kein erhöhtes Sterberisiko haben, jedoch verwitwete Eltern sehr wohl. In einer Untersuchung von Levav et al. (1988) ergab sich ein Anteil von 41 % für verwitwete Mütter, die einen Sohn im Krieg verloren hatten, im Vergleich zu 32 % verwitweten Müttern, bei denen dies nicht der Fall war. Offensichtlich wirkte der Tod eines Kindes nur auf dem Hintergrund der schon vorher eingetretenen Verwitwung so traumatisch, dass die betroffenen Mütter keinen Sinn mehr in ihrem weiteren Leben sahen, wenn wir vorgreifend das Nachsterben so interpretieren. Andererseits scheint der Kindesverlust doch langfristige Auswirkungen auf den Tod der Eltern durch lebensbedrohliche Erkrankungen zu haben, aber nur wenn die Diagnose vor dem Kindstod gestellt wurde. Er wirkt also verschlimmernd auf schon vorhandene Erkrankungen. Dies jedenfalls legt eine Studie von Levav et al. (2000) nahe: Es wurden Israelis, die einen Sohn im Yom-Kippur-Krieg verloren hatten, und solche, die durch Unfalltod einen Sohn verloren hatten, 20 Jahre lang beobachtet. Bei beiden Gruppen gab es eine erhöhte Anzahl von Krebserkrankungen (lymphatisch, hämatopoetisch und Melanome), bei Unfalltod auch mehr Lungenkrebs.

Da bei älteren Personen eher von schwereren Erkrankungen auszugehen ist, zeigt sich bei diesem Personenkreis die Bedeutung des Kindstods für das mögliche Nachsterben der Eltern deutlicher: Cohen-Mansfield et al. (2013) zeigten, dass bei über 20 Jahre lang beobachteten älteren Teilnehmern (75–94 Jahre) der Kindesverlust ein bedeutsamer Faktor für die Mortalitätsrate im Vergleich zu einer Stichprobe ohne einen Kindesverlust war. Alter, Geschlecht, Herkunft, Bildung und Witwen-/Witwerstatus waren kontrolliert.

Bei Großeltern mit Verlust eines Enkels ist das Nachsterbephänomen generell deutlicher. Von der statistischen Wahrscheinlichkeit her näher am Lebensende, sind sie durch den Verlust eines Enkels stärker beeinträchtigt als die (noch) verheirateten Mütter. In der Untersuchung von Roskin (1984) an einer israelischen Stichprobe hatten Großeltern mit Enkelverlusten im Vergleich zu Großeltern ohne solche in der Beobachtungsperiode von fünf Jahren eine bedeutend höhere Sterblichkeit.

Untersucht man, in welchem Verhältnis die beiden Geschlechter vom Nachsterben betroffen sind, so zeigt sich unmittelbar nach dem Verlust ein erhöhtes Risiko sowohl für Männer als auch für Frauen, bei Frauen jedoch weniger ausgeprägt (Stroebe u. Stroebe 1983). Junge Menschen haben insgesamt ein größeres Risiko (Jones u. Goldblatt 1987), junge Witwer sind damit am stärksten gefährdet. Zusätzlich sind jung gebliebene Alte weniger verwundbar als Junge und weniger als deutlich gealterte Alte (Stroebe u. Stroebe 1993).

Ergebnisse zum Zusammenhang zwischen sozialer Schicht und Bereavement sind nicht eindeutig. Generell sterben Unterschichtangehörige im Durchschnitt früher als besser Situierte, dies aber ohne Zusammenhang mit der Verwitwung (M. Stroebe 1994).

Als nächste differenzielle Betrachtung bietet sich natürlich an, die Todesursachen des/der Nachgestorbenen für sich allein oder in Bezug zur Todesursache des früher gestorbenen Partners zu untersuchen.

Die häufigste Todesursache beim Nachsterben sind Herz- und Kreislauferkrankungen (Jones et al. 1984; M. Stroebe 1994). Es finden sich jedoch auch hohe Anteile von Infektionskrankheiten, Leberzirrhose, Unfällen und Suiziden (Jones u. Goldblatt 1987) sowie Krebs (Jones et al. 1984; Mellström et al. 1982).

Bei plötzlichem Tod, also dem Todesumstand, der nach den Ergebnissen der Harvard Bereavement Study (Parkes u. Weiss 1983) generell am schwersten zu verarbeiten ist, ist auch das Nachsterberisiko am höchsten, und zwar sowohl für Männer als auch für Frauen (Smith, zit. nach M. Stroebe 1994). Dass in dieser Untersuchung bei Witwen über 64 Jahren das Nachsterberisiko geringer war, stimmt gut mit anderen Befunden überein. Warum allerdings ältere Witwen zwischen 50 und 64 Jahren das höchste Risiko trugen, wenn ihr Ehepartner an chronischer Krankheit gestorben war, ist nicht leicht zu erklären. Möglicherweise haben der Stress der Betreuung und das Schwanken zwischen Hoffen auf Besserung und Resignation hier ihre Spuren hinterlassen. Der plötzliche Tod birgt ein besonders hohes Risiko des Nachsterbens bei jüngeren Witwern (M. Stroebe 1994).

Abgesehen von wenigen Ausnahmen ergeben sich kaum gemeinsame Todesursachen zwischen Verstorbenem und Nachgestorbenem (Stroebe 1994). Die gefundenen Ausnahmen könnten leicht durch Infektionen erklärt werden, so der Zusammenhang zwischen Peniskrebs beim Mann und Gebärmutterhalskrebs bei der Frau (Smith et al. 1980). Aids spielt hier selbstverständlich ebenfalls eine Rolle. Dass sich aber nur in solchen offensichtlich auf Ansteckung beruhenden Fällen gemeinsame Ursachen nachweisen lassen und nicht über die ganze Breite möglicher Todesursachen hinweg, spricht erneut gegen die Begründung des Zusammenhangs zwischen Personenverlust und nachfolgender Mortalität von Angehörigen, vor allem des Partners, mit Homogamie, gemeinsamer ungünstiger Umgebung oder selbstschädigenden Verhaltensweisen.

Vor allem ein Mangel an sozialer Integration unterscheidet nachgestorbene von überlebenden Verwitweten (Stroebe 1994). Wiederverheiratete Männer, aber nicht wiederverheiratete Frauen sind von einer geringeren Nachsterbewahrscheinlichkeit betroffen (Helsing et al. 1981). In Zusammenhang mit anderen soziologischen Erkenntnissen ist die plausibelste Erklärung hierfür, dass die Ehe für Männer eine bedeutsamere psychische Stabilisierung darstellt als für Frauen. So sind auch die Suizidraten nach Scheidung bei Männern höher als bei Frauen. Weniger Berechtigung haben demgegenüber Vermutungen, der größere Nutzen von Männern aus der Wiederheirat könne darauf zurückgehen, dass die gesünderen Personen wieder heiraten oder durch den neuen Partner konkrete Unterstützung erfahren.

Größere soziale und familiale Bindungen sind statistisch mit geringerer Sterblichkeit gekoppelt (Kobrin u. Hendershot 1977), aber auch ganz allgemein soziale Beziehungen und soziale Unterstützung (Schwarzer u. Leppin 1992).

Bei diesen Ergebnissen ist allerdings zu berücksichtigen, dass sozialer Kontakt ganz allgemein, also auch unabhängig von Personenverlusten, einen Präventivfaktor darstellt. Dennoch scheint Witwenschaft dem Faktor »mangelnder sozialer Kontakt« wesentlich an Durchschlagskraft zu verhelfen. So ist der stärkste Faktor, ob jemand einen anderen zum Telefonieren hat (Bowling 1988).

Weitere Erhellung bringt die Untersuchung von Gallagher-Thompson et al. (1993): Nicht nur soziale Isolation unterscheidet danach Verstorbene und Überlebende, sondern vor allem interpersonelle Schwierigkeiten. Wir sind damit bei überdauernden Persönlichkeitszügen, die für die soziale Isolation und Einsamkeit verantwortlich sind. Sah es zunächst so aus, als könnten einfache soziale Maßnahmen, die an die Betroffenen herangetragen werden, präventiv wirken, so sind wir mit diesem Aspekt bei der (zusätzlichen) Notwendigkeit grundlegender Persönlichkeitsumstrukturierung und Psychotherapie angelangt. Bezüglich des Gesundheitsstatus waren Experimental- und Kontrollgruppe in der Untersuchung parallelisiert, so dass dieser für das Ergebnis nicht ausschlaggebend sein kann. Das Argument, dass es sich um einen allgemeinen Effekt gehandelt haben könnte, dass also bestimmte Persönlichkeitseigenschaften für einen bestimmten Gesundheitsstatus und damit auch für den Todeszeitpunkt ausschlaggebend seien, entkräftet Stroebe (1994) mit dem Hinweis, 17,2 % der Witwer seien bei der Untersuchung innerhalb von 30 Monaten nach dem Verlust gestorben, aber nur 3 % der verheirateten Männer (bei Frauen war das Verhältnis 2,6 % zu 0 %).

Margaret Stroebe (1992) fasst den Forschungsstand hierzu zusammen: Die entscheidenden Unterschiede zwischen denen, die nach Verlust sterben oder aber überleben, sind das Fehlen von Kontakt, Einsamkeit, Fehlen von Unterstützung und mangelnde Integration in Gruppen. Diese Personen heiraten nicht wieder, haben niemanden, um mit ihm am Telefon zu sprechen, leben für sich allein und fühlen sich isoliert. Jedoch sind wahrscheinlich eher Persönlichkeitsvariablen hierfür ausschlaggebend als die äußeren Umstände allein. Männer können etwa ihren Verlust weniger mitteilen, verdrängen eher Gefühle.

Drei Probleme sind, so Margaret Stroebe (1994), von der Forschung noch definitiv zu klären:

- Ist Isolation nicht generell ein die Sterblichkeit fördernder Faktor anstatt nur in Zusammenhang mit Personenverlust (Bereavement) relevant? Wie hat man sich genau die Interaktion zwischen Isolation und Bereavement vorzustellen?
- Geht es um Personen, die vorhanden sind oder nicht, oder vielmehr um innere Einstellungen, um Persönlichkeitsvariablen des vom Verlust Betroffenen?
- Ist das Entscheidende am Verlust der direkte Ausfall der geliebten Person, wie es in der Theorie des gebrochenen Herzens (broken heart hypothesis), in der Bindungstheorie von Bowlby (1969), in der psychoanalytischen Theorie vom Libidorückzug schon bei Freud (1926) oder in der Theorie der erlernten Hilflosigkeit bei Seligman (1995) vertreten wird? Oder sind es die indirekten Konsequenzen eines Verlusts in Form von Stress, körperlicher Erschöpfung durch Pflegeanstrengungen oder finanzielle Not? In einer Abwägung kommt Stroebe (1994) zu dem Schluss, vieles spreche für den Verlust des Willens zum Leben (Suizid), Selbstschädigung (Unfälle), Depression des Immunsystems (Infektionen, Krebs) und ungesunde Lebensweise (Leberzirrhose) als ursächlich. Der Geschlechtsunterschied spreche allerdings auch für Copingstrategien als Ursache, wobei Stress üblicherweise definiert wird als eine Vielzahl von Veränderungen innerhalb einer bestimmten Zeitspanne und hier für beide Geschlechter in Abhängigkeit von rollentheoretischen Erklärungen unterschiedlich groß anzusehen wäre. Dies liefe auf die erwähnte Erklärung hinaus, wonach die Ehe für Frauen weniger protektiv ist als für Männer, belegt auch in der Untersuchung von Bebbington (1987). Die nachgewiesene Wirkung auf die Großeltern, die an den indirekten Verlustfolgen wohl weniger beteiligt sind, spreche eher wieder für die direkte Auswirkung von Bereavement und den Verlust der Perspektiven. Ebenso deu-

tet auch die Universalität des Phänomens über Kulturen und Zeiten hinweg darauf hin.

Um diese beiden Alternativen empirisch zu testen, speziell um Bindungstheorie und Stresstheorie in ihrer Wirkung bei der Verlustverarbeitung gegenüberzustellen, führten Stroebe et al. (1996) eine Langzeitstudie mit je 30 kürzlich verwitweten und je 30 verheirateten Männern und Frauen durch. Es wurden drei Untersuchungszeitpunkte gewählt, vier bis sieben Monate, 14 und 26 Monate nach dem Verlust. Soziale Unterstützung, Einsamkeit und psychische Symptome wurden über Skalen erfasst. Das Depressionsinventar von Beck ergab Haupteffekte für soziale Unterstützung (geringere Depressionswerte bei sozialer Unterstützung), Ehestatus (geringere Depressionswerte bei Verheirateten), Geschlecht (Männer haben geringere Depressionswerte) und Erfassungszeitpunkt (je früher, desto höhere Depressionswerte). Vor allem verursacht von der »Zeit-mal-Ehestatus«-Interaktion zeigte sich im Verlauf der drei Messzeitpunkte der Zeitvariable eine Abnahme von Depression bei Partnerverlust, hingegen keine Veränderung bei Ehe. Männer erreichten über die Zeit mehr Verbesserungen als Frauen. Für einen Puffereffekt der sozialen Unterstützung ergaben sich keine Hinweise: Die Interaktionen »soziale Unterstützung mal Ehestatus« und »soziale Unterstützung mal Ehestatus mal Zeit« waren nicht signifikant. Ein ähnliches Ergebnis erbrachte die Symptomliste.

Die Einführung der Unterscheidung in emotionale und soziale Einsamkeit bringt weitere Aufklärung: Durch die Einführung der emotionalen Einsamkeit zum ersten Erfassungszeitpunkt ergibt sich eine totale Reduktion der durch den Ehestatus verursachten Varianz. Zum dritten Zeitpunkt zeigte sich hingegen kein Einfluss des Ehestatus mehr und damit auch der Mediatorrolle der emotionalen Einsamkeit. Soziale Unterstützung hatte einen hohen Effekt auf soziale Einsamkeit. Der Einfluss der sozialen Unterstützung auf depressive und somatische Symptome, der zum ersten Zeitpunkt am stärksten war, blieb auch zum dritten Zeitpunkt noch nachweisbar. Wenn nun aber soziale Unterstützung als Schutz wirken sollte, dann sollte der unmittelbare Einfluss der sozialen Unterstützung bei der Gruppe mit hoher und der mit niedriger sozialer Unterstützung gering sein. Über die Zeit sollten sich aber die hoch unterstützten Personen schneller vom Verlust erholen als die niedrig unterstützten. Zu keinem Zeitpunkt hatte die soziale Unterstützung bei den vom Verlust betroffenen Personen größeren Einfluss auf die Symptomwerte als bei den verheirateten. Dies belegt klar die Bedeutung der Bindung gegenüber der sozialen Unterstützung bei der Verlustwirkung und der Erholung hiervon.

Den Zusammenhang zwischen Bindung und Verlustfolgen bestätigt auch die Untersuchung von Balk (1996). Er zeigt, dass Verluste umso schwerer zu verkraften sind, je stärker die Bindung zum Verlorenen war. Bei 80 Studenten mit Personenverlusten fand er, dass bei größerer Bindung mehr akute und andauernde Verlustfolgen vorhanden sind als bei geringerer Bindung.

Zusammenfassend lässt sich festhalten, dass die verschiedenen Risikofaktoren in komplexer Weise bei der Bestimmung des Vulnerabilitätsniveaus einer Person interagieren.

Das Immunsystem als Vermittler zwischen Trauererlebnis und körperlichen Trauerfolgen

Die Beziehung zwischen sozialen Umweltfaktoren und Immunsystem spielt sich auf drei Ebenen ab, entsprechend den Funktionen des Immunsystems, die als die drei R bezeichnet werden (Laudenslager et al. 1993): die Erkennung toxischer oder fremder Substanzen (recognition), die Entfernung dieser fremden Substanzen (removal) und die Koordination der Immunantwort (regulation). Die erste Funktion erfüllen vor allem B- und T-Lymphozyten (z. B. T-Helferzellen), die zweite Phagozyten (Neutrophile und Makrophagen). Sie kreisen den Fremdkörper ein und vernichten ihn. Zur zweiten Gruppe gehören auch Naturkillerzellen und Killerzellen, die für den Fremdkörper toxische Stoffe produzieren. Die Regulation der Immunantwort, ihre Initiierung und Aufrechterhaltung koordinieren lösbare Zellsekrete (Zytokine, z. B. Interferon, Interleukin). Zusätzlich erfüllen diese Funktion eine Reihe neuroregulatorischer Substanzen (z. B. klassische Neurotransmitter wie Katecholamin, Acetylcholin). Die erwähnten neueren Untersuchungen zeigen die Bedeutung sozialer Bindungen für die Erhaltung der Gesundheit. Soziale Isolation und Einsamkeit machen vulnerabel für eine Vielzahl verschiedenster Krankheiten. Allerdings wurden die physiologischen Bindeglieder zwischen dem Verlust einer Bezugsperson und Krankheiten beim Menschen bisher wenig untersucht.

Psychoimmunologische und endokrinologische Studien zeigen konsistente immunsuppressive Effekte von depressiven Erkrankungen und drohendem oder eingetretenem Partnerverlust sowie endokrinologische Veränderungen mit steigender Depressivität. Eine von der Versuchsperson selbst als schlecht eingeschätzte Ehebeziehung (38 geschiedene oder getrennt lebende Frauen) korrelierte, so Kiecolt-Glaser et al. (1987), mit höherer Depressivität, höherem EBC-VCA-Antikörpertiter und verminderter Lymphozytenstimulierbarkeit. Eine ungünstigere Immunfunktion zeigte sich vor allem im ersten Jahr nach der Trennung (verminderte Mitogenstimulation, geringerer Anteil von Natural-Killer[NK]-Zellen und T-Helferzellen und höherer Anteil EBV [Epstein-Barr-Virus]-Antikörpertiter). Die Ergebnisse ließen sich nicht durch einen risikoreicheren Lebensstil erklären. Ferner korrelierten eine kürzere Trennungsperiode, größere Bindung an den ehemaligen Partner und größere Einsamkeit mit stärker ausgeprägter Depression und schlechterer Immunfunktion (Kiecolt-Glaser et al. 1987). Ein ähnliches Ergebnis berichten Kiecolt-Glaser et al. (1988) für Männer. Bei dieser Stichprobe wiesen diejenigen einen besseren Immunstatus auf, die die Trennung selbst initiiert hatten. Dies entspricht den sonstigen Ergebnissen der Scheidungsforschung, wonach die Belastung durch die Scheidung wesentlich größer für den Partner ist, von dem nicht die Initiative ausging (s. Kardas u. Langenmayr 1996). Bei Verwitweten fanden Untersuchungen (Bartrop et al. 1977) überwiegend eine Verringerung der Immunfunktionen, besonders bei depressiven und einsamen Personen, oft auch schon im Vorfeld des Partnertods, was an die von Parkes und Weiss (1983) konzipierte antizipatorische Trauer erinnert. Die Naturalkillerzellenaktivität gegen Tumore und Infektionen ist bei Frauen mit Verlust des Ehepartners verringert (Irwin et al. 1988). Schultze-Florey et al. (2012) vermuten aufgrund ihrer Forschungsergebnisse, dass eine genetische Disposition dafür verantwortlich ist, dass Verluste entzündliche Prozesse auslösen oder die Bereitschaft für solche erhöhen.

Ferner berichtet Beutel (1991) über entsprechende Auswirkungen von Interventionsstudien (Teilnahme an Gruppentherapie, Aktivierungsprogramm zur Zunahme sozialer Kontakte auf einer Etage des Altenheims im Gegensatz zu einer anderen Etage, Einbezug der Angehörigen in die Pflege tödlich Erkrankter). Es zeigten sich günstige endokrinologische und immunologische Effekte durch die Förderung sozialer Beziehungen und die Verminderung von Stress durch den Erwerb von Bewältigungsfertigkeiten.

Dass selbst zwischen Kindheitssituationen und Erwachsenenimmunsystem Beziehungen existieren, belegen Dube et al. (2009): Kindheitsstress wie erlebte Scheidung oder Gefängnisaufenthalt eines Familienmitglieds weisen einen deutlichen Zusammenhang mit Autoimmunerkrankungen (Dube et al. 2009) im Erwachsenenalter auf, aber auch mit einem Risiko für Lungenkrebs (Brown et al. 2010, Anda et al. 2008) und ischämischer Herzerkrankung (Dong et al. 2004).

Bei Primaten konnten Coe et al. (1988) nach Trennung kleiner Äffchen von ihrer Mutter und der sozialen Gruppe deutliche Immunantworten feststellen: eine Zunahme der Anzahl der Leukozyten, den Immunglobulinstatus, bestimmte Antikörperreaktionen und die Makrophagenaktivität. Es waren langfristige Wirkungen früher Mutter-Kind-Bindungen festzustellen, aber auch Stressereignisse während der Schwangerschaft beeinflussten die kindliche Immunität.

Beutel (1991) verweist auf weitere eindeutige immunologische und endokrinologische Befunde bei Verlustsituationen in Tierexperimenten. Dienstbier betont vor allem die intervenierende Variable der Zähigkeit. Der »schädigendste Aspekt an physiologischen Reaktionen auf Stress ist die Unterdrückung der Immunfunktion durch Cortisol« (Dienstbier 1992, S. 376). Da nun Zähigkeit, auch bei Menschen, mit verzögerter Cortisolreaktion verbunden ist, sollte körperliche Abhärtung im Fall von Krisen oder Verlust mit weniger Krankheiten gekoppelt sein. Auswirkungen entsprechender Übungen (z. B. von Fitness-Trainings) seien nachweisbar.

Ganz offensichtlich sind die immunologischen Reaktionen auf Verlusterlebnisse bei Primaten und Menschen sehr ähnlich: Die T- und B-Lymphozyten sind sechs Monate bis zu zwei Jahre nach einem Verlust reduziert (Udelman u. Udelman 1983). Der Grad der Verringerung der Leukozytenfunktion korreliert beim Menschen mit dem Grad der Depression, ebenso korrelieren Hoffnung und Status der T- und B-Zellen.

Die Erregungsphase in der Mutter-Kind-Trennung ist sowohl bei Eichhörnchenaffen als auch bei Rhesusaffen durch Aktivierung der Hypothalamus-Hypophyse-Nebennieren-Achse (HPA) gekennzeichnet, was sich in erhöhtem Cortisolblutspiegel in Kombination mit erhöhten biogenen Aminmetaboliten in der Gehirn-Rückenmarks-Flüssigkeit zeigt und für größere Umstellungen in diesen Neurotransmittersubstanzen spricht (Laudenslager et al. 1993). Hierbei fällt auf, dass »einige der Symptome einer größeren Depression – wie Störungen des Appetits, des Schlafs, der Libido – eine Störung der Hypothalamus-Hypophyse-Nebenniere-Achse« (Kim u. Jacobs 1993, S. 147) andeuten. Zusätzlich gehen Mutter-Kind-Trennungen mit gesteigerter peripherer Sympathikus-Aktivität (Erhöhung Katecholamin synthetisierender Enzyme) einher. Mit der Größe der HPA-Aktivierung interagierten auch die Anwesenheit von Peers, die Dauer der Trennung, die Anzahl wiederholter Trennungen, die Verfügbarkeit der Mutter (auditorisch, visuell, olfaktorisch) und die Neuheit der Umgebung (Laudenslager et al. 1993). Studien an Makaken zeigten immunologische Veränderungen bei sozialer Trennung allgemein wie niedrigere unspezifische Plasma-IgM- und -IgG-Werte und verringerte Lymphozyten-Aktivierung durch Mitogene (Pflanzenextrakte, die für die Zellteilung unter anderem bei Lymphozyten verantwortlich sind). Die Veränderungen bei Trennung und die Rückkehr zur Grundlinie bei Wiedervereinigung traten auch bei von Peers aufgezogenen Affenjungen auf, also nicht nur wenn es um die Beziehung zur Mutter geht, was die Erklärung über die Milchernährung und ihre Auswirkung auf das Immunsystem entkräftet (Laudenslager et al. 1993).

Ebenfalls wurden Langzeitfolgen von Mutter-Kind-Trennungen bei Pigtailaffen, die mit sechs Monaten für zehn Tage von der Mutter getrennt worden waren, im Alter von vier Jahren gefunden (geringere Lymphozytenaktivierung, geringere Naturalkillerzellenaktivität). Die Ergebnisse ließen sich bei Bonnetaffen, die in dieser Situation weniger zur Depression neigen, nicht nachweisen (Laudenslager et al. 1993). Für individuelle Differenzen bei Pigtailaffen in der Intensität der Reaktion auf die Trennung von der Mutter machen die Autoren aufgrund ihrer Ergebnisse die Herzschlagfrequenz als Ausdruck des Temperaments verantwortlich, die ihrerseits mit sozialen Faktoren (niedrigere Frequenz bei hohem sozialen Rang) und Erfahrungsfaktoren zusammenhänge. Für einen Puffereffekt sozialer Bindungen, abgesehen von der zur Mutter, spricht, dass die Änderung der Lymphozytenaktivierung durch Mitogene oder der Naturalkillerzellenaktivität während einer zweiwöchigen Mutter-Kind-Trennung nicht auftrat, wenn soziale Partner (junge Affen mit affektiven Bindungen an das verlassene Äffchen) erhalten blieben. Möglicherweise ist auch dies für den Unterschied zwischen Pigtail- und Bonnetaffen verantwortlich, da bei letzteren immer mehrere Weibchen sich um die heranwachsenden Äffchen kümmern, was bedeutet, dass diese bei Trennung auf ein größeres soziales Netzwerk zurückgreifen können (Laudenslager et al. 1993).

Soziale Reaktionen, Auswirkungen auf das Sprachverhalten und Gläubigkeit

Hinterbliebene haben mit den verschiedensten offenen oder verdeckten Reaktionen ihrer sozialen Umgebung auf einen erlittenen Verlust zu rechnen. Die Tendenz der Umwelt zu Voyeurismus und zur Vermeidung des Kontakts mit den Hinterbliebenen (Peinlichkeit, sich nicht belasten wollen) ist für diese gleichermaßen unangenehm (Littlewood 1992).

Die Art und Weise des eingetretenen Verlusts ist für die jeweilige Reaktion, Einschätzung und Wertung durch die soziale Umwelt von Bedeutung. So werden die Eltern, deren Kinder als Suizidopfer geschildert wurden, als weniger liebenswert, mit mehr Grund, sich zu schämen, und als psychologisch weniger gesund angesehen als Eltern, deren Kind an einer Krankheit gestorben sei (Calhoun et al. 1980).

Ehepartner von Erwachsenen mit vollendetem Suizid wurden als schuldiger an deren Tod und als beschämter erlebt, und es wurde erwartet, dass sie mehr zur Verhinderung des Todes hätten tun können, als dies beim Tod der Ehepartner durch Leukämie oder einen Unfall der Fall war (Calhoun et al. 1985–86).

In einer dritten Studie wurden identische Tonbänder von einer Frau vorgespielt, die ihre Trauer über den Verlust des Ehepartners beschreibt, allein die Todesursache (Herzattacke – Unfall – Suizid) wurde jeweils geändert. Die Frau wurde als psychologisch gestörter bei Suizid als Todesursache des Partners als bei seinem Unfalltod erlebt, ebenso als beschämter im Vergleich zwischen Suizid und Unfalltod oder Suizid und einer tödlichen Herzattacke. Sie hätte zudem, so wurde unterstellt, mehr für die Verhinderung des Suizids tun können als zur Verhinderung des Ehepartnerverlusts in den beiden anderen Fällen (Allen et al. 1993–94).

Die meisten Studien bestätigen, dass Angehörige von Suizidanten sich schuldiger fühlen, mehr Erklärungsbedarf haben und weniger soziale Unterstützung erleben (Stillion 1996). Speziell Ehepartner erleben mehr Ablehnung von Freunden und vom Rest der Familie des Ehegatten (Saunders 1981). Insgesamt finden sich aber viel mehr Ähnlichkeiten als Unterschiede in der Reaktion auf die verschiedenen Todesursachen, speziell was den Vergleich von Suizid- und Unfallopfern angeht (McIntosh 1993).

Linguistische Auswirkungen von Traumata aufgrund von Personenverlusten fanden Pennebaker et al. (1997). Häufigerer Gebrauch von Wörtern in Erzählungen über ein Trauma, die einsichtsvolles und kausales Denken repräsentieren, sind mit besserer physischer, aber nicht seelischer Gesundheit verbunden. Häufigerer Gebrauch von positiven im Vergleich zu negativen Emotionswörtern ist generell mit besserer Gesundheit verbunden. In einer zweiten Untersuchung wurden diese Variablen als Prädiktoren für das Zurechtkommen mit dem Verlust des Partners durch Aids nach einem Jahr überprüft. Besonders effektiv war ein empirisch anhand der Beta-Gewichte aus früheren Studien gewonnener Index, der auch zusätzlich die Veränderung aller Wörter bei der Traumaerzählung enthielt. Eine veränderte linguistische Darstellung des Traumas deutet somit eine Verbesserung des Zurechtkommens mit dem Verlust an.

Der Tod von Angehörigen kann ebenso wie eigene erlebte Krankheit oder schwere Krankheit eines geliebten Menschen gravierende Folgen für die Gläubigkeit einer Person haben. Im Fall des Todes von Angehörigen sind widersprüchliche Folgen denkbar, wobei die Änderung häufig eine Verstärkung der bereits vorher vorhandenen Tendenz darstellt: In einer Studie an 184 Familienmitgliedern von Personen, die bei einer Trunkenheitsfahrt getötet oder verletzt worden waren, berichteten diejenigen, die vor dem Tod des Angehörigen sehr oder in mittlerem Ausmaß gläubig waren, dass sie darin durch die Krise gestärkt worden waren. Diejenigen, die vorher wenig oder keinen Glauben hatten, berichteten, dass ihr Glaube dadurch gleich geblieben oder geschwächt worden sei. Insgesamt dreimal so viele Angehörige berichteten über eine Stärkung ihres Glaubens als über eine Schwächung (Mercer, zit. nach Lord 1996).

Der Tod eines Kindes bewirkt bei den Eltern überwiegend eine Verstärkung ihres Glaubens oder auch eine erstmalige Hinwendung dazu. Die Eltern empfinden es als tröstlich zu wissen, dass ihr Kind weiter existiert, wenn auch an einem anderen Ort, und mit ihm wiedervereinigt sein zu können. Einige zweifeln zwar an ihrem Glauben, finden ihn aber dennoch tröstlich und erleichternd (Sormanti u. August 1997).

Langfristige Verlustfolgen

Bereits früh zeigte sich, dass zwischen frühkindlichen Personenverlusten und Verhaltensweisen im Erwachsenenalter sowie insbesondere auch Krankheitsdaten Zusammenhänge bestehen (Langenmayr 1980). Diese Zusammenhänge wurden in den letzten Jahrzehnten mit dem Hinweis auf die Auswirkung sozialer Schichtzugehörigkeit oder genetischer Merkmale sowohl auf die Verlustvariablen als auch auf die späteren Verhaltensweisen und mit Hinweis auf die modifizierende Auswirkung einer Vielzahl intervenierender Variablen bestritten (z. B. Hemminger 1982). Diese Position wird inzwischen jedoch kaum noch aufrechterhalten.

An einer für die Bevölkerung Nordrhein-Westfalens repräsentativen Stichprobe von 265 Personen zwischen 20 und 59 Jahren untersuchten Langenmayr und Schubert (1987) frühkindliche und gegenwärtige Lebenslaufdaten und womit frühkindliche Personenverlustdaten zusammenhängen. Einflussvariablen wie soziale Schicht, Alter und Geschlecht wurden neutralisiert und auch durch Aufteilung der Stichprobe in nach diesen Variablen getrennten Gruppen (z. B. Männer und Frauen) gesondert untersucht.

Defizitäre Erfahrungen in der Kindheit zeigten Auswirkungen auf einige Bereiche späteren Lebens und deuten überwiegend in Richtung geringerer Bindungen. Effekte zeigten sich im Verhalten hinsichtlich Partnerwahl und Eheschließung, in der geografischen und beruflichen Mobilität, in der Mitgliedschaft in Vereinen und vor allem bei angegebenen Krankheiten.

Sowohl in der Kindheit Trennungserlebnisse als auch Abwesenheiten erlebt zu haben korrelierte mit Trennungserlebnissen der

Ehepartner, was nahelegt, dass Personen mit Ängsten im Bindungsbereich (Verlassenheitsängsten) sich gegenseitig als Partner wählen. Langenmayr (1975b) hatte dies auch anhand der Daten von Eltern einer Erziehungsberatungsstichprobe gefunden, darüber hinaus sowohl, dass Personen mit Verlusten in der Kindheit sich gegenseitig heiraten, als auch dass sie dies umso eher taten, je ähnlicher sich ihre Verluste nach Schwerekriterien wie dem Alter zum Zeitpunkt des Verlusts waren. Die damaligen Befunde lassen sich also durchaus für nichtklinische Populationen verallgemeinern. Die Zusammenhänge konnten nicht durch Alter, Geschlecht, Wohnregion und Sozialschicht erklärt werden (Langenmayr u. Schubert 1987).

Personen mit Verlust eines Elternteils in der Kindheit heirateten früher und waren jünger bei der Geburt des ersten Kindes. Auch häufigere Abwesenheiten der Eltern korrelierten mit früherem Heiratsalter. Daraus schlossen die Autoren: »Die wohl in jedem Fall mit einem Elternverlust verbundene Beeinträchtigung des Familienklimas und der Verlust familiärer Geborgenheit und Sicherheit führen offensichtlich deutlich früher dazu, neue Bindungsformen zu verwirklichen« (Langenmayr u. Schubert 1987, S. 19).

Bezüglich des Wohnverhaltens zeigte sich eine positive Korrelation des Verlusts eines Elternteils bis zum zehnten Lebensjahr mit der Anzahl der Wohnungen ab dem elften Lebensjahr, der Anzahl der Umzüge ohne Eltern und eine negative mit der durchschnittlichen Wohndauer pro Wohnung. Insgesamt deutete sich auch hier ein weniger beständiges und unruhigeres Verhalten an.

In der Berufslaufbahn zeigten sich ein niedrigerer Schulabschluss, eine höhere Anzahl von Stellungen, eine größere Zahl von Berufs-, Stellungs- und Betriebswechseln und dementsprechend eine geringere durchschnittliche Stellungsdauer bei frühen Personenverlusten. Mit diesen korrelierte auch die Angabe und Häufigkeit der Änderung von Arbeitsbedingungen positiv. Ähnliche Auswirkungen zeigten Abwesenheiten der Eltern in der Kindheit der Befragten: Sie korrelierten mit der Stellungszahl positiv und negativ mit dem höchsten erreichten Ausbildungsabschluss.

Die Anzahl der Mitgliedschaften in Vereinen korrelierte negativ mit Abwesenheiten eines Elternteils und positiv mit Trennungen von den Eltern in der Kindheit. Im Grunde wiederholten die Untersuchten hiermit ihre kindlichen Erlebnisse. Bei der Abwesenheit eines Elternteils blieben sie in der Restfamilie zurück, bei der Trennung waren sie es selbst, die die Familie verließen.

Besonders enge Zusammenhänge zeigten sich mit Krankheiten: Erlebte Trennungen und Abwesenheiten in der Kindheit korrelierten mit der auf das Alter bezogenen Erkrankungshäufigkeit, ebenso die Abwesenheiten mit der durchschnittlichen Erkrankungsdauer. Dieselben Zusammenhänge ergaben sich bei den Ehepartnern der Befragten. Die deutlich stärkere Ausprägung zwischen frühem Verlust und späteren Krankheiten bei Frauen zeigt, dass die Auswirkung von Personenverlusten auf spätere Verhaltensweisen durch weitere Einflussgrößen modifiziert werden kann.

Trauertherapie und -beratung

William Worden (1987, S. 89–104) hat zehn Grundsätze der Trauerberatung konzipiert, die kurz dargestellt werden sollen:

(1) Trauernden helfen, den Verlust zu realisieren.

(2) Trauernden helfen, Gefühle zu benennen und zuzulassen. Dies ist ein nicht zu unterschätzender Punkt, den manche Trauerberater dennoch für nicht notwendig oder eher kontraproduktiv halten. Als Gefühle, die im Trauerprozess wichtig sind und bearbeitet werden sollen, nennt er Wut, Schuld, Angst und Hilflosigkeit sowie Traurigkeit.

(3) Trauernden helfen, ohne die verstorbene Person weiterzuleben.

(4) Trauernden helfen, Sinn neu zu formulieren.

(5) Trauernden helfen, die verstorbene Person neu zu »verorten«. Worden verarbeitet hier die Kontroverse zwischen Befürwortern des Loslassens (z. B. Kast 2013) und denen der Theorie der »continuing bonds« von Klass (1996) und beschreibt einen Mittelweg. Die verlorene Person muss im Leben der Hinterbliebenen einen neuen Platz finden, wobei die Bedeutung des Platzes offen bleibt und unterschiedliche Größenordnungen annehmen kann. Sie kann weiterhin eine große Rolle spielen (Klass), aber auch gegen Null (Loslassen) tendieren.

(6) Trauernden helfen, der Trauer Zeit zu geben. Trauernde tendieren dazu, sich unter Druck zu setzen, mit ihrer Trauer fertig zu werden, was nicht nur nicht hilft, sondern auch zusätzliche Belastung bedeuten kann.

(7) Über das »normale« Trauerverhalten informieren. Hiermit soll vermieden werden, dass häufige Phänomene wie Wahrnehmungsein-

drücke, die auf eine weitere Existenz des Toten hindeuten könnten (sogenannte Halluzinationen), zu sehr ängstigen und irritieren.
(8) Individuelle Unterschiede berücksichtigen.
(9) Bewältigungsstile hinterfragen.
(10) Pathologische Entwicklungen erkennen und für eine adäquate Behandlung sorgen.

Wordens häufige Formulierung des Helfens sollte nicht in Richtung von Ratschlägen missverstanden werden. Es kann nur darum gehen, dass Trauernde selbst entdecken, was für sie hilfreich ist, und die Hilfe des Beraters darin besteht, eine Atmosphäre zuzulassen und zu fördern, in der neue Aspekte entwickelt und Gefühle zugelassen werden können, auch wenn sie dem Betroffenen eher unangenehm sind.

In jüngerer Zeit hat sich in der Psychotherapie die Tendenz durchgesetzt, die Vorstellung zu verwerfen, es gäbe therapeutische Methoden, die man an jede Problemsituation herantragen könne. Stattdessen wurden die Methoden der verschiedensten therapeutischen Richtungen auf die spezielle Situation einzelner Gruppen übertragen und entsprechend deren Bedürfnissen modifiziert. Dies erscheint vor allem unter dem Aspekt sinnvoll, dass etwa Trauernde umso leichter Zugang zu einer Methode finden, sich verstanden und in ihr zu Hause fühlen und mitarbeiten, wenn diese die zentralen Erlebnisweisen und Problemsituationen Trauernder beispielsweise in der Beschäftigung mit Brückenobjekten (an die verlorene Person erinnernde Gegenstände) oder eigenen Trauerritualen aufgreift. Einen Anteil daran mag haben, dass jede belastete Gruppe das natürliche Bedürfnis verspürt, nicht mit sehr vielen anderen Problemsituationen verglichen und mit ihnen gleichbehandelt zu werden, sondern dass ihre spezielle Situation als etwas Eigenes, Besonderes und Unvergleichbares gesehen wird. Dahinter steht die sicher richtige Erwartung, dass nicht nur jede Krisensituation nur bedingt mit anderen Krisensituationen vergleichbar ist, sondern auch keine individuelle Problemsituation völlig mit irgendeiner Situation eines anderen vergleichbar ist. An dieser Erwartung, die bei Trauernden deutlich ausgeprägt ist, mag es liegen, warum sie so selten Zugang zu allgemeinen Beratungsstellen finden, sie hingegen auf Angebote wie die einer speziellen Trauerberatungsstelle ansprechen. Jerneizig et al. (1994) vermuten, dass die besondere Beratungs- und Therapiesituation bei Trauernden sich vor allem aus der Einstellung der sozialen Umwelt gegenüber derartig Betroffenen ergibt.

Im Folgenden werde ich die wesentlichsten psychotherapeutischen Vorgehensweisen jeweils kurz schildern, dann Überlegungen anstellen, wie diese für die Beratung und Therapie mit Trauernden nutzbar gemacht werden können, und spezielle Verfahren für den Umgang mit Trauernden in einem besonderen Kapitel darstellen.

Personzentrierte Gesprächspsychotherapie

Carl Ransom Rogers wurde 1902 in Oak Park (Illinois) geboren; er studierte Agrarwissenschaften, dann Theologie und schließlich Psychologie. Sein Ansatz ist von empirischer Psychologie (Watson), Existenzphilosophie (Kierkegaard und Buber), Gestaltpsychologie (Lewin), Psychoanalyse (Rank) und Reformpädagogik (Kilpatrick) beeinflusst. Er starb 1987.

Rogers nannte die vom ihm entwickelte Therapie ursprünglich nondirektiv in dem Sinne, dass der Therapeut keinen Einfluss auf den Klienten nehme. Als sich herausstellte, dass dies so in keiner Therapie durchgehalten werden kann, weil selbst minimale mimische, gestische und andere Signale des Therapeuten in jeder Therapie wirksam sind, nannte er seinen Ansatz klientenzentriert. Da mit dem Ausdruck Klient eine Hierarchie suggeriert wird, ging er zuletzt dazu über, von personzentrierter Therapie zu sprechen.

Ziel der Therapie ist die Förderung oder Änderung von psychischen Prozessen in die Richtung, die der Klient wünscht und die er als Verminderung seiner seelischen Beeinträchtigung empfindet.

Rogers (1996) nimmt an, dass sich jeder Mensch von sich aus in eine für ihn positive Richtung (Wachstum und Gesundheit) entwickelt, wenn ihm nur Gelegenheit dazu geboten wird, er akzeptiert wird und andere bereit sind, ihn zu verstehen.

Einer der zentralen Begriffe in Rogers' Theorie ist das Selbst. Es bildet sich aus den spontanen Tendenzen des Organismus in Interaktion mit der Umwelt im Verlauf der Kindheit heraus, organisiert und strukturiert Erfahrungen oder negiert sie, wenn sie mit dem bisher entwickelten Selbst unverträglich sind. Rogers unterscheidet das Selbstkonzept (das Bild, das jemand von sich selbst hat) und das ideale Selbstbild (wie eine Person sein möchte). Bei neurotischen Menschen besteht eine deutliche Diskrepanz zwischen beiden Vorstellungen, die im Laufe der Therapie verringert werden soll. Jeder Organismus verfügt über eine Aktualisierungstendenz, die der Reifung und dem Wachstum dient.

Bestimmte Formen des therapeutischen Gesprächsverhaltens bewirken eine Verringerung psychischer Belastungen. Da der Klient in der Therapie sich selbst entfalten soll, bestimmt er die Themen ebenso wie die Gesamtdauer der Behandlung.

Drei therapeutische Kernvariablen sind für den Erfolg der Therapie ausschlaggebend:

- Akzeptanz, Anteilnahme und emotionale Wärme bedeuten die bedingungslose Annahme des Klienten, eine tiefe Achtung für seine Person und seinen Weg, ungeachtet anderer Einstellungen und Lebensweise des Therapeuten. Meinungen, Werthaltungen, Einstellungen des Therapeuten, Ratschläge oder konkrete Hilfeleistungen des Therapeuten in der Therapie werden nicht genannt beziehungsweise vermieden.
- Empathie, von Reinhard Tausch (s. Finke 2000) auch als Verbalisierung emotionaler Inhalte definiert, bedeutet, dass der Therapeut sich in den Klienten einfühlen und ihn verstehen soll.
- Echtheit (Selbstkongruenz) und Transparenz bedeuten, dass der Therapeut keine Äußerungen von sich gibt, zu denen er inhaltlich nicht voll steht. Äußerlich ist Selbstkongruenz an der Übereinstimmung zwischen Inhalt der Äußerung, Mimik, Gestik und

eigenem Lebensstil des Therapeuten zu erkennen. Bei authentischem Verhalten passen die Art, wie sich jemand der Welt präsentiert, und die zugrunde liegenden Gefühle und Gedanken auf einer tieferen Ebene zueinander.

Weitere Therapeutenvariablen sind ein aktives, suchendes Bemühen und eine minimale Lenkung des Klienten.

Diese Variablen können in begrenztem Umfang durch eigene und fremde Kontrolle von Tonband-/Videoaufnahmen und Vergleich der eigenen Einschätzung mit der anderer trainiert werden. Effektiver ist, wie in allen auf das Erleben abzielenden Therapien, die Selbsterfahrung des Therapeuten, die am gründlichsten erworben wird, indem der Therapeut sich in eine entsprechende Therapie begibt.

Im Laufe der Therapie soll der Klient an Selbsteinsicht gewinnen, lernen, sich selbst die Fragen zu stellen, die sonst der Therapeut stellen würde (Selbstexploration), frei von Konflikten zu werden, sich selbst zu verstehen und zu akzeptieren.

Die Effekte der Therapie sind durch Korrelationen von Einschätzungen der Therapeutenvariablen durch Beobachter mit Selbst- und Fremdeinschätzungen der Klienten bestätigt. Das Konzept der Empathie ist insofern problematisch, als in den Begriff sehr unterschiedliche Verhaltensweisen eingehen, die oft nicht korrelieren und geringe Konsistenz aufweisen (Hickson 1985).

Frohburg (2004) stellte in einem Überblick über 40 Studien positive kurzfristige und zusätzlich langfristige Effekte bei verschiedenen Indikationen fest. Letztere seien charakteristisch für die klientenzentrierte Psychotherapie.

Anwendung auf Trauer: Meine Mitarbeiter Ralf Jerneizig und Ulrich Schubert und ich haben das Modell der klientenzentrierten Therapie auf die Trauerbearbeitung übertragen (Jerneizig et al. 1994). Die Modifikationen sind jedoch nicht so gravierend, dass wir das sogenannte Essener Modell im Abschnitt *Spezielle Trauertherapien* abhandeln sollten.

Eine Gesprächstherapie ist vor allem dann zu empfehlen, wenn die Gefühle noch sehr stark sind, wenn Beruhigung und Sicherheit notwendig sind.

Im Einzelnen gehen wir wie folgt vor:

- Wie in der klientenzentrierten Therapie üblich wird dem Klienten mit unbedingter Wertschätzung, Echtheit (Kongruenz) und Empathie begegnet. Der Klient darf auch Gefühle äußern, die ihm belastend und peinlich erscheinen, etwa Aggressionen gegenüber dem Toten, dem Therapeuten oder der eigenen Familie, und dies zeitlich und hinsichtlich der Intensität unbegrenzt. Dies widerspricht den gewohnten Erwartungen der Umwelt an Trauernde völlig, die sich eigentlich nach einer zugebilligten begrenzten Zeit der Trauer wieder so verhalten sollen, als sei nichts passiert. Aggressionen gegenüber dem Toten können aus dem Gefühl der Verlassenheit entstehen, aber auch in konkreten Gestaltungen der früheren Beziehung ihre Berechtigung haben. Aggressionen gegenüber dem Therapeuten können darauf beruhen, dass er mit seinen Bemühungen ein Verdrängen der Trauer verhindert, aber auch daran liegen, dass der Therapeut den ureigensten Wunsch des Trauernden nicht erfüllen kann und wird, den toten Partner wiederzubeschaffen. Die gesellschaftliche Forderung nach Abspaltung dieser Aggressionen hat Anteil am Entstehen komplizierter Trauer und psychosomatischer Folgen. Sie wird in der klientenzentrierten Therapie aufgehoben und bisher verdrängte Anteile können in das Selbstkonzept integriert werden. Die Echtheit des Therapeuten dient für den Trauernden als Modell authentischen Umgangs mit den eigenen Gefühlen. Sie lehrt, dass Gefühle ohne Rücksicht auf Forderungen der Umgebung angenommen werden können. Die Empathie und Verbalisierung emotionaler Erlebnisinhalte helfen dem Klienten, sich selbst so zu verstehen und anzunehmen, wie er dies vom Therapeuten erfährt. Er erlebt seine Trauer als sinnvolle und auf der Basis seines Erlebens vernünftige Reaktion auf außergewöhnliche Ereignisse.

- Die klientenzentrierte Trauertherapie ist vorrangig auf problematische Anteile der Trauer zentriert.
- Sie sieht ihre Aufgabe nicht in einer umfassenden Therapie, sondern in zeitweiliger Begleitung, insbesondere in problematischen Phasen und bei Blockierungen des Trauerverlaufs.
- Sie zielt auf die (wiedererlangte) Fähigkeit des Trauernden, seine Trauerarbeit selbständig fortzuführen, alle ihm hierfür zur Verfügung stehenden Ressourcen zu nutzen und das Erlebte nicht zu verdrängen, sondern in sein Leben einzubauen und, wenn möglich, vorteilhaft und kreativ zu nutzen.
- Sie ist getragen vom Vertrauen in die Selbstheilungskräfte des Individuums, sofern diesen nur genügend wohlwollender Spielraum geboten wird.

Über diese eng an Rogers orientierten Vorstellungen hinaus halten wir aufgrund der Erfahrung mit Trauernden auch direktivere Elemente und Vorgehensweisen für angebracht, die sonst in der klientenzentrierten Therapie eher keinen Platz haben:

- Der Klient benötigt Informationen über Trauer und Trauerprozesse. Die Vielfalt der Trauerreaktionen und die Individualität des zeitlichen Trauerablaufs sowie der qualitativen Ausgestaltung sollen dabei betont werden. Da Trauernde oft ihre Erlebnisse, etwa halluzinativer Art, als außerhalb der Norm erleben und Angst vor dem Verlust der Kontrolle und vor der weiteren Entwicklung empfinden, ist die Wissensvermittlung ein sinnvolles Element der Therapie. Sie ermöglicht Trauernden oft auch erst, sich überhaupt auf therapeutische Gespräche einzulassen.
- Des Weiteren kann es nötig sein, alltagspraktische Handlungskompetenz zu vermitteln. Gerade in Fällen symbiotischer Beziehung und sehr ungleicher Rollenverteilung kann der zurückgebliebene Partner zusätzlich zu seiner Trauer auch konkrete lebenspraktische Probleme haben, auf deren Erledigung er nicht vorbereitet ist. Man denke an Probleme der Haushaltsführung

ebenso wie an die Erledigung von Bankangelegenheiten oder an Entscheidungen, die die Kinder betreffen, etwa im schulischen Bereich. Hier sollte der Therapeut seinen möglichen Wissensvorsprung durchaus im Gespräch zur Verfügung stellen. Wichtig dabei ist jedoch, dass es sich lediglich um Wissenslücken des Klienten handelt und nicht um aus Hilflosigkeit entstandene überzogene Ansprüche. Ebenso wenig sollte es sich um sogenannte Ja-aber-Reaktionen handeln, mit denen der Therapeut zu Ratschlägen animiert werden soll, die dann mit der Forderung nach besseren Vorschlägen und einer leichten Steigerung des Selbstwertgefühls vom Klienten zurückgewiesen werden können.

Beispiel (Jerneizig et al. 1994, S. 89 f.)
Klientin: Ich fühle mich einfach wie gelähmt. Ich sitze den ganzen Tag im Sessel und starre aus dem Fenster und denke, das kann doch nicht alles gewesen sein. Ich meine, ich bin doch noch jung und eigentlich habe ich mein Leben doch noch vor mir und trotzdem ... irgendwie finde ich die Kraft nicht ...
Therapeut: Da ist so eine umfassende Erschöpfung ...
Klientin: Total, total. Es ist, als wäre ich unfähig, etwas Sinnvolles zu tun. Nur so rumhängen, das geht.
Therapeut: Völlig kraftlos.
Klientin: Ja. Ich bin einfach fertig mit der Welt. Total fertig. Mein ganzes Leben war doch um meinen Mann aufgebaut. Seit er krank war, habe ich mich um alles gekümmert, habe alles gemacht, den Haushalt, den Papierkram, die amtlichen Sachen, alles, einfach alles. Und nun. Wozu war das alles gut. Gestorben ist er trotzdem.
Therapeut: Trotzdem Sie sich so angestrengt haben.
Klientin: Ja. Und ich habe mich verdammt angestrengt.
Therapeut: Da steckt auch eine Menge Wut dahinter.
Klientin: Und ob, und ob. Manchmal könnte ich alles nehmen und vor die Wand schmeißen. Einfach so an die Wand klatschen. Ich bin dann total sauer, ehrlich. Platzen könnte ich vor Wut.
Therapeut: Klingt nach einer Menge Energie.

Klientin: (überlegt) Ja, stimmt eigentlich. Da ist eine Menge Energie.
Therapeut: Das scheint Sie selbst zu überraschen.
Klientin: Stimmt. Ich fühle mich total kraftlos und ausgelutscht … und dann … dann ist da noch so eine Menge Kraft da … wütend zu sein.
Therapeut: Haben Sie eine Ahnung, worauf Sie so wütend sind?
Klientin: Worauf ich wütend bin? Im Moment … nein, so direkt nicht.
Therapeut: Wenn Sie sich Ihre Wut bildlich vorstellen würden, wie sähe sie aus?
Klientin: Meine Wut. Nun … eine dicke schwarze Wolke …
Therapeut: … eine Wolke …
Klientin: Ja, aber eine massive Wolke, da steckt Dampf hinter … das ist mehr wie ein rollender Stein …
Therapeut: Das Bild hat sich verändert …
Klientin: Ja, sieht jetzt mehr wie ein Felsbrocken aus, der alles zermalmt, was ihm in den Weg kommt … puuh.
Therapeut: Das erschreckt Sie auch ein wenig.
Klientin: Ja. Da steckt ja wirklich eine Menge zermalmender Wut drin. Fühlt sich irgendwie richtig kräftig an, total stark.
Therapeut: So als könnten Sie alles niederwalzen, wenn Sie Ihrer Wut freien Lauf ließen. Und das macht Ihnen auch Angst.
Klientin: Das macht mir gehörig Angst … wenn ich denke … dass ich diese Macht habe.
Therapeut: Wie ist das, so viel Macht zu haben?
Klientin: Puuh. Erst einmal: Es fühlt sich auch gut an, so viel Kraft in sich zu spüren, eigentlich gar nicht so kraftlos zu sein, wie ich dachte. Das ist gut, fühlt sich gut an … aber …
Therapeut: Aber diese Macht zu zermalmen, das erschreckt Sie. Das mögen Sie nicht an sich.
Klientin: Nein, das mag ich ganz und gar nicht an mir …
Therapeut: Was könnte es denn sein, das Sie zermalmen wollen?
Klientin: … also … ich weiß nicht … es könnte … wenn ich so ganz spontan antworten soll …
Therapeut: (zustimmend) Mmmh.
Klientin: … dann würde ich sagen, das könnte sogar mein Mann sein,

den ich da zermalmen will ... obwohl, das kann doch gar nicht sein, ich habe ihn doch geliebt.
Therapeut: Das könnte auch Ihr Mann sein ...
Klientin: (zustimmend) Mmm ... das könnte auch mein Mann sein ... aber ... aber ...
Therapeut: ... aber eigentlich gefällt Ihnen der Gedanke nicht, dass da Ihr Mann gemeint sein könnte, den Sie zermalmen wollen.
Klientin: Also mein Mann, der war ... der war auch nicht immer ein angenehmer Kranker. Manchmal hat er mich auch ganz schön herumgescheucht ... und dann war er auch ... auch schon mal unausstehlich. Wie halt Kranke so sind. Und dann hätte ich ...
Therapeut: Und dann hätten Sie auch schon einmal gerne ...
Klientin: Da hätte ich ihn schon gerne mal geschüttelt und gerüttelt und gesagt: Lass mich in Ruhe ... Lass mich in Ruhe ... Lass mich verdammt noch mal auch mal zur Ruhe kommen ...

Transaktionsanalyse

Der Begründer der Transaktionsanalyse, Eric Berne, wurde als Eric Lennard Bernstein 1910 in Montreal geboren. Er durchlief erst eine Ausbildung zum Chirurgen und anschließend zum Psychiater. Er arbeitete als Psychiater zunächst in einer Klinik in New York, dann beim Heer und schließlich in freier Praxis. Die Ablehnung seiner Mitgliedschaft in der Psychoanalytischen Vereinigung führte ihn zur eigenständigen theoretischen Entwicklung der Transaktionsanalyse. Berne starb 1970.

Die Transaktionsanalyse stellt nicht den Menschen als Einzelwesen, sondern Interaktionen in den Mittelpunkt der Betrachtung. Da dabei wie im Geschäftsleben etwas ausgetauscht wird, wenn auch nicht Sachwerte und Geld, sondern Gefühle, spricht Berne von Transaktionen. Er nutzt zunächst das Freud'sche Strukturmodell der Psyche (Über-Ich, Ich, Es). Jeder Mensch befindet sich zu jeder Zeit auf einem von drei Ich-Zuständen, dem Eltern-Ich, dem Erwachsenen-Ich oder dem Kindheits-Ich. Das Eltern-Ich bilden die

Verhaltensweisen, Reaktionen und Einstellungen, die von den Eltern übernommen wurden. Es sind die Gefühle, Gebärden, Vorurteile, Weltansichten, Sprichwörter und Slogans, die die Eltern in den entsprechenden Situationen genauso gebrauchen würden. Mit ihnen befindet sich eine Person in ihrem Eltern-Ich. Die entsprechenden Einstellungen können wohlwollend oder auch strafend sein.

Das Kindheits-Ich enthält die Gefühle, Wünsche, Verhaltensweisen, mit denen wir als Kind in bestimmten Situationen reagiert hätten. Es gliedert sich in das natürliche und das reaktive Kindheits-Ich. Das natürliche Kind spiegelt die spontanen, unkontrollierten Gefühle, Wünsche und Verhaltensweisen wider. Wir verhalten uns dann so, wie wir es als Kind ganz spontan getan hätten. Es ist ein Zustand wacher Bewusstheit, Spontaneität und Intimität. Tiefe Gemütsbewegung, Ausgelassensein, Sich-an-eine-Situation-Verlieren und spontane Kreativität sind Ausdruck des natürlichen Kindes. Das reaktive Kindheits-Ich enthält bereits die ersten Erfahrungen mit der sozialen Umwelt und die ersten Reaktionen auf deren Einflüsse. Es kann angepasst oder rebellisch sein. Ein angepasstes Kind würde jemandem nach dem Mund reden, ein rebellisches Kind mit dem Fuß aufstampfen.

Das Erwachsenen-Ich verwertet Erfahrungen, Einsichten und Wissen im Kontakt mit der Außenwelt, stellt Hypothesen auf, prüft sie und speichert die Resultate. Es ist die Informationssammelstelle, der Sitz von Zuverlässigkeit, Verantwortungsgefühl, Intelligenz und Aufmerksamkeit.

Wenn nun zwei Personen miteinander kommunizieren, so befinden sie sich jeweils in einem der drei Ich-Zustände. Fragt mich ein Student nach dem Seminar, wie spät es sei, und ich schaue auf meine Armbanduhr und reagiere, so befinden wir uns beide auf der Ebene des Erwachsenen-Ichs. Wenn ich mit einem Mitarbeiter zusammensitze und wir über den neuesten Computerausdrucken der Resultate eines Forschungsprojekts brüten, beide mit glühenden Augen, begeistert über eine gefundene Signifikanz und fiebernd vor Neugier, dann befinden wir uns beide in unserem Kindheits-Ich. Eine solche

Transaktion nennt Berne (1975) eine symmetrische Paralleltransaktion. Beide senden und empfangen auf derselben Ebene (demselben Ich-Zustand). Sie könnten sich aber auch auf unterschiedlichen Ebenen befinden. Wenn dennoch während der Kommunikation immer jeder auf seiner Ebene bleibt, so haben wir eine asymmetrische Paralleltransaktion vor uns. Ziehen wir Verbindungsstriche zwischen den jeweiligen Ich-Zuständen der beiden Personen, dann erhalten wir von einem Partner zum anderen und zurück parallele Striche, wenngleich nicht wie in den vorherigen Fällen horizontale Parallelen. Dies wäre etwa der Fall, wenn ein Ehemann betrunken nach Hause kommt, als angepasstes Kind mit zum Boden gesenktem Blick äußerst leise die Tür aufschließt, seine Frau als strafender Elternteil absichtlich aufgeblieben ist, um zu sehen, wie spät es diesmal wieder geworden ist. Er gibt schuldbewusst etwas von verspäteter U-Bahn von sich, worauf sie mit »Das ist doch immer dasselbe mit dir« reagiert, was er beantwortet mit »Sei doch bitte nicht böse, das kommt bestimmt nicht mehr vor«.

Überkreuztransaktionen sind solche, bei denen ein Partner von einer bestimmten Ich-Ebene aus eine bestimmte Ich-Ebene beim anderen Partner anspricht, dieser aber von einer anderen als der angepeilten Ebene aus antwortet, er sozusagen die (grafisch) gezogene Linie durchkreuzt. Angenommen, ich frage jemanden nach der Uhrzeit, befinde mich also auf der Erwachsenen-Ich-Ebene, und spreche diese bei ihm an. Er reagiert aber von einer (strafenden) Eltern-Ich-Ebene aus: »Können Sie sich eigentlich keine eigene Uhr leisten?«, dann hätten wir eine Überkreuztransaktion vor uns. Überkreuztransaktionen sind der sicherste Weg, eine Kommunikation binnen Kurzem zu beenden. Dies kann allerdings auch positiv genutzt werden: Wenn ein Trauerklient endlos Vorwürfe macht, dass die Beratung überhaupt nichts bringe, dann kann die Kommunikation in dieser Form gut beendet werden, indem der Therapeut vom Erwachsenen-Ich aus reagiert: »Nun lassen Sie uns mal schauen, was haben Sie noch nicht erreicht und wo haben Sie schon Fortschritte gemacht?«

Wenn zumindest einer der beiden Transaktionspartner, vielleicht auch beide, sich auf zwei Ebenen gleichzeitig befinden, dann spricht man von einer Duplextransaktion.

Sagt jemand zu seiner Frau: »Nebenan ist eine sehr nette Nachbarin eingezogen«, so handelt es sich scheinbar um eine Mitteilung seines Erwachsenen-Ichs an das seiner Frau. Tatsächlich hat er jedoch vor, sie zu ärgern und zu mehr Aufmerksamkeit für ihn zu bewegen, spricht also von seinem strafenden Eltern-Ich aus ihr rebellisches Kindheits-Ich an.

Stehen ein Mann und eine Frau, die sich vor Kurzem kennen gelernt haben, abends vor der Wohnungstür der Frau und sie fragt ihn, ob er noch auf einen Kaffee mit hereinkommen will, so werden sich trotz des scheinbar beiderseits angesprochenen Erwachsenen-Ichs wahrscheinlich beide darüber im Klaren sein, dass es kaum um ein Getränk gehen wird, also eher die lustvolle Ebene des beiderseitigen Kindheits-Ichs angesprochen sein wird. Den zweiten Fall würde Schlegel (1988) als vollständige, den ersten Fall, je nachdem, ob die Frau auf die Provokation eingeht oder nicht, als vollständige oder unvollständige Duplextransaktion bezeichnen.

Ein wesentlicher Bestandteil der Theorie sind frühkindliche Botschaften. Eltern geben sie den Kindern mit auf den Lebensweg – nicht nur als verbale Äußerungen über das Leben, andere Menschen, den Sinn der Arbeit, die Liebe. Sie übermitteln sie auch in Mimik und Gestik, über ihr eigenes Verhalten, über Sprichwörter, die Märchen, die sie ihren Kindern erzählen, über Erwartungen und Ängste. Berne sagt, Kinder erleben die Welt »marsisch«, so wie jemand, der vom Mars kommt. Sie nehmen alle Äußerungen der Eltern wortwörtlich und als Aufforderungen.

Sagt etwa die Mutter zu ihrem Sohn, er sei mathematisch so begabt wie der Großvater, dann wird er dies für die Realität halten, in diesem Bereich Spaß haben, mit jeder guten Leistung die Äußerung der Mutter für bestätigt halten und das Gefühl haben, als ob sie glücklich lächelnd sagt, »ganz der Großvater«, auch wenn die Mutter längst gestorben ist. Im negativen Fall trifft dies ebenso zu: Sagt der

Vater seinem Sohn etwa, aus ihm werde nie etwas Vernünftiges werden, er lande sicher noch einmal in der Gosse, an ein bestandenes Abitur sei sowieso nicht zu denken, dann wird der Sohn auch dies für die Realität halten, alle Erfahrungen, die in diese Richtung gehen, als Bestätigung des Vaters annehmen, alle gegenteiligen Erfahrungen einfach ignorieren oder für Zufall halten. Mehr noch: Er wird die Äußerungen des Vaters für dessen Wunsch halten. So kommt er zu dem Schluss, dass er seinem Vater keinen größeren Gefallen tun kann, die Liebe des Vaters nicht vollkommener erringen kann, als ihm diesen Wunsch zu erfüllen. Dabei mag er das Richtige erahnen. Hinter den Äußerungen des Vaters könnte unbewusst der Wunsch stehen, den Sohn klein zu halten und sich als der Stärkere zu erweisen.

Wir alle sind bemüht, die Botschaften unserer Eltern zu verwirklichen, fühlen uns in solchen Augenblicken ihnen besonders nah. Bei unterschiedlichen Informationen der Eltern und auch noch weiterer Bezugspersonen erhöht sich die Möglichkeit des Kindes, sich eher an den einen oder an den anderen und seine Botschaften anzulehnen.

Die Botschaften verdichten sich zum *Skript,* dem unbewussten Lebensplan, dem Drehbuch des Lebens. Es enthält alle Vorstellungen einer Person darüber, wie ihr Leben verlaufen wird. Darin finden sich Informationen, was für eine Person und wann jemand heiraten wird, welchen Beruf er ergreifen wird, welchen Erfolg er haben wird, wie viele Kinder er bekommen wird, ebenso wie Informationen über Krankheiten bis hin zur Art und den Umständen seines Todes, ob er etwa allein sterben wird oder umgeben von seinen Liebsten. Das Skript ist ungefähr mit dem sechsten Lebensjahr (gelegentlich sagt Berne auch mit dem vierten) festgelegt und kann nur durch drastische Einwirkungen verändert werden, da neue Erfahrungen dem Selektionsprinzip unterliegen: Passen sie ins Skript, bestätigen sie es, passen sie nicht, werden sie nicht wahrgenommen oder uminterpretiert.

Wege, das Skript zur Realität werden zu lassen, sind die Steuerung des eigenen Verhaltens und des Verhaltens der sozialen Umgebung durch die eigenen Erwartungen, wie sie Rosenthal und Jacobson

(1971) an der Auswirkung der Lehrererwartungen auf die Schülerleistungen nachgewiesen haben, oder die Wahl der Kommunikationspartner.

Teile des Skripts sind Gewinner-, Verlierer- und Nichtgewinnerskripte. Der Gewinner geht im Großen und Ganzen von einem positiven Ergebnis seiner Handlungen und Pläne aus. Der Verlierer hängt Illusionen nach, ist entmutigt, angepasst oder rebelliert prinzipiell. Der Nichtgewinner ist jemand, der schon damit zufrieden ist, nicht zu verlieren. Zum Skript gehören ferner folgende Grundeinstellungen: Ich bin okay, du bist okay (positivste kommunikative Einstellung); ich bin okay, du bist nicht okay (Überheblichkeit, Demütigung anderer); ich bin nicht okay, du bist okay (Neid, Eifersucht); ich bin nicht okay, du bist nicht okay (totale Depression und Suizidtendenz).

Lieblingsgefühle (auch als Gefühlsmaschen bezeichnet) sind solche, die von Kindheit an vertraut sind, die in der Ursprungsfamilie erlaubt und gern gesehen waren, im Gegensatz zu verbotenen Gefühlen. So kann etwa in einer Familie ein Kind die Aufmerksamkeit und den Trost seiner Eltern ganz auf sich ziehen, wenn es traurig ist, wenn es aber wütend ist, ziehen sich alle zurück. In einer anderen Familie kann ein Kind unendliche Diskussionen und intensive Aufmerksamkeit auf sich ziehen, wenn es verärgert oder gekränkt ist, wenn es aber depressiv ist, nimmt dies kaum jemand zur Kenntnis. Dann wäre Traurigsein das verbotene, Gekränktsein das erlaubte oder Lieblingsgefühl. Die Lieblingsgefühle werden gern herbeigeführt oder in unklar definierten Situationen aufgesucht. Manche Personen gehen mit Angst in eine Prüfung oder zum Rendezvous, andere nahezu mit Freude, trotz vergleichsweise ähnlicher Situation. Lieblingsgefühle sind jeweils die, die schon früh erlaubt wurden und die Zustimmung der Eltern auslösten.

Ein weiterer Bestandteil des Skripts sind *Spiele.* Darunter versteht Berne (1967) trickreiche Beziehungsmuster und Interaktionen, die auf einen bestimmten Gefühlszustand bei sich selbst und beim anderen angelegt sind, der jedoch offiziell nicht vereinbart ist. Am deutlichsten wird auch dies an einigen Beispielen.

Jemand hat ein Handicap, ist etwa behindert, Ausländer, rothaarig oder arbeitslos. Er führt nun alle Schicksalsschläge darauf zurück. Er kann Schwierigkeiten mit anderen Personen haben, weil er ihre Interessen zu wenig berücksichtigt, er kann in der Prüfung versagen, weil er zu wenig gelernt hat. Er wird all dies nicht als seine Schuld ansehen und nicht denken, er müsse an seinem Verhalten etwas ändern, er kann sich trotz aller Erfahrungen für perfekt halten, wenn alles nur mit seinem Handicap zu tun hat. Berne nennt dieses Spiel »Holzbein«.

Oder eine sehr gehemmte junge Frau heiratet einen eifersüchtigen Mann. Er verbietet ihr nahezu jeden Kontakt. So kann sie das Gefühl haben, sie sei eigentlich gar nicht übermäßig schüchtern und gehemmt, sie könnte das Leben genießen, tanzen gehen, Kontakte pflegen, wenn nur ihr Mann nicht wäre. Ihr Vorteil ist, dass sie sich mit den von ihr empfundenen Gefahren des Lebens nicht auseinandersetzen muss, aber sich dank seiner Eigenart nicht als Versagerin zu fühlen braucht. Gleichzeitig könnte sie sich bei ihm geborgen, besonders wertvoll fühlen, sonst würde er ja kaum so auf sie aufpassen. Er wiederum kann sich als alleiniger Mittelpunkt seiner Frau sehen. Wenn er gelernt hat, Kontakt überwiegend in Form von Beschimpfungen zu erfahren, kann er dies sogar als Zuwendung erleben und sich fühlen wie damals als Kind. Berne nennt dieses Spiel auf die Frau bezogen: »Wenn du nicht wärst.«

In der Therapie spielen die Skript- und Spielanalyse eine wesentliche Rolle. Gegen Botschaften der Kindheit setzt der Therapeut neue Botschaften, macht auf ignorierte oder unterbewertete positive und auf Überbewertungen negativer Erfahrungen aufmerksam sowie auf die Mechanismen, durch die negative Gefühle herbeigeführt werden, und den Gewinn, der dabei erzielt wird (z. B. Heimatgefühl). Im Laufe der Therapie gerät der Klient an den Punkt, an dem er früher entschieden hatte, sein Leben in eine ganz bestimmte, damals vielleicht sinnvolle, heute jedoch sicher ungünstige Richtung zu lenken, eine Entscheidung, die später unbewusst wurde und in der Therapie wieder deutlich werden kann. An diesem Punkt kann der Klient eine bewusste Neuentscheidung herbeiführen. Die Überprüfung frühkindlicher Gebote und Verbote für bestimmte Gefühle und Wünsche reicht zuweilen noch nicht für eine Änderung aus, in diesen Fällen kann der Therapeut sich in die Elternposition begeben und ganz bestimmte Erlaubnisse erteilen. In der offenen Verfassung des Klienten in der Therapie kann dies außerordentlich wirkungsvoll sein. So könnte etwa der Therapeut einem Klienten, der als Botschaft seiner Mutter auf den Weg mitbekam, dass er kein Glück mit Frauen haben werde, und seine Ehe entsprechend gestaltete, nachdrücklich sagen: »Ich erlaube dir heute, dass du jetzt und in Zukunft mit deiner Frau glücklich bist.«

Die Transaktionsanalyse bietet eine Reihe von Anwendungsmöglichkeiten auf *Verlustsituationen*. Zunächst kann es sich anbieten, das Erwachsenen-Ich zu stärken und Eintrübungen (Realitätsverwirrungen) zu verhindern, die in Verlustsituationen häufig sind. Wenn etwa eine Klientin berichtet, dass nach dem Tod ihres Mannes sich alle Leute von ihr zurückziehen, ihr Realitätsempfinden des Erwachsenen-Ichs von Verboten und Strafimpulsen des Eltern-Ichs getrübt ist, dann bietet es sich an, dies genau zu kontrollieren.

Beispiel
Therapeut: Woran haben Sie das festgestellt?
Klientin: Ja, da fällt mir jetzt zumindest ein Ehepaar ein, mit dem wir bisher befreundet waren. Ich habe immer das Gefühl, wenn ich jetzt auftauche, sind die sehr reserviert und von sich aus rühren die sich sowieso nicht mehr. Als mein Mann noch lebte, da waren wir jede Woche mehrmals zusammen.
Therapeut: Haben Sie eine Idee, woran das liegen könnte? So wie Sie das schildern, ist das nicht ihre Fantasie, sondern Realität.
Klientin: Besonders die Frau reagiert immer komisch. Manchmal habe ich das Gefühl, sie denkt, jetzt, wo ich keinen Mann mehr habe, könnte ich vielleicht an ihrem Mann interessiert sein.
Therapeut: Das ist gar nicht so selten, dass solche Befürchtungen in dieser Situation auftauchen. Es ist auch nicht so selten, dass sich tatsächlich neue Beziehungen ergeben.

Klientin: Nein, ich will ihrem Mann gar nichts, ich möchte nur nicht so allein sein. Ich brauche sie beide und ich möchte die Freundschaft fortsetzen. Ich würde nie etwas tun, was ihr weh tut. Ich will mit ihr und ihrem Mann nur so befreundet sein wie früher auch.
Therapeut: Vielleicht sollten Sie das einmal mit Ihrer Freundin klären und wenn es sich anbietet, auch mit ihrem Mann.

In diesem Gespräch versucht der Therapeut, die Angst vor dem Verlust der Kontrolle zu mildern und das Erwachsenen-Ich unter Hinweis auf seine Fähigkeiten und originären Aufgaben der Realitätsprüfung zu stärken.

Die Neuentscheidungstheorie bietet die Möglichkeit, Klienten an den Punkt ungünstiger Entscheidungen heranzuführen und bewusst eine neue Entscheidung vorzunehmen. Dies ist hier der Zeitpunkt des Todes eines nahen Angehörigen. Die dabei getroffenen Entscheidungen und Gefühle werden wiederum Vorläufer bis in die frühe Kindheit haben. Diese sind aufzuspüren, um Korrekturen und neue Entscheidungen etwa in Richtung auf ein Weiterleben ohne den Verlorenen, auf das Eingehen einer neuen Partnerschaft ohne eine Kopie der alten anzustreben, auf ein inneres Abschließen und Umformen der alten Beziehung zu ermöglichen. Die Erlaubnis des Therapeuten kann dabei hilfreich eingesetzt werden. Im Wesentlichen geht es darum, dass die früher getroffenen Entscheidungen, etwa nie wieder zu heiraten, als in der damaligen Situation angemessen und sinnvoll anzusehen sind, dass sie aber seither beibehalten wurden, obwohl sich die Situation verändert hat, Handlungsspielräume größer geworden sind und Situationen aktiv verändert werden können. Insbesondere bei deutlich verlängerter Trauer bieten sich die genannten therapeutischen Vorgehensweisen an.

Die Überprüfung des Skripts durch Bewusstmachen ist ein zentrales Thema in der transaktionsanalytischen Therapie und gibt dem Klienten die Möglichkeit zur Veränderung in die Hand. Die konstituierenden Botschaften werden durch Erinnerungen, nochmaliges Durchleben von besonders eindrucksvollen Kindheitssituationen,

Erkennen besonders häufiger Redewendungen oder charakteristischer Verhaltensweisen der Eltern festgestellt. Bei Trauernden sind alle Botschaften der Eltern, die Tod und Trauer betreffen, der eigene Umgang der Eltern mit Trauersituationen, eventuell sogar die Verhaltensweisen der Großeltern bevorzugt zu eruieren. Vor diesem Hintergrund kann dann die aktuelle Trauersituation bearbeitet werden. Dies bietet die Möglichkeit, im Fall chronischer oder pathologischer Trauer das Ausmaß und die Dauer auf das erforderliche Maß zu reduzieren und familial tradierte Verzerrungen zu korrigieren. So wird jemand, der als Kind mit der Botschaft beider Eltern aufwuchs, das Leben sei ein einziges Jammertal, den Tod des eigenen Kindes als massivste Bestätigung seiner Eltern erleben. Er wird Schwierigkeiten haben, selbst nach längerer Trauer, sich wieder über seine anderen Kinder zu freuen und nicht in Resignation auf den eigenen Tod zu warten. Jemand anderes mit der Vorstellung, dass es im Leben immer wieder Täler gibt, diese aber nur vorübergehender Natur sind und nach der Nacht auch wieder die Sonne scheinen wird, wird in derselben Situation nach längerer Trauerphase entdecken, wie viel ihm noch geblieben ist und wie schön es ist, dass er wenigstens das noch hat.

Beispiel
Klient: Seit dem Selbstmord meines Vaters habe ich keinen Kontakt mehr zu meiner Mutter. Es ist, als ob ich ihr das übel nehmen würde. Er hatte sich immer eingebildet, sie betrüge ihn, lasse sich bei jeder Gelegenheit mit anderen Männern ein.
Therapeut: Sie haben das Gefühl, dass er recht hatte?
Klient: Nein, das nicht. Aber es ist, als ob er mit seinem Tod das so fest bestätigt hätte. Wenn jemand sich deswegen umbringt, dann muss es doch stimmen. Manchmal habe ich auch das Gefühl, ich müsste ihn rächen.
Therapeut: Könnte das etwas sein, was Ihr Vater von Ihnen verlangen würde?
Klient: Nun, er war sein ganzes Leben so hilflos, konnte sich nie zur Wehr setzen. Er hätte jemanden gebraucht, der ihm zur Seite steht. Wenn er früher immer spazieren gehen wollte nach der Arbeit und Mutter nicht

mitging, dann wollte er immer, dass ich mitgehe. Auch sonst, wenn er mit Mutter Streit hatte, machte er immer ironische Bemerkungen zu mir über sie. Ich glaube, er wollte auch nicht, dass ich mit Mutter allzu guten Kontakt hatte. Er kam selbst nicht mit ihr zurecht und hatte Angst davor, dass jemand anderes mit ihr besser klarkommt.
Therapeut: Dann tun Sie ihm jetzt sozusagen einen letzten Gefallen, indem Sie den Kontakt zur Mutter abgebrochen haben.
Klient: Nicht nur die Mutter, ich habe das Gefühl, als ob ich seitdem auch mit meiner Frau mehr streite als früher.
Therapeut: Es ist, als hätte er Ihnen gesagt, dass Sie sich von allen Frauen fernhalten sollen, weil die einen sowieso nur betrügen.
Klient: Ja, das hat er wohl immer so gedacht.
Therapeut: Gesagt auch?
Klient: Nein, das habe ich nie so erlebt, aber in Bezug auf die Mutter immer und ich muss das wohl schon als Kind so verallgemeinert haben. Ich erinnere mich, da war ich vielleicht vier Jahre und es kam ein mir nicht bekannter Mann zu uns. Mutter ging mit ihm ins Büro des Vaters, der gerade nicht da war, ich durfte nicht mit. Ich hatte damals vermutet, das weiß ich noch wie heute, dass die da etwas miteinander haben.
Therapeut: Und wie sehen Sie das heute?
Klient: Ich habe viel später erfahren, dass es meinem Vater beruflich schlecht ging, der Mann war von einer Zeitungsagentur, weil meine Eltern eine Annonce für eine neue Stelle für ihn aufgeben wollten.
Therapeut: Ihr Vater hat Ihnen mit auf den Weg gegeben: Misstraue allen Frauen, sie gehen mit jedem ins Bett, der zur Verfügung steht. Ihr Beispiel zeigt, er hatte nicht recht. Vielleicht sollten Sie sich jetzt von ihm und dieser Botschaft verabschieden. Sie müssen nicht ihm zuliebe seine Probleme für ihn austragen, egal wie lieb Sie ihn auch hatten und noch haben. Sie dürfen mit Ihrer Mutter zurechtkommen und sie lieben. Und Sie müssen nicht dem Vater zuliebe auch Ihre Ehe belasten. Das ist keine günstige Botschaft. Ihr Vater hat Ihnen eine Menge Erfreuliches mitgegeben, allem voran Ihr Leben, aber er hat kein Recht, von Ihnen zu verlangen, dass Sie Frauen gegenüber so misstrauisch sind und auf so viel Spaß mit ihnen verzichten, wie er das getan hat.

Klient: Ja, aber das sitzt so in mir drin, ich weiß nicht recht, wie ich das loswerden soll.
Therapeut: Hören Sie mir jetzt gut zu: Ich erlaube Ihnen, Ihre Mutter zu mögen. Ich erlaube Ihnen, Ihrer Mutter und Ihrer Frau zu vertrauen. Sie wissen genau, dass Ihr Vater sich um viele schöne Erlebnisse mit seinem Misstrauen gebracht hat. Sie dürfen heute davon Abstand nehmen. Diesen Teil von ihm sollten Sie wirklich endgültig beerdigen. Ihr Vater mag Ihnen gesagt haben, Sie müssen misstrauen. Ich sage Ihnen: Vertrauen Sie anderen Leuten!

Unter äußerem Druck zustande gekommene Brüche im Lebenslauf oder Deformierungen früherer Wünsche werden durch Erinnerung an spontane Kindheitsreaktionen und -interessen deutlich. Sie bieten die Möglichkeit, an den Punkten der Unterbrechung wieder anzusetzen.

Die noch zu besprechende »Transitional Familiy Therapy« (Familienübergangstherapie) erstellt Landkarten von familialen Entwicklungen und den jeweiligen Übergängen zwischen Lebensabschnitten, basierend auf der Skriptanalyse unter besonderer Betonung des Mehrgenerationenaspekts.

Die Aufdeckung der Lieblingsgefühle bietet ebenso wie die Analyse von »Spielen« die Möglichkeit, verhängnisvolle Fallen und Erwartungen zu korrigieren, die im Fall der Trauer in der Regel in Richtung auf Verlassenwerden, Ausgenutztwerden und Traurigsein gehen.

Beispiel
Klient: Seit Kurzem habe ich eine neue Freundin, aber ich habe dauernd Angst, dass sie mich so verlässt wie Renate.
Therapeut: Was ist das für ein Gefühl?
Klient: So als ob mich keiner leiden kann. Als ob ich etwas an mir hätte, so wie die Pest.
Therapeut: Woher kennen Sie das Gefühl noch?
Klient: Schon früher, wenn Kinder zusammen spielten, war ich immer

ausgeschlossen. Ich stand immer abseits und keiner sagte, dass ich mitspielen sollte.
Therapeut: Und gefragt haben Sie nicht?
Klient: Das hätte ich mich nie getraut. Ich war mir auch immer sicher, dass die nein gesagt hätten.
Therapeut: Wie haben Ihre Eltern darauf reagiert? Hatten die Ihnen gesagt, dass Sie nicht mitspielen sollen oder dass man Sie nicht leiden kann?
Klient: Nein, eigentlich nicht, aber meine Mutter kam dann immer mit einer Tafel Schokolade.
Therapeut: So war das Gefühl, allein zu sein, etwas, das erlaubt war, für das Sie sogar noch etwas bekamen. Wenn Sie mitgespielt hätten, hätten Sie nichts bekommen.
Klient: So habe ich das noch nicht gesehen.

Psychoanalyse

Da die Vertreter der Individualpsychologie, der analytischen Psychotherapie Jungs und der Neoanalyse Schultz-Henckes ihre Schulen als selbständige Therapierichtungen sehen, handele ich sie in eigenen Kapiteln ab.

Freud wurde am 6.5.1856 in Freiberg in Mähren geboren. Den größten Teil seines Berufslebens verbrachte er in Wien. Nach Versuchen, hysterische Symptome mit Hypnosetherapie zu heilen, arbeitete er mit freier Assoziation und begann mit der Entwicklung der Psychoanalyse. 1938 emigrierte er mit seiner Tochter Anna nach London, wo er am 23.9.1939 starb.

Unter Psychoanalyse werden zwei sehr verschiedene Konstrukte verstanden, die keineswegs miteinander verknüpft werden müssen: zum einen die Theorie der Psychoanalyse, eines allgemeinen Modells für die Erklärung menschlichen Erlebens und Verhaltens, insbesondere für die Entstehung von Neurosen, zum anderen aber auch eine klar definierte psychotherapeutische Vorgehensweise.

Die Psychoanalyse (vgl. Toman 1970) beschäftigt sich mit Motiven, die als bewusst, vorbewusst (im Augenblick nicht bewusst, aber jederzeit erinnerbar) und unbewusst (nur mit Schwierigkeiten erinnerbar) vorgestellt werden. Werden Motive, die bisher zu befriedigen waren, über eine lange Zeit nicht befriedigt, so entsteht Angst. Um diese zu vermeiden, wird das betreffende Motiv ins Unbewusste abgedrängt, es kann in Zukunft nicht mehr problemlos bewusst werden, selbst wenn das Befriedigungsobjekt wieder zur Verfügung steht. Im Gegenteil: In diesem Fall würde erneut Angst auftreten, sogenannte Signalangst, die verhindern soll, dass die zuletzt gemachten schmerzhaften Erfahrungen wiederholt werden müssen. Um den Prozess des Entzugs der bewussten Kontrolle über ein Motiv zu bewerkstelligen, stehen sogenannte Abwehrmechanismen zur Verfügung. Der geläufigste ist die Verdrängung, die ganz allgemein als Ersatz eines Motivs durch ein neues bezeichnet werden kann. Andere Abwehrmechanismen wären etwa Identifikation, Projektion, Reaktionsbildung, Rationalisierung, Regression und Sublimierung. Bei der Identifikation ersetzt eine Person eigene Motivbereiche durch die einer anderen Person. Geht es um einzelne Motive, spricht man eher von Introjektion.

Wenn ein kleines Mädchen ihre Mutter bittet, mit ihr zusammen mit Puppen zu spielen, diese aber ablehnt, weil sie gerade kochen muss, dann könnte das Mädchen sich einen Topf, Wasser und einige Lebensmittel besorgen, sich an seinen Puppenherd zurückziehen und auch kochen. Sie hätte also das Motiv der Mutter introjiziert und damit ihr im Augenblick nicht befriedigbares Motiv abgewehrt. Bei der Projektion wird ein eigenes Motiv in die Außenwelt verlegt und dort wahrgenommen. Die Ehefrau, die gern einmal mit einem anderen Mann als ihrem eigenen schlafen würde, verdächtigt die harmlose Nachbarin und reagiert dort ihre Strafmotive ab. Bei der Reaktionsbildung wird ein Motiv durch ein extrem entgegengesetztes ersetzt, etwa das, sich schmutzig machen zu wollen, durch extreme Sauberkeit.

Die Rationalisierung ersetzt nicht das Motiv, aber die Begründung, die jemand für ein Motiv selbst sieht. Jemand schlägt sein Kind, weil er sich ärgert, redet sich aber ein, dass dies eine pädagogisch wertvolle Maßnahme sei. Bei der Regression springt für ein in der

Entwicklung der Person später aufgetretenes Motiv ein früheres ein. Jemand, der in einer Beziehungskrise steckt, seine sexuellen und Liebesmotive nicht befriedigen kann, fängt womöglich an, intensiv orale Bedürfnisse auszuleben, etwa viel zu essen oder verstärkt zu rauchen.

Die Sublimierung ersetzt ein Motiv durch ein kulturell wertvolleres. Als Chopin in Paris von der Besetzung seines Heimatlandes Polen durch Russland erfuhr, zerschlug er nicht Porzellan, meldete sich auch nicht an die Front, sondern setzte sich ans Klavier und komponierte die Revolutionsetüde. Die Summe der Motive, die bewusster Kontrolle unterliegen, sowie die Fähigkeiten, die für die Anpassung von Motiven und Befriedigungsgelegenheiten in der Realität zuständig sind, wie Intelligenz, Gedächtnis, Wahrnehmung, werden als Ich bezeichnet. Die unbewussten Motive sind das System des Es, und den Bereich der von der sozialen Umwelt übernommenen Motive stellt das Über-Ich dar.

Die Energie, die fortgesetzt in die Motive fließt, ist die Libido. Sie ist eine personelle Konstante. Im Laufe der Kindheit fließt sie jeweils überwiegend in unterschiedliche Motivsysteme. Das erste System stellen die oralen Motive dar, die um die Nahrungsaufnahme kreisen, aber auch alle mit der Stillsituation verbundenen Motive einschließen, Wiegen des Kindes, mit ihm reden, zärtlich sein. Die orale Phase umfasst etwa das erste Lebensjahr. Viele Autoren teilen sie noch in eine frühe und späte orale Phase und machen die Zäsur beim Zahnen und dem damit in der Regel verbundenen Abstillen etwa zwischen vier und sechs Monaten. Im zweiten und dritten Lebensjahr fließt die Libido in den Bereich der Machtmotive, die sich in unserer Kultur vorwiegend an der Sauberkeitserziehung konkretisieren. Das Kind setzt sich mit seiner Umwelt auseinander, entdeckt seine Aggressivität und seinen eigenen Willen. In langen Auseinandersetzungen mit den Eltern lernt es, seine eigene Macht und die der Eltern realistisch einzuschätzen, wie und wann es sich durchsetzen kann und wie und wann nicht. Auch hier unterscheiden die meisten Autoren die frühe anale Phase im zweiten und die späte im dritten Lebensjahr.

Es folgt bis zum Ende des sechsten Lebensjahrs die ödipale Phase, in der erstmals sexuelle Motive auftauchen. Sie richten sich auf den gegengeschlechtlichen Elternteil und führen naturgemäß zum Konflikt mit dem gleichgeschlechtlichen. Gegen Ende der Phase gelingt es dem Kind, durch Identifikation mit dem gleichgeschlechtlichen Elternteil auf seine Wünsche zu verzichten. Indem es sich identifiziert, kann es das Gefühl haben, an den Befriedigungen seines Rivalen/ seiner Rivalin teilzuhaben.

Es folgt die Latenzphase, in der anale Motive wie Werken und Konstruieren wieder in den Vordergrund rücken. In der folgenden Pubertätszeit brechen die sexuellen Motive erneut auf, richten sich aber nun von Anfang an auf Personen außerhalb der Familie. Für Freud ist mit der folgenden genitalen Phase, in der die reife liebende Beziehung sich ausprägt, die Entwicklung abgeschlossen.

Die Psychoanalyse führt nicht nur Neurosen und Psychosen auf Traumata[1] und Verdrängung von Motiven in der frühen Kindheit zurück, sie ordnet den einzelnen Phasen jeweils auch charakteristische psychopathologische Syndrome zu. Die frühe orale Phase, in der noch kein Personobjekt für das Kind existiert, dementsprechend auch noch keine gefühlsmäßige Beziehung, stellt den Entwicklungsstand dar, auf den schizophrene Personen fixiert oder auf den sie regrediert sind. In der späten oralen Phase ist die größte Bedrohung für das Kind, dass das gerade entwickelte Personobjekt verloren gehen könnte. Dies würde zu Depression und Schuldgefühlen wegen der vermuteten Zerstörung des Liebesobjekts führen. Die Projektion der noch recht primitiven aggressiven und manipulativen Motive der frühen analen Phase führt zu Ängsten, zerstört, ermordet, verfolgt zu werden, was die Herausnahme der Paranoia aus dem schizophrenen Formenkreis in der psychoanalytischen Theorie zur Folge hat. Die Verdrängung milderer Formen von Aggression und Macht und die Reaktionsbildung hierauf führt zu extrem ordentlichen und angepassten Persönlichkeiten, die man im pathologischen Extrem als

---

1 In der Theorieentwicklung bei Freud geht es zunächst um reale, dann um fantasierte und in neuesten Entwicklungen der Psychoanalyse auch wieder um reale Traumata.

Zwangsneurose kennt. Ödipale Fixierung oder Regression auf diese Phase bedeuten lebenslanges Gebundenbleiben an den gegengeschlechtlichen Elternteil, Schwierigkeiten mit heterosexuellen Beziehungen, Verdrängung von Sexualität und Rollenunsicherheit, also all das, was wir als Hysterie bezeichneten.

Psychoanalyse als *Psychotherapieverfahren* hat als Hauptziel, unbewusste Motive bewusst zu machen und ins Erleben zurückzuholen. Freud drückt dies als größer werdende Kontrolle des Ich über das Es aus. Die Deutung von Träumen ist hierbei eine wesentliche Hilfe, wenngleich nicht der einzige Weg. Freud unterscheidet den manifesten vom latenten Trauminhalt. Der manifeste stellt den Inhalt dar, den der Träumer erzählt. Der latente ist der unbewusste Wunsch, der sich hinter jedem Traum verbirgt und durch Erinnerungen an Ereignisse des Vortags und Kindheitserinnerungen zum manifesten Traum geschmiedet wird. Verdichtungen und Verschiebungen bewirken, dass der latente Trauminhalt für das kontrollierende Ich nicht klar erkennbar ist und nicht bedrohlich wirkt. Verdichtungen sind das Zusammenziehen mehrerer unbewusster Inhalte zu einem manifesten Inhalt, Verschiebungen der Ersatz eines Objekts durch ein anderes, ein Symbol für etwas, das der Träumer sich bewusst nicht eingestehen will. Symbole sind nicht immer gleich, können für jeden Träumer etwas anderes bedeuten. Überhaupt ist der Inhalt eines Traums erst aus der Kenntnis der Lebensgeschichte, der aktuellen Lebensumstände und der freien Einfälle (Assoziationen) zu den einzelnen manifesten Trauminhalten zu entschlüsseln.

Eine frühere Klientin von mir träumte, sie sei an der Chinesischen Mauer, viele Leute liefen zusammen. Alle raunten sich zu, der Kaiser von China komme zu Besuch, waren ganz aufgeregt und freuten sich. Nach einiger Zeit verliefen sie sich und es hieß, der Kaiser komme doch nicht. Alle waren traurig. Der Klientin fiel zu dem Traum Folgendes ein: Nachdem sie sehr viele wechselnde Männerbekanntschaften gehabt hatte, war sie seit einem halben Jahr mit einem jungen italienischen Gastarbeiter zusammen, von dem ihre Eltern meinten, er sei ganz unter ihrer Würde. Sie verstand sich aber sehr gut mit ihm. Vor kurzem merkte sie, dass sie von ihm schwanger war. Nach heftigen Gefühlsschwankungen entschloss sie sich zum Abbruch der Schwangerschaft. Die Botschaft des Traums ist nur auf diesem Hintergrund verständlich: Sie hatte sich auf ein Kind gefreut (verdrängter Wunsch), wollte es schätzen und verwöhnen wie den Kaiser von China (Verschiebung), und sie ist traurig, dass daraus nichts wurde.

Wesentliche Momente der psychoanalytischen Therapie sind

- *die Bewusstmachung unbewusster Erlebnisinhalte;*
- *die Grundregel:* Der Klient soll alles aussprechen, was ihm in der Therapie einfällt, gleichgültig wie belastend, peinlich oder unpassend ihm dies vorkommt. Da gerade solche Inhalte näher am Unbewussten sind, wäre ihr längeres Verschweigen eher hinderlich für die Therapie. Dennoch ist jedem Analytiker klar, dass die Einhaltung der Grundregel ein Idealzustand ist, dem man sich annähern sollte, und sie eher gegen Ende einer Therapie möglich ist als zu Beginn.
- Die *Abstinenz:* Diese Regel besagt, dass der Therapeut sich aller wertenden Eingriffe gegenüber dem Klienten enthalten sollte. Er soll nicht verbieten, keine Ratschläge geben, nicht aktiv helfen, ihm keine Entscheidungen abnehmen, ja nicht einmal bei der einen Erzählung des Klienten zustimmend lächeln, bei einem anderen Thema eher die Stirn runzeln. Der Grund dafür ist, die eigene Entwicklung des Klienten zu fördern. Ferner sollen durch die Abstinenz des Therapeuten gefühlsmäßige Übertragungen auf den Therapeuten gefördert werden, deren Erkennung und Bearbeitung ein wesentliches Moment im Therapieprozess darstellen. Die Abstinenz ist von einigen Therapeuten jedoch so betont worden, dass sie – unabhängig von kindlichen Übertragungen – ganz real als kalt und unverständlich erlebt wurde, weshalb diese Regel heute von den meisten Therapeuten eher vorsichtig gehandhabt wird. Das gilt auch für die damit verbundene Sitzordnung des Therapeuten schräg hinter dem auf der Couch

liegenden Klienten, was inzwischen oft durch ein Gegenübersitzen ersetzt wird. Die Haltung des Therapeuten wird als gleichmäßig wohlwollend beschrieben.
- Die *gleichschwebende Aufmerksamkeit:* Sie hängt mit der Forderung zusammen, nicht lenkend auf den Klienten einzuwirken, und besagt, dass der Therapeut sich allen Themen, die der Klient einbringt, gleichmäßig zuwenden soll. In meiner früheren Tätigkeit als Leiter einer Beratungsstelle hatte ich einen depressiven Klienten in Therapie, der beim Träger der Beratungsstelle aufgestiegen war. Natürlich erzählte er in der Therapiestunde gelegentlich aus seiner Tätigkeit. Und natürlich lag die Gefahr nahe, ihn hierzu aus Eigeninteresse besonders intensiv zu befragen und ihn länger als nur beiläufig, wie es seine Absicht war, bei diesem Thema aufzuhalten. Da aber sein Problem, das ihn immer wieder beschäftigte, die Beziehung zu seiner Frau war, hätte ich damit die Bearbeitung seiner Probleme zugunsten der Bearbeitung meiner behindert, ihn an weiterer Selbsterkenntnis und Selbstentfaltung eher gehindert als diese zugelassen.
- Die *Übertragung* und die *Gegenübertragung:* Durch das Verhalten des Therapeuten und das Gespräch auch über frühkindliche Situationen werden Gefühle beim Klienten wach, die grundlegende, früh erworbene Einstellungen widerspiegeln. Diese werden auf den Therapeuten übertragen und bieten die Möglichkeit, sie deshalb besonders effektiv auf ihre Berechtigung zu überprüfen, weil der Therapeut als Person weitgehend im Hintergrund bleibt. So werden auch ihre Auswirkungen deutlich, da der Therapeut nicht direkt reagiert und damit auffällt, welche Reaktionen in der therapeutischen Situation vermisst und als Regelfall erwartet werden. Ähnlich können aber auch im Therapeuten Gefühle wach werden, die auf den Klienten übertragen werden. Damit sie sich nicht auf den Prozess behindernd auswirken, muss der Therapeut seine Gegenübertragungen kontrollieren können. Das setzt voraus, dass er sie kennt, wozu die eigene Lehranalyse dient. Auch bei vielen anderen Verfahren ist die Selbsterfahrung

des Therapeuten eine wesentliche Voraussetzung. Sollte sich die Gegenübertragung bei einer Therapie nicht kontrollieren lassen, dann ist die Teilnahme an einer Supervision der naheliegendste Weg. Sollte Supervision nichts bewirken, was hoffentlich nicht allzu oft vorkommt, so sollte der Therapeut hierüber offen mit seinem Klienten sprechen und ihm unter Hinweis auf seine Gegenübertragung bei der Suche nach einem in diesem Fall geeigneteren Therapeuten helfen.

Ein sonst erfolgreicher Kollege hatte eine Klientin, die so provozierend auf ihn wirkte, dass er sich nach einigen Wochen Therapie schon bei ihrem bloßen Anblick ärgerte. In der Supervision wurde ihm zwar deutlich, dass sie ihn an seine ältere Schwester und deren sadistische Verhaltensweisen ihm gegenüber erinnerte; aber es schien nicht möglich, diese Gefühle so zu entschärfen, dass die Therapie mit dem für die Klientin gewünschten Erfolg weitergehen konnte. So erklärte er seiner Klientin, seine Gefühle bezüglich der Person, an die sie ihn erinnert, in ihrem Fall nicht so weit bearbeitet zu haben, dass ihre Zusammenarbeit unbeeinträchtigt sei. Dies sei zwar sein Problem und in diesem Fall auch eine berufliche Unzulänglichkeit, ließe sich aber nicht mit der Schnelligkeit und Konsequenz bereinigen, dass sie sich fair und angemessen behandelt fühlen könne. Ein anderer Kollege hatte mit ihr danach keine Probleme.

Gelso et al. (2002) untersuchten, wie sich der Umgang mit der eigenen Gegenübertragung durch Therapeuten auf das Therapieergebnis auswirkt. Hierzu füllten Supervisoren einen Fragebogen (CFI = Countertransference Factors Inventory) für ihre Supervisanden aus. Das Therapieergebnis wurde von den Supervisoren und den Therapeuten für jede Therapie geratet. Von den fünf Faktoren bezüglich des Umgangs der Therapeuten mit ihrer Gegenübertragung (Selbsteinsicht, Selbstintegration, Umgang mit Angst, Empathie und Fähigkeit zur Konzeptbildung) korrelierten der Gesamtscore und die Subskalen »Umgang mit Angst« und »Fähigkeit zur Konzeptbildung« sowohl positiv mit den Therapeuten- als auch mit den Supervisoreneinschätzungen. Die Selbstintegrationsskala war mit dem Therapeuten-, nicht aber mit dem Supervisorenrating positiv korreliert. Der Umgang mit der Gegenübertragung durch die Therapeuten schien also ein wesentliches Moment für den Therapieerfolg zu sein. Noch eindrucksvoller demonstrieren drei neuere Metaanalysen von Hayes, Gelso und Hummel (2011) den Zusammenhang zwischen Übertragung, Gegenübertragung und Bearbeitung der Gegenübertragung in der Supervision: Zunächst zeigte sich, dass sich die Gegenübertragung moderat, aber negativ auf das Ergebnis von Therapien auswirkt. Die Bearbeitung der Gegenübertragung in der Supervision hat allerdings keine Veränderung der Gegenübertragung zur Folge, jedoch einen verbessernden Einfluss auf das Therapieergebnis. Das bedeutet, dass Supervision nicht verändert, wie (vorurteilshaft) der Therapeut seinen Klienten erlebt, sondern nur dazu führt, dass der Therapeut sich seiner Einstellungen in der Therapie bewusster ist. Dies allein führt allerdings dann schon zu einem bedeutend besseren Therapieresultat.

- Der *Widerstand:* Da die Angst installiert wurde, um vor dem Bewusstwerden schmerzhafter Erinnerungen zu schützen, löst das fortgesetzte Angehen unbewusster Erlebnisinhalte in der Therapie wiederum Angst aus. Diese wird als Fluchttendenz sichtbar, sei es, dass der Klient die Therapiestunde vergisst, zu spät kommt, ihm nichts einfällt, er sich gegen Interventionen des Therapeuten heftig zur Wehr setzt oder die Therapie abbrechen will. Berechtigten Unwillen hat es in der Diskussion um das Vorgehen in der Therapie ausgelöst, dass Fehlverhaltensweisen des Therapeuten jederzeit zwar möglich sind, von diesem aber immer als Widerstand gedeutet werden können. Eine partnerschaftliche Beziehung, bei der der Therapeut seine Bedürfnisse nach Überlegenheit nicht starr und rechthaberisch zu Lasten des Klienten auslebt, ist in der Lage, solche Probleme zu entschärfen.
- Die *Interpretation:* Sollten sich Zusammenhänge und unbewusste Motive sehr deutlich abzeichnen, dann bietet es sich an, sie

deutend stärker ins Bewusstsein zu heben. Deutungen müssen jedoch immer nahe an dem sein, was der Klient ohnedies schon selbst sehen und ohne Schwierigkeiten akzeptieren kann. So könnte etwa ein junger Mann erzählen, dass er gerade von seiner Freundin verlassen wurde und er sich ihr Motiv nicht erklären kann. Auf Nachfragen erwähnt er, dass auch die Bekanntschaft vorher einen ähnlichen Verlauf nahm, zwei weitere Beziehungen vorher auch. Auf seine Herkunftsfamilie angesprochen berichtet er, dass seine Mutter die Familie verließ, ohne dass der Vater sich dies recht erklären konnte. In dieser Situation könnte der Therapeut folgende Interpretation wagen: »Offensichtlich erleben Sie hier etwas Ähnliches wie Ihr Vater mit Ihrer Mutter.«

- Das *Durcharbeiten* und *affektive Nacherleben:* Eine Forderung Freuds ist, dass die Therapie sich nicht auf rationale Ergründung von Zusammenhängen beschränken dürfe, sondern die gefühlsmäßige Durcharbeitung von Kindheitstraumata und deren nochmaliges schmerzhaftes Erleben in der Therapie für die Gesundung erforderlich sind.

Erst spät hat die Psychoanalyse es für notwendig erachtet, sich einer empirischen Überprüfung ihrer Effektivität zu stellen. Die mittlerweile vorliegenden Resultate können sich durchaus sehen lassen. Knekt et al. (2012) haben 326 ambulante psychiatrische Patienten mit Gefühls- oder Angststörungen nach Zufallsauswahl einer lösungsorientierten Therapiegruppe, einer psychodynamischen Kurzzeit- oder einer ebensolchen Langzeittherapiegruppe zugeteilt. Ebenso wurden 41 psychoanalytische Patienten untersucht. Es erfolgten Testungen zu Beginn und während der Therapie und während einer fünfjährigen Follow-up-Phase. Alle Behandlungsgruppen zeigten eine Verbesserung der psychiatrischen Symptome, der Arbeitsfähigkeit und der funktionellen Kapazität während der fünf Jahre Follow-up. Kurzzeittherapie war effektiver als Psychoanalyse während des ersten Jahres. Die Langzeittherapie war effektiver nach drei Jahren, Psychoanalyse am effektivsten nach fünf Jahren. Psychotherapie ist daher, so die Autoren, kurzfristig effektiver, langfristig jedoch Psychoanalyse. Diese biete daher einen besseren Schutz vor Rückfällen. In einer Metaanalyse kommen Leichsenring und Rabung (2011) auch in der korrigierten Fassung ebenfalls zu dem Ergebnis, dass bei komplexen Störungen Langzeittherapien Kurzzeittherapien überlegen seien.

Anwendung der Psychoanalyse auf Trauer: Fleming und Altschul (1994) bieten eine Reihe von Anregungen zur Anwendung der Psychoanalyse auf Trauerprozesse. Die Übertragung im Therapieverlauf biete die Möglichkeit zum Studium regressiver und integrativer Prozesse, die aus Kindheitsverlusten stammen. So könne der Bezug aktueller Gefühle, die in der Therapiesituation besonders sichtbar werden, zur Kindheitsentwicklung deutlich gemacht werden. Der Vergleich der heutigen Situation mit der damaligen kann zur Einsicht führen, dass dem Klienten heute mehr und andere Möglichkeiten zur Bewältigung der Verlustsituation zur Verfügung stehen. Er kann erkennen, dass es ihm als Kind nicht möglich war, sich nach einer Zeit der Trauer wieder eine neue Mutter zu suchen, er aber heute in der Lage ist, sich irgendwann wieder eine Partnerin zu suchen; auch die Art und das Ausmaß von Gefühlen können über die Zeit verglichen werden, etwa das Gefühl des Kindes, am Tod einer geliebten Person schuld gewesen zu sein, im Hinblick auf die Berechtigung dieses Gefühls in der gegenwärtigen Situation.

Die Leugnung der Realität tritt nach Fleming und Altschul (1994) in der Psychoanalyse Trauernder in zwei Formen auf: in der Negierung der Bedeutung des Analytikers (was heißt, dass keine Trauer vorhanden und deshalb kein Analytiker erforderlich ist) und in dem Versuch, mit ihm dieselbe Verlusterfahrung noch einmal zu erleben. Am Fallbeispiel einer trauernden Frau zeigen die Autoren, wie die Abwehr in Reaktion auf das Trennungstrauma und den Verlust den Aufbau der Übertragung in der Analyse verzögert und im Zusammenhang mit Ängsten und Gefühlen des Zurückgewiesenseins in einer neuen Beziehung die alten Gefühle und der Widerstand dagegen, sie zu erleben, wieder auftauchen. Schließlich aktivierte die Investition von Energie in die therapeutische Beziehung den Trauerprozess und alle verdrängten Erinnerungen. Erst nach der Trauer um die verlorenen Eltern war die Arbeit am aktuellen sexuellen Konflikt möglich. Wachstum und Veränderung wurden dann mit der Einsicht in die Abwehrmechanismen erreicht. Bei Beendigung der Analyse erfolgt das nochmalige Durchleben des Trennungsschmerzes.

An für die Therapie problematischen Gegenübertragungen des Therapeuten könnten Ungeduld auftreten, wenn der Klient sich aus Angst vor Verlust nicht auf die therapeutische Beziehung einlassen will, und Unverständnis gegenüber Aggressionen, die den nochmaligen Trennungsschmerz vermeiden sollen.

In der Situation einsamer Verwitweter liegt es nahe, dass sie den Therapeuten gelegentlich als möglichen realen Partner ins Auge fassen. Schließlich bietet er das, was in der neuen Situation schmerzlich vermisst wird: intensiven Kontakt und Zuhören. Therapeuten, die nicht in gefestigten Beziehungen leben, sind daher in der Trauertherapie besonders gefährdet und sollten sie bis zu einer Änderung ihrer Situation eher meiden. Ein in dieser Situation unbefangener Therapeut kann die Übertragung und die Versuche, ihn zum Ersatzpartner zu machen, nutzen, um mit dem Klienten die Möglichkeiten und die Gestaltung einer solchen Beziehung in der Fantasie durchzuspielen. Nach genügender Trauerzeit kann er die Fantasien allmählich in Richtung auf reale Objekte außerhalb der Therapie umlenken, Erwartungen korrigieren und Tendenzen zu inadäquaten Partnerwahlen, die nur der Wiederholung von Verlusten dienen, gemeinsam mit dem Klienten hinterfragen.

Manche Abläufe in der Trauertherapie und Reaktionen auf den Therapeuten werden erst dann verständlich, wenn der Therapeut berücksichtigt, dass der Klient unter Umständen mit einem irrealen und nie erfüllbaren Wunsch in die Therapie kommt: Der Therapeut möge ihm die verlorene Person zurückgeben. Die Erkenntnis, dass der Therapeut dies nicht tun kann, stellt eine kritische Phase in jeder Trauertherapie dar (Volkan u. Josephthal 1994).

Bei pathologischer Trauer sind charakteristische Träume und Verläufe solcher Träume während der Therapie zu finden. Die Trauernden bezeichnen sie als eingefrorene Träume (Volkan u. Josephthal 1994). In ihnen ist der Tote in einen Kampf um Leben und Tod verstrickt. Sein Körper bleibt in den Träumen unverändert, während er sich normalerweise langsam in Richtung der toten Gestalt verändert.

Reynolds (1996) weist darauf hin, dass Alpträume zur Verhinderung von Trauer dienen können, da sie Angst auslösen und der Klient so an die entscheidenden Aspekte seiner Trauer nicht herankommt. Sie tauchen immer dann auf, wenn in der Therapie der Verlust in der Tiefe erinnert wird. Die Autorin empfiehlt hier, direktiver vorzugehen (behavioural exposure technique), den Klienten zum Finden der symbolischen Bedeutung der Traumbilder anzuhalten und etwa Zeichnungen anfertigen zu lassen. Danach seien weniger direktive Beratungssitzungen möglich.

Insgesamt scheint sich im psychoanalytischen Umgang mit Trauernden eine für die Methode sonst eher unübliche Direktivität bewährt zu haben, da auch die meisten auf Trauernde zugeschnittenen Modifikationen der Psychoanalyse so vorgehen (so z. B. die Regrief Therapy von Volkan, vgl. Volkan u. Josephthal 1994).

Die folgenden Fallbeispiele entstammen selbst durchgeführten Therapien oder Beratungen durch Ausbildungskandidaten.

Beispiel 1
Die Klientin erzählt von Angstzuständen, die sich erheblich verschlimmert haben, als ihr Freund sie vor einem Jahr verlassen hat.
Klientin: Ich kann nirgendwo mehr hingehen, zittere immer, wenn ich zum Beispiel auf der Sparkasse unterschreiben soll, das geht einfach nicht.
Therapeut: War das früher schon einmal?
Klientin: Ja eigentlich schon, eigentlich immer schon. In der Schule, wenn was zu schreiben war, hatte ich auch Probleme, hatte immer Angst, dass ich alles falsch mache. Die anderen Kinder lachten und sagten zur Lehrerin, warum zittert die denn so.
Therapeut: Also war das nicht erst, als der Freund Sie verlassen hat?

Klientin: Da wurde es erheblich schlimmer. Ich glaube, ganz angefangen hat das alles mit sechs Jahren.
Therapeut: Als Sie eingeschult wurden?
Klientin: Ja, und da war auch der Tod meines Vaters. Ich habe ihn so vermisst. Mein Vater hatte einen schweren Autounfall, das war so schlimm für mich.
Therapeut: Erinnern Sie sich noch?
Klientin: Nur vage, weiß nur, dass Mama immer weinte. Ich wollte sie trösten, aber das ging nicht. War auch schwirig, ich mochte den Vater viel lieber als meine Mutter, konnte ich ihr aber doch nicht sagen.
Therapeut: Wie ist Ihre Beziehung heute?
Klientin: Ich wohne noch bei meiner Mutter, aber das geht nicht gut. Sie versucht mich immer an sich zu binden, da haben wir immer Streit. Wenn ich jemanden kennen lerne, hat sie immer gleich Angst, ich verlasse sie.
Therapeut: So dass es auch von daher schwirig ist, sich auf jemand anderen einzulassen?
Klientin: Das auch, aber ich habe auch das Problem, jemandem zu vertrauen. Immer wenn ich jemanden kennen lerne, denke ich gleich, der verlässt mich wieder. Das ist verrückt, ich habe jemanden noch gar nicht ganz kennen gelernt, da denke ich schon, der haut wieder ab.
Therapeut: Worauf führen Sie das zurück?
Klientin: Ich habe immer das Gefühl, dass das mit mir zusammenhängt. Irgendetwas habe ich an mir, das Männer abstößt. Es ist irgendwie mein Schicksal. Als meine Mutter mit mir schwanger war, ist ihr Vater gestorben, kurz nach meiner Geburt ein Onkel. Ich brauche nur aufzutauchen und schon nehmen die Männer reißaus (lächelt). Dabei versuche ich immer, es recht zu machen, vertrete kaum andere Meinungen, vermeide jede Auseinandersetzung und trotzdem …
Therapeut: Sie haben das Gefühl, eigentlich müsste man Sie besonders lieb haben, weil Sie so wenig Schwierigkeiten machen.
Klientin: Ich denke immer, ich bin so, dass mich wirklich keiner mehr verlassen kann. Ich habe jetzt schon Angst, mich überhaupt auf jemanden einzulassen. Da ist schon jemand, der mich gut findet, aber ich kann mich gar nicht darauf einlassen. Wenn der mir nahe kommt, laufe ich

weg. Mit Männern, die mir nichts bedeuten, komme ich gut klar. Da habe ich keine Angst.
Therapeut: Da können Sie auch so sein, wie Sie sind?
Klientin: Ja eigentlich schon. Ich glaube, ich will einfach nie wieder von jemandem verlassen werden, den ich mag. Ich will erst sicher sein, dass mich jemand nicht verlässt, bevor ich …
Therapeut: Und da ist auch noch die Mutter, die nicht will, dass Sie sie verlassen.
Klientin: Ich denke schon manchmal, die fesselt mich und da habe ich nur noch Lust, weg … Oh je …
Therapeut: Was ist?
Klientin: Das, was ich hier so erzähle, hört sich an, als ob das meine Mutter erzählt. Vielleicht ist das der Grund, warum andere von mir weg wollen. Ich binde sie auch zu stark. Ich will sie unbedingt halten und treibe sie gerade damit aus der Beziehung.
Therapeut: Könnte sein.

Beispiel 2
Ein 45-jähriger Mann wird von seiner Schwägerin angemeldet. Seit dem Suizid seines verwitweten Vaters vor einem halben Jahr, den er erhängt am Treppengeländer aufgefunden hat, leidet er selbst unter ihn ständig bedrängenden Suizidgedanken, die er vorher nicht kannte. Er ist verheiratet. Die Ehefrau kommt zum ersten Gespräch mit. In den ersten Sitzungen macht er seinem Vater heftige Vorwürfe, erzählt auch von seiner Kindheitssituation. Die Ehe der Eltern war von Eifersuchtsszenen des Vaters gekennzeichnet, der sich der beruflich erfolgreichen Mutter unterlegen fühlte. Besonders am Wochenende gab es heftige Streitigkeiten, bei denen die drei Söhne sich im Schlafzimmer unter der Bettdecke verkrochen und die Mutter nach einiger Zeit, um Prügeln des Vaters auszuweichen, auch dazukam. Im Lauf einer einjährigen Therapie entwickelte er die Vorstellung, er hätte eingreifen und die Mutter beschützen können, aber ebenfalls, dass die Streitigkeiten auch erotische Aspekte hatten. So hatte er einmal beobachtet, wie Vater und Mutter sich mit Äpfeln bewarfen. Das Ganze wirkte eher wie eine Plänkelei. Er schildert, dass er sich schwer wehren könne. Damit wird

immer mehr seine Ehe Thema. Seine sehr spontane Frau überfahre ihn des Öfteren im Gespräch. Dies führe zu stundenlangen Grübeleien bei ihm und spontan zur Idee, er müsse sich umbringen. Er habe das Gefühl, dies sei in seiner Ohnmacht etwas, womit er wieder das Gleichgewicht herstellen könne, weil seine Frau darauf mit heftigem Weinen reagiere.

Die Therapie nimmt immer mehr den Verlauf, dass er zunächst mit einer Liste von zu besprechenden Situationen, später spontan erzählend in die Therapie kommt und überlegt, was denn vorgefallen sei, wo er sich zu viel habe gefallen lassen, wenn seine Suizidgedanken auftauchen. Er findet in der Regel selbst Situationen, die er damit in Zusammenhang bringt. Zeitweilig kritisiert er den Therapeuten, weil dieser ihm nicht richtig einen Rat gebe, sondern immer nur den Ball zurückspiele. Dabei ergeben sich Situationen der folgenden Art: Er verlangt drängend eine Auskunft, wie das denn mit ihm weitergehe, ob das noch einmal besser werde, seine Suizidgedanken verschwinden würden. Die Antwort, was er denn meine, weist er zurück. Die erneute Frage, was er denn sagen würde, wenn er diese Frage auf dem Stuhl des Therapeuten beantworten sollte, beantwortet er mit: ›Junge, das wird schon wieder!‹ Dabei lacht er, erkennend, dass er wieder einmal sich selbst weiterhelfen konnte, wo er es von jemand anderem erwartete.

Heute spüre er keine Suizidgedanken mehr, gelegentlich aber heftige Wut, an der er dann selbst arbeitet. In großem Abstand von mehreren Monaten vereinbart er noch Termine, kommt dann aber oft nur, um zu erzählen, wie er einige Situationen analysiert und bearbeitet hat. Oft sei sein Gefühl, dass es ihm ganz gut tue, noch zu wissen, dass er notfalls kommen könne, aber als notwendig empfinde er es nicht.

Individualpsychologie

Ursprünglich ausgehend von Organminderwertigkeiten sieht Alfred Adler (1870–1937) bald die neurotische Problematik in einer inadäquaten Bewältigung des generellen Minderwertigkeitsgefühls. Als Möglichkeiten der Bewältigung stehen die direkte Kompensation (sehr gute Leistungen auf dem ursprünglich schwachen Gebiet), die indirekte Kompensation (sehr gute Leistungen auf einem anderen Gebiet) und die Flucht in die Krankheit (neurotische Arrangements zur Kompensation des Minderwertigkeitsgefühls und Erreichung bestimmter Ziele) zur Verfügung. Der entscheidende Antrieb hinter menschlichen Handlungen ist das Machtstreben.

Die individualpsychologische Therapie gliedert sich nach Alexandra Adler (1959) in drei Schritte:

(1) Der Therapeut sucht mit dem Klienten zusammen nach den inneren und äußeren Faktoren, die auf den Klienten eingewirkt haben, um ihn zu verstehen, sich in die Krankheitssituation einfühlen und einen Plan für das weitere Vorgehen entwerfen zu können. Die Lebensleitlinie (die Hauptziele, die jemand im Leben verfolgt) soll eruiert werden.

(2) Dem Klienten müssen die Regelmäßigkeiten in den Abläufen seines Lebens und deren Scheitern vor Augen geführt werden. Die ursprünglichen und gegenwärtigen Insuffizienzerlebnisse sollen wieder erlebt werden, und hinter dem Machtstreben sollen Furcht und Minderwertigkeitsgefühl sichtbar gemacht werden. In diesem Zusammenhang wird die Funktion der Symptome erörtert und soziales Interesse und Sinn für Geborgenheit in der Gemeinschaft geweckt. Kern der Therapie ist die Erweiterung der Kooperationsfähigkeit (Lehmkuhl u. Lehmkuhl 1998).

(3) Neue Wege und mehr an der Gemeinschaft orientierte Lebensstile sollen gefunden werden.

Wesentliche Momente sind Erinnern und Rekonstruktion sowie Durcharbeiten der »grundlegenden, nicht gelösten Strukturierungsprobleme des Lebensstils« (Lehmkuhl u. Lehmkuhl 1998, S. 82). Die Haltung des Therapeuten variiert von emotional zugewandt und partnerschaftlich (wenn der angespannte und/oder depressive Klient gestützt werden muss) bis zu lenkender Distanz (wenn der Klient noch über sich selbst getäuscht ist). Sie besteht über weite Strecken in der Suche nach dem idealen Punkt, an dem tief und wirkungsvoll ohne emotionale Kränkung interveniert werden kann.

Im Umgang mit *Trauerfällen* bedeutet dies, dass ausgelotet werden muss, welche Funktion im gesamten Konzept einer Person der aktuelle Verlust einnimmt, bei welcher Art von Versagens- und Minderwertigkeitsgefühlen er eintritt und eingeordnet wird. Dann sollte durch Ermutigung durch den Therapeuten daran gearbeitet werden, dass der Verlust nicht als Bestätigung bisheriger Misserfolge interpretiert wird und die Lebensleitlinie von der Betrachtung der eigenen Person weg auf soziales Engagement hin korrigiert wird. Für die Ermittlung der bisherigen Lebensleitlinie sind frühere Erlebnisse, insbesondere die erste Erinnerung, aber auch Träume von Nutzen. In der Therapie sollte auch darauf geachtet werden, dass sich gelegentlich in die Trauer neurotische Arrangements einschleichen, die aus dem Erlebten unbewusst Vorteil ziehen in Form des Bedauertwerdens, Sich-von-Aufgaben-Zurückziehens oder, etwa zur Machtausübung, andere mit der eigenen Notsituation für sich Einsetzens.

Analytische Psychotherapie

Die analytische Therapie C. G. Jungs (1875–1961) weicht theoretisch von der Freud'schen Psychoanalyse darin ab, dass die Libido allgemein als Energiequelle gesehen wird und nicht überwiegend als sexuelle, wobei man darüber streiten kann, ob Freud selbst diese Position je so ausschließlich vertreten hat. Neben dem individuellen Unbewussten konzipiert Jung das kollektive, in dem sich in Urbildern, sogenannten Archetypen, menschheitsgeschichtliche Erfahrungen niedergeschlagen haben. Der Traum ist für Jung Ausdruck künftiger Entwicklungsmöglichkeiten und nicht eines Kompromisses zwischen Ich und Es. Traumdeutungen finden auf der Objekt- und der Subjektstufe statt (Schmidbauer 1997). Auf der Objektstufe sind Objekte die Objekte der Realität, auf der Subjektstufe Repräsentationen der inneren Situation des Klienten. So ist etwa der Polizist auf der Objektstufe der vom Klienten verinnerlichte strenge Vater, auf der Subjektstufe das eigene strenge Gewissen des Klienten. Im Laufe der Therapie tritt die Vergangenheit in den Hintergrund, der aktuelle Konflikt und die prospektive Tendenz schieben sich in den Vordergrund.

Weit weniger abstinent als bei Freudianern beteiligt der jungianische Analytiker sich selbst mit Einfällen zu analytischen Themen, vor allem mit auf Archetypen hindeutendem mythischem, religiösem und ethnologischem Wissen. So trägt er zur Anreicherung (Amplifikation) des vom Klienten erzählten Materials bei. Ziel der Therapie ist die Individuation, die man als Finden des eigentlichen Selbst, als Wachstum und Selbstverwirklichung unabhängig von Rollen bezeichnen könnte. Sie erfolgt in der Auseinandersetzung mit unbewussten Bildern, etwa mit dem Schatten (persönliches Unbewusstes), mit Animus und Anima (Bild von Mann und Frau).

Die Jung'schen Vorstellungen für die *Trauerarbeit* zu nutzen bedeutet, den Tod nicht als individuelles Schicksal, sondern eingebettet in die Menschheitsentwicklung als Teil des Menschseins zu sehen. Das bedeutet auch, dass Klient und Therapeut Zeugnisse der Literatur, aus Mythen und Vorstellungen aus Religionen heranziehen, um den individuellen Tod religiös-philosophisch einzuordnen. Die schmerzhafte individuelle Erfahrung ist eher Ausgangspunkt für Reifung und weitere Selbstentfaltung als in anderen Therapien. In der Auseinandersetzung mit dem Toten spielen mehr das Bild von ihm und das Bild vom gegengeschlechtlichen Partner generell als seine reale Person eine Rolle.

Neopsychoanalyse

Die Neopsychoanalyse oder Neoanalyse ist durch eine deutliche Betonung der gegenwärtigen Situation des Klienten und die Beachtung der Auswirkung gesellschaftlicher Rahmenbedingungen gekennzeichnet. Der profilierteste deutsche Vertreter, Harald Schultz-Hencke (1893–1953), definiert eine Reihe von Kinderwünschen, deren Hemmung (Verdrängung) zu Lücken im Antriebsleben einerseits und zu Riesenansprüchen andererseits führt. Die gehemmten Antriebe tauchen jedoch stark entstellt als »Antriebssprengstück« im Symptom wieder auf.

So könnte etwa eine Ehefrau, die ständig auf ihre eigenen Interessen verzichtet, die eigenen Berufswünsche nicht weiterverfolgt und nur noch Kontakt mit den Bekannten ihres Mannes pflegt, ihre unterdrückte Aggression und ihr unterdrücktes Geltungsbedürfnis dadurch ausleben, dass sie sich so viele teure Möbel und Kleider wünscht, dass er dem nur mit Schwierigkeiten nachkommen kann.

Die Aufdeckung und Bearbeitung der Lücken durch vom Therapeuten eingebrachte Beispiele und das erneute Erleben des gehemmten Antriebs (Motivs) sind Kernstücke dieser neoanalytischen Therapie. Schultz-Hencke unterscheidet hinsichtlich der Entstehung von Neurosen verschiedene einer Hemmung unterliegende Antriebe (in der Reihenfolge des Auftretens in der kindlichen Entwicklung):

- intentionale Antriebe, die die Zuwendung zur Welt betreffen und bei Hemmung zu Konzentrationsschwierigkeiten, Rückzug, Autismus, Kontaktangst und Kontaktarmut führen;
- kaptative Antriebe, die die Fähigkeit betreffen, sich etwas zu nehmen, etwas zu verlangen, Wünsche zu verspüren. Hemmung entspräche demnach einem depressiven Zustand;
- retentive Antriebe, also die Fähigkeit, etwas zurückzuhalten, etwas zu verweigern. Hemmung entspräche demnach extremer Gefügigkeit;
- aggressiv-geltungsstrebendes Antriebserleben, die Fähigkeit, an etwas oder jemanden herangehen zu können und von sich und seinen Leistungen etwas zu halten. Hemmung entspräche geringer Aktivität und einem Minderwertigkeitsgefühl;
- sexuell-zärtliches Antriebserleben betrifft die Zuneigung zum anderen Geschlecht. Hemmung entspräche sexuellen Ängsten, Impotenz, generell Angst vor dem anderen Geschlecht.

Schultz-Hencke hat noch ein urethrales Antriebserleben konzipiert, das sich aus kindlichen Urinierwettbewerben ergeben soll, so etwas wie sexuellen Ehrgeiz widerspiegelt und zwischen dem viert- und dem fünftgenannten Antrieb liegt. Wegen der Nähe zu diesen beiden Antrieben kann man diese Konzeption für überflüssig halten.

Folgendes Beispiel veranschaulicht dies: Ein kaptativ gehemmtes Kind steht zur Weihnachtszeit vor einem prall gefüllten Schaufenster. Von der Mutter gefragt, was es sich wünsche, fällt ihm nichts ein (Lücke). Gleichzeitig erwartet es jedoch unbewusst, für seine Bescheidenheit reich belohnt zu werden, etwa nicht nur einen Wunsch, sondern gleich ganz viele erfüllt zu bekommen (Riesenanspruch).

In der *Trauertherapie* legt die Neoanalyse nahe, sich auf die gegenwärtige Trauersituation zu konzentrieren. Zu suchen ist nach den Motiven, für die der Verstorbene besonders von Bedeutung war und deren Hemmung durch seinen Tod vorübergehend notwendig geworden ist. Es geht aber auch um die Lücken, die im Leben einer Person generell und damit auch in der (verlorenen) Beziehung eine Rolle spielen. Zu vermuten ist, dass die Motive, deren Frustration besondere Trauer auslöst, solche sind, die für den Trauernden generell eher tabuisiert sind. Die Aufdeckung der hemmenden Situationen, von Situationen, in denen auf mehr als nötig verzichtet wird, des Zusammenhangs zwischen Hemmung und Symptomen und die Schilderung eigener oder fremder Erlebnisse, die die Hemmung lockern sollen, sind hier hilfreich. Auch das bloße Ansprechen der Möglichkeit, in einer bestimmten Situation beispielsweise zu widersprechen, kann das gehemmte Motiv schon ein Stück ins Bewusstsein zurückholen und bewirken, dass es in zukünftigen Situationen wenigstens erlebt wird.

Beispiel
Klient: Seitdem meine Frau gestorben ist, habe ich zu nichts mehr Lust. Ich habe kein Interesse mehr an anderen Leuten, schon gar nicht an Frauen. Meistens sitze ich zu Hause und grüble. Eigentlich denke ich manchmal, das Beste wäre, ich wäre auch tot.
Therapeut: Sie haben an gar nichts Interesse?
Klient: An gar nichts.
Therapeut: Und da ist niemand, der Sie interessiert, auch niemand, der an Ihnen Interesse hätte?

Klient: Nun, neulich einmal beim Einkaufen, da stand eine Frau an der Kasse vor mir. Sie hatte mich zum ersten Mal gesehen und sprach mich an. Ich hatte das Gefühl, die war auch allein. Aber so wie mit meiner Frau würde das ja sowieso nicht mehr werden.
Therapeut: Mit ihrer Frau war das sehr harmonisch und alles ohne Probleme?
Klient: Na ja, so ganz nicht. Da waren schon manchmal Differenzen. Wenn ich … Nun vielleicht stelle ich mir die Vergangenheit einfach zu ideal vor und traue mich deshalb nicht mehr, mich auf etwas Neues einzulassen. Vielleicht müsste ich einfach riskieren, mich wieder auf Auseinandersetzungen mit jemandem einzulassen, nicht von vornherein einen Idealzustand zu erwarten. Ja ich glaube, das ist es, ich möchte all die Schwierigkeiten und Anpassungsprozesse einfach überspringen, die man braucht, um zusammenzuwachsen.

Hier werden Lücke (kaptative und aggressive Gehemmtheit) und übermäßiger Anspruch gleichzeitig deutlich.

Katathym-imaginative Psychotherapie (KiP)

Das Verfahren wurde von Hanscarl Leuner (1919–1996) entwickelt und ist eine tiefenpsychologische Tagtraumtechnik, die an gefühlsmäßig gesteuerten, unbewussten innerlichen Bildern arbeitet. Es hat Ähnlichkeit mit Fantasiereisen. Der Therapeut gibt dem auf einer Couch liegenden Klienten Bilder zur Anregung vor, die je nach Intensität der ausgelösten Angst und Grad der Verdrängung der damit zusammenhängenden Motive in drei Stufen (Unter-, Mittel- und Oberstufe) eingeteilt werden. Beispiele für Unterstufenthemen sind eine Wiese oder ein Bach, für ein Oberstufenthema Sumpfloch oder Vulkan. Der Klient schildert und beschreibt diese Bilder in tief entspanntem Zustand. Der Therapeut begleitet dabei, leistet an ängstigenden Punkten Hilfestellung (z. B.: »Können Sie sich etwas vorstellen, das Ihnen in dieser Situation aus der Grube helfen könnte?«), animiert manchmal zu weiteren Erkundungen (z. B. über den Zaun der Wiese zu steigen), gibt thematische Anregungen oder bremst auch einmal an Stellen, die in einer Stunde noch schwer zu verarbeiten sein könnten. Das Vorgehen, auch eventuelle Interpretationen, erfolgen auf der Basis tiefenpsychologischer Theorien und erfordern vom Therapeuten eine subtile Kenntnis im Umgang mit Bildern und Symbolen. Die entstandenen Bilder werden anschließend im Gespräch auf ihre symbolische Bedeutung hin untersucht. So sollen frühkindliche Erfahrungen wieder erlebt werden und durch Korrekturen an den Emotionen, die in der Imagination und den tagtraumartigen Bildern eine Rolle spielen, Auswirkungen auf gegenwärtige Konfliktkonstellationen erreicht werden.

Das Verfahren dient dazu, sich in der Fantasie unbewusst und symbolisch in Bereiche vorzuwagen, die in der Realität viel zu bedrohlich wirken würden. So werden Hemmungen gelockert, neue Verhaltensweisen und Gefühle erprobt und Handlungsspielräume erweitert.

Bei *Trauernden* können der Fokus Trauer und das Thema Beziehung zur verlorenen Person genutzt werden, um in geschützter Atmosphäre sich mit dem Erlebten auseinanderzusetzen. Vorzugebende Bilder sind zu Beginn etwa die erste Begegnung, Heirat oder ein gemeinsamer Urlaub; in der mittleren Behandlungsphase eine längere Trennung, eigene Krankheit, Krankheit des Verstorbenen, seine (ihre) Lieblingsblumen, sein Lieblingsanzug (ihr Lieblingskleid); Aufenthalt im Ausland und in der Endphase könnte es das Sterbebett sein, die Beerdigung, allein an seinem Lieblingsplatz zu sein, ein Besuch auf dem Friedhof oder im Winter.

Beispiel für das Thema am Grab
Klientin: Ich stehe am Grab. Ich fühle mich wie tot, so leer, ich habe keine Gefühle mehr.
Therapeut: Können Sie beschreiben, wie das Grab aussieht, wie die Umgebung ist?
Klientin: Es ist eine Gruft, eine riesige schwere Platte deckt die Graböffnung zu. An der linken Wand ist ein Weihwasserbecken. Rechts und links sind andere Gräber.
Therapeut: Wohin schauen Sie?

Klientin: Nach links, da ist ein Grab mit frischen Blumen, Blumensträußen, vorne ist sehr viel Gras.
Therapeut: Was fühlen Sie? Was wollen Sie tun?
Klientin: Ich möchte zu dem anderen Grab gehen.
Therapeut: Tun Sie es!
Klientin: Ich weiß nicht, was mich da erwartet. Ich habe Angst, erschreckt zu werden, dass alles nicht so ist, wie es von Ferne aussieht.
Therapeut: Versuchen Sie es langsam. Wenn Sie etwas Unangenehmes entdecken, kommen Sie schnell zurück … Geht es?
Klientin: Ja, ich bin schon ziemlich nahe. Ich kann die Grabtafel sehen, aber nicht lesen, was darauf steht. Sie ist von den Blumen ganz bedeckt. Da sind auch Blumentöpfe. Es sind viel zu viele Blumen, sie verdecken ganz die Tafel.
Therapeut: Sollte man welche entfernen?
Klientin: Ja, aber nicht einfach wegtun. Am Grab meines Mannes sähen sie gut aus.
Therapeut: Versuchen Sie es.
Klientin: Ich traue mich nicht. Wenn mich jemand sieht.
Therapeut: Vielleicht können Sie fragen. Sehen Sie gar niemanden?
Klientin: Doch, da vorne ist eine alte Frau, sie sieht etwas verhärmt aus. Es ist scheinbar das Grab ihres Mannes.
Therapeut: Wie schaut sie Sie an? Können Sie es riskieren, sie zu fragen? Ich bleibe direkt hinter Ihnen.
Klientin: Gut, ich gehe zu ihr. Sie schaut mich so freundlich, aber traurig an. Ihr Mann ist schon länger tot. Sie ist schon ein bisschen drüber weg.
Therapeut: Fragen Sie sie!
Klientin: Sie nickt. Sie versteht, dass ich für meinen Mann etwas Gutes will und sie hat eh viel zu viele Blumen.

Die Klientin geht von der trostlosen Situation des Grabes ihres Mannes zum Grab eines anderen, das etwas lebendiger aussieht und der schon länger tot ist. Sie hat etwas Angst, ihre jetzige Situation zu verlassen. Diese Frau am anderen Grab könnte ebenfalls sie sein, aber so wie sie vielleicht demnächst sein wird, etwas weniger leer, ein bisschen aufgeschlossener für Lebendiges, etwas freundlicher zu Mitmenschen.

Gestalttherapie

Die Gestalttherapie wurde von Frederick Salomon (Fritz) Perls (1893–1970) und seiner ersten Frau Laura, genannt Lore (1906–1990), konzipiert. Fritz Perls studierte Medizin, absolvierte bei Karen Horney, Clara Happe und Wilhelm Reich seine Lehranalyse und kam als Assistent bei Goldstein mit der Gestaltpsychologie in Berührung. Er floh 1933 nach Holland, ging dann nach Südafrika und schließlich in die USA. Laura Perls hatte als Psychologin in Gestaltpsychologie promoviert.

Die theoretischen Grundlagen der Therapie resultieren aus der Gestaltpsychologie, der Psychoanalyse, dem Existentialismus, der Phänomenologie und dem Zen-Buddhismus. Die Gestaltpsychologie war um 1920 als Reaktion auf die Assoziationspsychologie entstanden. Während letztere menschliches Erleben als eine Kette von Assoziationen sah, entdeckte die Gestaltpsychologie, dass diese Assoziationen eine hierarchische Struktur aufweisen. In der Wahrnehmung ist ein Haufen mit Steinen nicht nur eine Ansammlung einzelner Steine, sondern hat darüber hinaus eine bestimmte Anordnung, Struktur, eine Beziehung der einzelnen Steine zueinander, also eine Gestalt, die zusätzlich zur Ansammlung individueller Steine hinzukommt und bewirkt, dass das Ganze mehr ist als die Summe seiner Teile. Die Gliederung wird daran sichtbar, dass im Erleben einige Aspekte, etwa beim Betrachten eines Bildes, für die Wahrnehmung im Vordergrund stehen, andere im Hintergrund, was mit den Kippfiguren besonders gut demonstriert werden kann. Je nach Einstellung des Betrachters fungiert dabei einmal der eine Teil einer Abbildung als Vordergrund, der andere als Hintergrund, und umgekehrt. Dass das Ganze mehr ist als die objektiv gegebene Wahrnehmungsgrundlage, zeigt sich auch an der Tendenz zur Schließung von Gestalten. Beim raschen Betrachten eines nicht ganz geschlossenen Kreises wird die Lücke nicht wahrgenommen, sondern automatisch ergänzt. Diese Tendenzen sind nicht willentlich kontrollierbar, auch nur begrenzt beeinflussbar. Sie entspringen der Selbstregulierungs- und Selbstaktualisierungstendenz.

Die in der Wahrnehmung nachgewiesenen Gesetzmäßigkeiten gelten auch für Gedächtnisleistungen, das Erleben allgemein und Handlungssequenzen.

Für die Therapie folgt daraus, dass Prozesse des Wachstums und der Reifung durch Beseitigung von Blockaden gefördert werden können. Der Therapeut hat die Rahmenbedingungen so zu gestalten, dass Wachstum möglich ist. Er kann aber die natürlichen Abläufe nicht beliebig forcieren oder Richtungen vorgeben. Tempo und Richtung bestimmt, in Abhängigkeit von der Gunst der Rahmenbedingungen, der Organismus. Der Organismus wird durch die Struktur seiner Bedürfnisse fortgesetzt in Bewegung gehalten. Sind die einen Bedürfnisse befriedigt, schieben sich andere in den Vordergrund, bis diese wieder abgelöst werden. Werden Handlungsketten an bestimmten Punkten charakteristisch unterbrochen, so entsteht eine unvollkommene Gestalt, die geschlossen werden muss. In der Therapie dienen verschiedene Techniken dazu, Handlungen an den Unterbrechungspunkten fortzusetzen, blockierte Gefühle freizusetzen und im geschützten Raum der Therapie Probehandlungen durchzuführen, so dass weiteres Wachstum möglich wird, wo bisher Stillstand gegeben war.

Sollte jemand beispielsweise in der Situation, in der er von seinem Chef zu unrecht zurechtgewiesen und heruntergeputzt wird, seine aufkeimende Wut herunterschlucken, sich still zurückziehen und dann ins nächste Gasthaus gehen, um sich zu betrinken, so wäre der spontane Handlungsablauf spätestens an der Stelle eine unvollkommene Gestalt, an der der Chef mit seiner Standpauke fertig ist und keine Erwiderung seitens seines Angestellten erfolgt. In der Therapie sollten nun die spontanen Reaktionen an dieser Stelle wieder in den Handlungsablauf integriert werden, die Gestalt geschlossen werden. Dies könnte etwa mit der Technik des »leeren Stuhls« geschehen, indem vor den Klienten ein Stuhl gestellt wird, auf dem er sich seinen Konfliktpartner vorstellen kann. Er kann nun beginnen, mit diesem offen zu reden, ihm seine Gefühle, seine Wut zu sagen. Der Therapeut unterstützt insofern, als er die auftauchenden Gefühle und Äußerungen bejaht und den Klienten ermutigt, sich nicht zurückzuziehen, sondern sich zu entfalten, alles aus sich herauszulassen. Wenn das geschehen ist, kann ein Rollentausch stattfinden. Der Klient setzt sich auf den Stuhl, auf dem etwa der Chef gerade in der Fantasie saß, und versetzt sich in dessen Lage, sagt dem Angestellten jetzt, warum er sich so verhalten hat, wie er ihn empfindet, was sein Erleben in der Situation ist. Dann können erneut die Rollen getauscht werden.

Der *Existentialismus* (Kierkegaard, Buber, Jaspers) begreift den Menschen in seiner eigentlichen zeitgebundenen Existenz. Fragen nach dem Sein und dem Sinn des Lebens werden nicht in der Hoffnung auf absolute Antworten gestellt, sondern nur bezogen auf die jeweiligen Lebensbedingungen und zeitlichen Umstände des Menschen. Der Augenblick ist von Bedeutung, der Mensch gestaltet sich durch seine Entscheidungen und Taten selbst. Er verfügt über Verantwortung, Entscheidungsspielraum und Autonomie.

Die *Phänomenologie* macht gegebene Eigenschaften und Tatbestände zum Ausgangspunkt der Betrachtungen. Das im Bewusstsein Gegebene soll rein in seiner Wesenheit zur Anschauung gebracht werden (z. B. Husserls Wesensschau). Dadurch sollen die ihm innewohnenden Gesetzmäßigkeiten deutlich gemacht werden.

Dem *Zen-Buddhismus* geht es um persönliche bewusste Erfahrung, weniger um theoretische Durchdringung. Erleuchtung wird erlangt, indem man sich in eine Bewegung, einen Gegenstand versenkt und sich frei von äußeren Zwängen und Reizen auf den eigenen Rhythmus konzentriert. In mystischer Versenkung ersetzen unmittelbare Wahrnehmung und Identifikation mit der unmittelbaren Umgebung die logische Denkweise. Ziel ist der Weg zur autonomen Selbstregulation, zum Gleichgewicht aller Kräfte und zur Bewusstseinserweiterung.

Die *therapeutische Arbeit* erfolgt im Hier und Jetzt. Gefühle und Erlebnisse sollen in der gegenwärtigen Situation wahrgenommen und bearbeitet werden. Erinnerungen an die Vergangenheit sowie die Beschäftigung mit der Zukunft und nicht anwesenden Personen sind weniger wichtig als die aktuelle Situation. Sollten Vergangenheit oder Zukunft eine Rolle spielen, muss der Klient sich so in die Situation versetzen, als ob er sie gerade erlebt.

Wesentliche Aufgabe in der Therapie ist die Schulung der bewussten Wahrnehmung, um eigene Fantasien von der Realität zu unterscheiden. Unvollkommene Gestalten aus der Vergangenheit sollen geschlossen werden. Es ist wichtig, alle Gefühle zuzulassen.

Die Therapie ist wie das gesamte Leben ein ständiger Prozess, eine fortgesetzte Bewegung, ein dauernder Wechsel zwischen Figur und Grund. Jeder ist für seine Gedanken und Gefühle voll verantwortlich.

Auch unwillkürliche körperliche Bewegungen, Empfindungen, Schmerzen sind immer Ausdruck und Botschaft des gesamten Organismus. Es ist wichtig, diese Botschaften wahrzunehmen und in die Gesamtperson zu integrieren, anstatt sie abzuspalten.

Das Leben besteht in einem fortgesetzten Prozess der Assimilation (Aneignung von Bestandteilen der Umwelt und deren Umwandlung in organismuseigene Substanz), die zu Wachstum führt. Dies trifft ebenso auf Nahrung zu wie auf Ideen oder den Dialog mit anderen Menschen.

Versagt die Selbstregulation, kommt es zur Verschiebung der Kontaktgrenzen in Form

- einer Introjektion im Sinne einer Aufnahme fremden Materials, das nicht integriert werden kann;
- einer Projektion als Ausstoßung fälschlich als fremd erkannter eigener Anteile;
- einer Retroflexion, bei der gegen die Außenwelt gerichtete Impulse auf die eigene Person gelenkt werden;
- einer Konfluenz, die durch wechselnde und unklare Grenzen zum Partner gekennzeichnet ist;
- einer Deflektion als Rückzug von der Außenwelt;
- einer Desensitivierung, die gekennzeichnet ist durch eine Reduktion bewussten Wahrnehmens und Empfindens.

Der Therapieverlauf beginnt mit dem Klischee, der noch nicht bearbeiteten Ansicht des Klienten von seinen Problemen, und kommt über das Rollenspiel zur erwähnten Blockierung, die die Ausweglosigkeit verdeutlicht. Nach der Implosionsphase, in der frühere, aber nicht voll angemessene Programme sich Geltung verschaffen, folgt die Explosionsphase, in der die blockierten Bedürfnisse aufbrechen und in der gegenwärtigen Realität angemessen zum Ausdruck gebracht und verwirklicht werden.

Der Therapeut ist aktiv und sehr direktiv, ohne Richtungen vorzugeben. Er unterstützt, konfrontiert und frustriert im Einklang mit den Wachstumserfordernissen des Klienten.

Bei den konkreten Techniken findet neben dem »leeren Stuhl« der »heiße Stuhl« Verwendung. Bei einer Gruppensitzung steht er parat, damit derjenige, der gerade an sich arbeiten möchte, darauf Platz nimmt. Er muss sich dann allerdings auch alle Fragen und Anregungen, die an ihn herangetragen werden, gefallen lassen.

Wenn ein Klient unwillkürliche Körperbewegungen macht oder körperliche Sensationen (z. B. Schmerzen) zum Ausdruck bringt, so kann der Therapeut, um die dahinter stehende Botschaft zu ergründen, ihn auffordern, seinen Körperorganen Sprache zu verleihen. Er soll sich ganz in die jeweiligen Körperteile zu versetzen und diese sprechen zu lassen: »Versetz dich mal in deinen Kopf, was sagt er, lass ihn sprechen!« Bei einem meiner Klienten fiel mir auf, dass er immer, wenn ich Dinge ansprach, die ihm unangenehm sein konnten, anfing, massiv mit den Füßen zu wippen. Um zu prüfen, ob meine Vermutung zutraf, forderte ich ihn auf, sich ganz in seinen Fuß zu versetzen und ihn reden zu lassen. Nach kurzer Abwehr sagte er: »Ich will hier weg, mir reicht's, mir gefällt das nicht, weg hier!«

Das Rollenspiel, in das der Therapeut einbezogen werden kann, dient dem Bewusstmachen der alten und noch mehr dem Ausprobieren neuer Erlebensmuster. Die gestalttherapeutische Traumarbeit begreift jeden Bestandteil eines Traums als Ausdruck bestimmter Tendenzen im Individuum, die zur Realisierung drängen. Gerade die eher abgelehnten Aspekte könnten für das Wachstum notwendige

Abspaltungen sein. So kann der Klient aufgefordert werden, sich in jeden Teil eines Traums zu versetzen und ihn zu spielen. Wenn er dann erst einmal gespürt hat, wie es sich für ihn anfühlt, die Schlange, das Krokodil oder der Verfolger zu sein, wird ihm auffallen, wo im Leben er bisher zu wenig aggressiv gewesen ist, und er wird in der Lage sein, diese Gestalt zu schließen. Bei einer Therapie in der Gruppe kann der Träumer die einzelnen Teilnehmer Traumbestandteile darstellen lassen, die Gruppe zum gesamten Traumbild zusammenstellen und sich dann aus einiger Entfernung anschauen, welchen Eindruck das Bild auf ihn macht und was es ihm sagen könnte.

Übungen, Rituale (etwa das Abschiednehmen von Personen, von denen man sich noch nicht ganz trennen konnte) finden in der Gestalttherapie ebenso ihren Platz wie Wahrnehmungsübungen (z. B. fünf Minuten die Augen zu schließen, alle Gedanken beiseite zu lassen und auf alles zu achten, was man wahrnimmt) oder Zeichnen, Malen und die Beschäftigung mit Musikinstrumenten. Manche Therapeuten lassen am Ende der Sitzung ein Bild malen, das der Klient dann erläutert, oder sie malen selbst gleichzeitig auch ein Bild und vergleichen es dann bezüglich der wiedergegebenen Stimmung mit dem des Klienten.

Dass die Gestalttherapie bezüglich der Effektivität mit anderen Therapien durchaus vergleichbar ist, zeigten Bretz, Heekerens und Schmitz (1994) in einer Metaanalyse von 38 Studien sowohl individuell als auch in der Gruppe praktizierter Gestalttherapie.

Auch bei der gestalttherapeutischen *Trauerarbeit* soll der Fokus im Hier und Jetzt liegen, das heißt, die Vorgänge sollen in der Therapiesituation aktuell erlebt werden, gleichgültig wie lang sie tatsächlich zurückliegen. Bei chronischer Trauer ist offensichtlich eine Gestalt noch nicht geschlossen. Generell liegen bei traumatischen Geschehnissen oft unerledigte Handlungen vor. Die Vergangenheit muss losgelassen und Selbstbestrafungstendenzen müssen beendet werden. Zwischen dem Verstorbenen und dem Trauernden sind oft Auseinandersetzungen nicht abschließend ausgetragen, deren Erledigung für einen Teil der Wirksamkeit antizipatorischer Trauer verantwortlich ist. Diese Auseinandersetzungen können mit dem leeren Stuhl nachgeholt werden.

Wahrnehmungsübungen können die Ängste vor Realitätsverlust eingrenzen und helfen, zwischen befürchteten und tatsächlichen Reaktionen der Umwelt zu unterscheiden, etwa bei besonders belastenden Todesumständen.

Alpträume und Halluzinationen sind Abspaltungen, die wieder in die Person integriert werden sollen. Dies wird gefördert, wenn der Therapeut oder ein anderer Klient die Rolle des Verstorbenen im Traum oder im halluzinatorischen Geschehen übernimmt, also das ausspricht, was man den Toten reden gehört haben will, mit steigender Lautstärke, oder dieselben Bewegungen macht, die man jemanden auf der Straße machen sah, den man für den Verstorbenen hielt. Anschießend kann der Klient diese Rolle des Verstorbenen übernehmen, was die Identifikation mit ihm erleichtert und die Abspaltung und den Verlust mindert. Das dabei Erlebte sollte anschließend im Gespräch aufgearbeitet werden.

Körperliche Beschwerden können mit der geschilderten Methode, körperlichen Organen Sprache zu verleihen, in ihrem möglichen Bezug zum Verlust deutlich gemacht werden.

Eine Reihe von Ritualen sind aus der Gestalttherapie zur Bearbeitung des Verlustthemas heraus entwickelt worden. Im Kapitel zu speziellen Trauertherapien werden wir darauf noch näher eingehen. Hier sei der gestalttherapeutische Umgang mit diesem Thema kurz generell verdeutlicht. Wenn der Therapeut das Gefühl hat, dass der Klient an dem Punkt angelangt ist, an dem er den noch nicht endgültig und genügend vollzogenen Abschied vom Verstorbenen nachholen kann, kann er beispielsweise fragen: Möchtest du jetzt von deiner (deinem) ... Abschied nehmen? Bejaht der Klient, kann er entweder den leeren Stuhl nutzen, um sich zu verabschieden (einschließlich des Rollentauschs), oder sich niederknien, sich in sich versenken, sich den Verstorbenen bewusst ein letztes Mal als Lebenden vorstellen, dann ein paar Abschiedsworte oder auch nur »adieu« sagen, ruhig und langsam aufstehen und die Beziehung in dieser Form beenden.

Beispiel
Eine Klientin arbeitet am Tod ihrer vor sechs Monaten verstorbenen Mutter, die sie als kontrollierend, untergründig feindselig und festhaltend erlebt hatte.
Klientin (sitzt dem leeren Stuhl gegenüber): Lass mich endlich los!
Therapeut (hinter ihr sitzend, mit der Hand stützend auf ihrer rechten Schulter): Ja, sag ihr das. Sie soll dich loslassen.
Klientin: Ich bin schon groß, du musst nicht mehr immer auf mich aufpassen, ich weiß schon selber, was ich tue. Lass mich los!
Therapeut: Schau ihr in die Augen, wie ist es?
Klientin: Die kapiert das einfach nicht, die kapiert das einfach nicht.
Therapeut: Versuch's nochmal, woran liegt es?
Klientin: Die kapiert nur, wenn man mit ihr schreit. (Wendet sich wieder zum leeren Stuhl.) Verdammt nochmal, loslassen sollst du mich. Loslassen, loslassen (sie schreit laut und macht krampfartige zuckende Bewegungen mit beiden Beinen).
Therapeut: Was möchtest du machen?
Klientin: Ich möchte sie treten. Treten möchte ich sie. Das muss doch wohl zu kapieren sein, dass ich endlich meine Ruhe will.
Therapeut: Tritt sie!
Klientin: Tritt massiv in die Richtung des leeren Stuhls und schreit dazu: Weg, weg, weg!
Therapeut: Und, wie sieht sie dich an?
Klientin: Sie versteht das jetzt, aber …
Therapeut: Aber?
Klientin: Sie ist beleidigt. Das kann ich nicht ertragen.
Therapeut: Rede mit ihr!
Klientin: Bitte hör auf! Bitte akzeptiere doch, dass ich meinen Weg gehen will! Ich mag dich doch, nur du …
Therapeut: Nur weiter!
Klientin: Nur du kannst das nicht ertragen. Wenn ich dich mag, dann unterwirfst du mich und dann muss ich dich hassen.
Therapeut: Hör dir genau zu. Du magst sie, aber sie macht das kaputt, weil sie deine Zuneigung ausnutzen will. Erleb das mal. Lass das Gefühl ruhig zu!

Klientin: Schrecklich. ... Was kann ich machen?
Therapeut: Was willst du machen?
Klientin: Abhauen. Einfach weggehen.
Therapeut: Na und?
Klientin (zum leeren Stuhl): Du kannst mich mal ... (geht hinaus auf den Gang und in den Garten).

Als sie nach einer halben Stunde wiederkommt, ist sie sehr ruhig und gelöst. Sie habe sich die Blumen im Garten angeschaut, ein bisschen mit ihnen gesprochen. Das war sehr schön. Ihre Mutter ist doch nicht so wichtig. Sie ist nur so wichtig, wenn sie sie wichtig nimmt, aber im Augenblick gibt es Wichtigeres und Schöneres.

Rituale

Wir haben Rituale bereits bei der Besprechung kultureller Aspekte von Trauer ausführlicher erörtert. Vor allem aus gestalttherapeutischer Sicht sind eine Reihe von Ritualen entwickelt worden, die konzentriert als eigene Therapie für Trauernde verwendet oder fallweise in Therapien eingebaut werden können. Dabei scheinen mir drei Aspekte wesentlich:

Rituale können nicht als adäquater Ersatz für längerfristige Beratungskontakte angesehen werden. Sie sind dann besonders wirksam, wenn die emotionale Situation in der Beratung gerade dazu passt. Sie sind nur dann effektiv, wenn sie vom Trauernden auch in der jeweiligen Situation als bedeutungsvoll erlebt werden, am besten wenn sie von ihm selbst spontan entwickelt werden. Rituale, die als Konvention Trauernden übergestülpt werden und die von ihnen nicht als bedeutungsvoll erlebt werden, sind eher nicht wirksam (Akasmou 2013). Rituale sind nicht nur kulturabhängig, sondern werden vor allem in der Kindheit gelernt. Dabei erfüllen sie den Zweck, Situationen der Hilflosigkeit und Ohnmacht kontrollierbarer zu gestalten (Langenmayr 2013). Das kleine Kind, das bestimmte Rituale erfindet (z. B. das Überspringen jedes zweiten Pflastersteins), verbindet dies mit dem Wunsch, durch dieses von ihm kontrollierbare Geschehen ein unkontrollierbar erscheinendes ungünstiges Ereignis mitzugestalten. Diese eher magischen Aspekte sind auch ein Teil der Rituale Trauernder. Auch hier soll ein schmerzhaftes Ereignis, von dem sich der Trauernde überrollt fühlt, korrigiert, abgemildert, versöhnlicher gestaltet werden. Ein Abschiedsritual hilft, den Verlorenen nicht einfach so gehen zu lassen, sondern den Abschied in geordnete Bahnen zu lenken, die dem eigenen Rhythmus zugänglich sind.

Ein Ritual kann beispielsweise ein in allen Einzelheiten geplanter Abschiedsbesuch an einem Ort sein, der eine gemeinsame Bedeutung hatte, bei dem alle Handlungen von Erinnerungswert bezüglich der verlorenen Partnerschaft noch einmal ausgeführt werden, etwa ein Kirchenbesuch, das Eisessen, ein Besuch im Lieblingsrestaurant. Alles soll unternommen werden im vollen Bewusstsein, dass dies das letzte Mal ist, an dem der Verlorene an diesem Ort geistig mit anwesend ist. Ebenso können rituelle Waschungen hilfreich sein, wenn Schuldgefühle gegenüber dem verlorenen Partner eine Rolle spielen, rituelle Beerdigungen von Brückenobjekten (Objekte, die mit dem Verstorbenen zusammenhängen) oder symbolisch den Verstorbenen darstellenden Gegenständen, das Anzünden einer Kerze, deren Abbrennen Zeit lässt, Abschied zu nehmen, das Pflanzen eines Baumes als Zeichen eines neuen Lebensabschnitts oder Ähnliches. Beispiele für Rituale finden sich auch bei Canacakis (1990).

Psychodrama

Jakob Levy Moreno (1989–1974) wurde in Bukarest geboren, wuchs in Wien auf, studierte Medizin und spezialisierte sich auf das Fach Psychiatrie. 1925 wanderte er in die USA aus.

Das Psychodrama lebt ganz vom Interesse Morenos am Theater. Es ist eine Gruppentherapie, bei der im Rollenspiel Situationen noch einmal erlebt und überwunden werden. Auch werden andere Verhaltensmöglichkeiten über die Interventionen der Gruppenmitglieder und das Erleben und Verbalisieren bisher verborgener Gefühle und Probleme (Katharsis) ausprobiert. Die Durchführung des Psychodramas erfordert

- eine *Bühne* als einen von der Gruppe abgetrennten Teil;
- einen *Protagonisten,* der sein Problem vorstellt und der auch von einem anderen Gruppenmitglied ersetzt werden kann;
- einen *Spielleiter,* der als Therapeut die Inszenierung übernimmt, darauf achtet, dass das Spiel im Sinne des Protagonisten abläuft, sowie auf die Intensivierung der Probleme, und im Abschlussgespräch die Abläufe und individuellen Erlebnisse der Einzelnen während des Spiels analysiert und kommentiert;
- Mitspieler als *Hilfs-Ichs,* die reale oder fantasierte Personen darstellen und nach Anweisungen des Protagonisten (eventuell auch des Spielleiters) agieren;
- einen Mitspieler als *Doppel,* der gegebenenfalls hinter dem Protagonisten steht, seine Äußerungen wiederholt, zeitgleich äußert und unbewusste Gedanken und Gefühle des Protagonisten thematisiert;
- ein *Publikum,* das aus den nicht unmittelbar beteiligten Gruppenmitgliedern besteht.

Alle Gruppenmitglieder geben anschließend ein Feedback (sharing) darüber, was sie während des Spiels erlebt haben, was ihnen aus dem eigenen Leben bekannt vorkam, wo sie mitgefühlt haben und wo sie Probleme hatten. Die aktiven Mitspieler melden zurück, was sie während des Spiels gefühlt haben, welche Passagen oder Rollenaspekte ihnen schwerfielen und wie sie die anderen Mitspieler und den Protagonisten in ihren Rollen empfunden haben (Rollenfeedback). In psychodramatischen Encountergruppen kann Einschluss in und Ausschluss aus Gruppen spielerisch dargestellt und erlebt werden, wenn etwa die Beteiligten einen Kreis bilden, aus dem jemand sich befreien oder in den er eindringen muss.

Der Ablauf einer Psychodramasitzung lässt sich in Initialphase (Aufwärmen, Problem finden), Handlungsphase (Spiel, Aktion, Problembearbeitung) und Abschlussphase (Nachbearbeitung) gliedern.

Bei der Anwendung auf Trauersituationen können alle Elemente des Psychodramas zur Aufarbeitung von Konflikten genutzt werden, die vor dem Tod einer nahestehenden Person mit ihr bestanden. Sie können auch zu deren Aufdeckung dienen, wenn der Protagonist zunächst davon noch wenig ahnt. So kann das Doppel Aggressionen gegen den Verstorbenen ahnen und aussprechen, die der Protagonist in seinem Spiel verbal nicht äußert, die aber durch Mimik, Gestik und die Situation für andere zu erschließen sind.

Beispiel

Auf der Mitte der Bühne steht ein Tisch, um den Tisch einige Stühle, ein auf dem Boden liegender Teppich markiert die Türschwelle. Der Protagonist bestimmt einen Teilnehmer für die Rolle seines Vaters, der die Familie verließ, als er zwölf Jahre alt war. Eine Teilnehmerin spielt die jüngere Schwester, die ständig weint, eine andere die Mutter, die ebenfalls traurig ist und bei Auseinandersetzungen sofort losweint. Ein Teilnehmer soll einen Lehrer spielen, der mit den Schulleistungen des Protagonisten sehr unzufrieden ist. Auf Anregung des Spielleiters übernimmt ein weiterer Teilnehmer die Rolle des Doppels, zu Beginn hinter dem Protagonisten stehend.

Der Lehrer steht links vom Doppel, ebenfalls hinter dem Protagonisten. Er hat den Auftrag, drängende und drohende Gesten zu machen. Die Mutter sitzt auf dem Stuhl, das Gesicht in die Hände gestützt, die Schwester sitzt zu ihren Füßen. Der Vater ist zur Mutter gewandt und schreit sie an: »Hör endlich auf zu flennen, ich kann das nicht mehr ertragen, immer nur das.« Die Mutter weint nur noch lauter, die Schwester schließt sich an.

Protagonist zum Vater: Deswegen kannst du doch nicht einfach wegrennen, du bist doch auch dran schuld und ich brauche doch eine ganze Familie. Siehst du nicht, in was für einer schrecklichen Situation du mich zurücklässt. Du bist feige.

Der Vater: Was kann ich denn machen, immer diese Vorwürfe, immer dieses Weinen. Das ist mir zu viel.
Das Doppel stellt sich hinter den Vater: Kein Spaß, keine Zärtlichkeit, kein In-den-Arm-Nehmen, kein Sex, immer nur diese Heulerei.
Protagonist: Aber ich will das auch nicht, glaubst du denn, dass das mir gefällt? Lass mich doch nicht hier.
Doppel jetzt hinter dem Protagonisten: Ich will genauso weg wie du. Wieso kannst du dir das erlauben und ich mir nicht?
Vater: Willst du mit mir mit?
Protagonist: Nein, ich möchte, dass du dableibst, aber ich verstehe dich auch, dass du das nicht kannst.
Der Lehrer mischt sich ein: Der Junge versagt in der Schule. Der ist bockig und böse.
Protagonist: Ich kann mich nur nicht konzentrieren. Ich bin so durcheinander.
Doppel: Wenn auf mich keiner Rücksicht nimmt, warum soll ich mich denn überhaupt anstrengen, ist doch sowieso alles egal.

Im Nachgespräch erklärt der Protagonist, dass ihm der Vater etwas verständlicher ist und er die Mutter nicht mehr nur als arme, verlassene, bemitleidenswerte Frau sieht, sondern als beteiligt am Geschehen. Es wurde ihm auch deutlich, dass er sich hilflos und resigniert fühlte, weil seine Bemühungen nicht erfolgreich waren, die Familie zusammenzuhalten.

Schwester und Mutter hatten ihre Rollen als unangenehm erlebt und zeigten Verständnis für den Vater. Die Mutter hatte sich so erlebt, als ob sie das Verlassenwerden herbeiführen wollte. Der Vater sagte, dass er nicht nur auf Mutter und Schwester wütend war, sondern zeitweise auch auf den Protagonisten, weil er ihn in dieser Situation, in der er so wenig leben konnte, festhalten wollte.

Primärtherapie

Der Begründer der Primärtherapie, Arthur Janov (geboren 1924), ein Wiener Psychoanalytiker, der heute in den USA ein Ausbildungsinstitut betreibt, hatte einen Klienten, der ihm von einem Theaterstück erzählte, in dem ein Mann in Windeln über die Bühne lief und fortgesetzt »Mammi! Papi!« schrie. Am Schluss der Vorstellung übergab er sich und auch die Zuschauer sollten dies tun. Janov forderte seinen Klienten auf, dasselbe zu tun. Nach kurzer Weigerung krümmte er sich in heftiger Erregung, schrie immer lauter »Mammi! Papi!«, schließlich stieß er einen durchdringenden Todesschrei aus. Später, als er sich beruhigt hatte, sagte er: »Ich hab's geschafft, ich kann fühlen.« Ein anderer Klient, der dieselbe Situation in der Therapie durchlebte, wurde danach von Einsichten überschwemmt. Er erzählte seine ganze Lebensgeschichte, von der ständigen Kritik seiner Eltern und ihrer Lieblosigkeit und wie dies sein ganzes Leben beeinflusst hatte.

Damit liegen die wesentlichen Bestandteile der Primärtherapie schon vor (Janov 1974). Menschen erleiden schon als Kinder Versagungen von Bedürfnissen, die dann unter Schmerzen abgespalten und symbolisch werden. Das Kind, das sein Zärtlichkeitsbedürfnis nicht genügend befriedigen konnte, wird beim Auftauchen dieses Bedürfnisses später rauchen, arbeiten oder nur Sexualität erleben und nicht Beziehung. Die Schmerzen, deren früheste und tiefste Formen Janov als Urschmerzen bezeichnet, sammeln sich an und bewirken zunehmend, dass das Kind statt seiner natürlichen Bedürfnisse Ersatzbedürfnisse befriedigt. Aus der realen Person, die es bei der Geburt war, wird eine irreale. Die große Primärszene ist ein einmaliger erschütternder Vorgang, kleine Primärszenen summieren sich hingegen auf, bis in einer verhältnismäßig unauffälligen Situation alle bis dahin erlittenen Schmerzen schlagartig ihre Wirkung zeigen (z. B. in der Einsicht: Mein Vater hat mich nie gemocht, und ich kann machen, was ich will, ich werde es nicht erreichen). Abgespaltene Erinnerungen werden mit dem Schmerz zusammen aufbewahrt und tauchen somit beim Wiedererleben des Schmerzes ohne weiteres Zutun wieder auf. Mit der schmerzhaften Verdrängung der Bedürfnisse werden die zugehörigen Gefühle verdrängt.

Die Therapie geht nun den entgegengesetzten Weg wie den bei der Entstehung der Neurose. Der Klient wird isoliert, von jeder Möglichkeit, auftauchende Spannungen abzureagieren, abgeschnitten. Er darf nicht telefonieren, nicht fernsehen, nicht rauchen, keine Musik hören. Der Therapeut steht ihm ständig zur Verfügung und hilft ihm, seine auftauchenden Gefühle wahrzunehmen, sie zuzulassen und zu verstärken, sie nicht zu unterdrücken. Der Klient liegt dabei auf einer Matte und gibt den auftauchenden Gefühlen Ausdruck durch Schreien, durch Schlagen auf die Matte, durch Stöhnen, Weinen. Wenn er dies bis zur Erschöpfung getan hat, kann er sich ausruhen und über seine Erlebnisse sprechen. Kommen erneut Spannungen auf, setzt sich der Prozess fort. So gerät er immer näher an die Urschmerzen, kommt zunehmend in die Lage, wieder zu fühlen, und wird wieder real, offen und ohne Abwehr. Einsichten über Zusammenhänge ergeben sich nach Janov von selbst im Anschluss an das Erleben der abgespaltenen Schmerzen. Viele Primärtherapeuten kombinieren Primärtherapie heute mit anderen Methoden, vor allem Transaktionsanalyse, Psychoanalyse oder Gestalttherapie.

Trauerprozesse können im Rahmen einer Primärtherapie erfolgreich bearbeitet werden. Dafür sprechen vorliegende Erfahrungen.

Anwendung auf Trauer: Ob Primärtherapie zur ausschließlichen Verlustbearbeitung geeignet ist oder angesichts der erhöhten Sensibilität Trauernder nicht ein viel zu massives Instrument ist, das vom Klienten nicht akzeptiert wird, erscheint überlegenswert. Bei extremen Reaktionen auf Verluste wie Suizidgefahr oder schweren psychosomatischen Erkrankungen erscheint Primärtherapie sinnvoll wegen der Möglichkeit, in kurzer Zeit (regulär binnen drei Wochen) erhebliche psychische Umstrukturierungen zu bewirken. Ein Grund, dass sich auch Trauertherapeuten mit ihr beschäftigen sollten, ist, dass sie hilft, die Angst des Beraters (Therapeuten) vor massiven Emotionen des Klienten zu reduzieren. Die Aufforderung, Gefühle zuzulassen, sogar zu verstärken, führt zu der Erkenntnis, dass dabei nicht ein endloses Verharren in traurigen, aggressiven oder selbst anklagenden Gefühlen herbeigeführt wird, sondern nach geraumer Zeit eine Erschöpfung mit gegenteiligen Reaktionstendenzen (z. B. der Entdeckung freudvoller und lustvoller Gefühle) auftritt. Vorausetzung für das Gelingen ist, dass der Therapeut keine Angst vor einem solchen Szenario hat. Um diese zu verlieren, ist eine Auseinandersetzung mit dieser Therapie geeignet. In nahezu jeder Trauerberatung tauchen Situationen auf, bei denen der Berater merkt, dass die Partie um die Augen seines Klienten weich wird, das Gesicht die Züge des Weinens annimmt, ohne dass schon Tränen fließen. In dieser Situation mag der Hinweis »Lassen Sie das ruhig zu« sehr hilfreich sein.

Die Primärtherapie hatte sich von Anfang an mit erheblicher Kritik auseinanderzusetzen. Hierfür sehe ich mehrere Gründe.

Die Darstellung Janovs, seine Methode sei nicht nur effektiver, sondern auch für alle psychischen und zum großen Teil auch körperlichen Erkrankungen geeignet, erscheint angesichts vorliegender Untersuchungen, die allgemein eine sehr differenzierte Betrachtung von Therapieerfolgen nahelegen, fragwürdig.

Das Konzept ist auf den ersten Blick sehr leicht verständlich und führte zur Anwendung nicht nur von seriösen und lange ausgebildeten Therapeuten, sondern auch von »Hobbytherapeuten« mit den entsprechend problematischen Ergebnissen.

Die Therapie führt zur Entdeckung kindlicher Gefühle und Bedürfnisse, deren Ausleben radikale Brüche mit dem bisherigen Lebenslauf zur Folge haben kann, zum Beispiel eine radikale Abkehr von der bisherigen Leistungsmotivation. Dies mag von den Betroffenen als lustvoll erlebt werden, ist aber für die soziale Umgebung zuweilen schwer zu verkraften.

Der Akzent auf das Zeigen und Ausleben von Gefühlen ist unserer westlichen Kultur eher fremd. Selbst in Therapien wird dies manchmal nicht als heilend betrachtet. Dies gilt auch im Trauerbereich. Wir stehen hier vor der grundsätzlichen Frage, ob Weinen und Klagen ein heilender Prozess ist und zu tiefgreifenden Veränderungen beim Patienten führen kann, wohingegen deren Blockierung zur Psychosomatik führt (Olders 1989, Ycaza Stroschein 2007), oder ob das heftige Erleben von Gefühlen eher die Verarbeitung erschwert.

Der plausibelste Einwand ist das Fehlen empirischer Überprüfungen, die sich gerade bei der Primärtherapie besonders auf neurobiologische Indikatoren konzentrieren könnten (Ycaza Stroschein 2007). Allerdings werden auch von manchen etablierteren Therapien empirische Wirksamkeitsuntersuchungen erst allmählich geleistet. Im Bereich der Primärtherapie sind immerhin erste Ansätze zu finden: Puls und Temperatur von Primärtherapiepatienten sinken deutlich drei und sechs Monate nach Therapiebeginn, und dies in der Regel in Zusammenhang miteinander (McInerny 1974).

Beispiel
Eine Klientin liegt auf ihrer Matte in einer Gruppe von weiteren acht Klienten, die an ihren Problemen arbeiten, während der Therapeut zu ihr kommt. Sie ist offensichtlich traurig. Der Therapeut fordert sie auf, das Gefühl zuzulassen. Sie atmet tief, fängt an zu schluchzen. Der Therapeut sagt: »Lass das ruhig zu, verstärke das. Du hast so etwas Schlimmes erlebt.« Sie schluchzt und beginnt zu schreien. Sie schreit einige Minuten lang den Namen eines Mädchens mit extremer Lautstärke, bis sie leise wimmernd zusammenbricht. Sie wird zusehends ruhiger und beginnt dem Therapeuten zu erzählen: Vor einigen Jahren war sie mit ihrer kleinen dreijährigen Nichte ins Schwimmbad gegangen. Ihre Schwester hatte ihr das Kind anvertraut. Sie hatte sich nur einige Minuten mit einer Bekannten unterhalten und nicht bemerkt, dass das Kind im ansonsten leeren Schwimmbad ertrunken war. Als sie nach dem Kind schaute, war es schon zu spät. Sie fühlt sich schuldig, spürt die bitteren Blicke ihrer Schwester und fängt erneut an zu weinen, nicht mehr ganz so heftig wie vorher. Sie verlässt plötzlich das Weinen und fängt an zu schimpfen und zu schreien. Offensichtlich ist sie wütend: »Ich habe das doch nicht absichtlich getan«, ruft sie mehrfach hintereinander und schlägt mit den Fäusten wütend auf die Matte. Der Therapeut unterstützt sie: »Du hast das nicht gewollt. Sag ihr das! Du wolltest sie nur mitnehmen, damit sie Spaß hat. Lass das alles raus.« Sie arbeitet noch einige Zeit an dem Thema und sagt dann zum Therapeuten, dass es erst mal gut sei, und schläft ein, indem sie sich die Decke über den Kopf zieht und sich zusammenrollt wie ein kleines Kind.

Bioenergetik

Alexander Lowen (geboren 1910) war ursprünglich Rechtsanwalt und Analysand bei Wilhelm Reich. Er hat die körpertherapeutischen Ansätze Reichs zur Bioenergetik geformt. Wie auch für seinen Lehrer sind für Lowen das ungehinderte Fließen von Energie und die Entladung von Muskelkontraktionen, die orgastische Potenz (keineswegs nur im Sinne von sexueller Fähigkeit, sondern im Sinne der völligen Hingabe bis zur Wahrnehmungstrübung) für die körperliche und psychische Gesundheit von Bedeutung. Körperliche und psychische Vorgänge sind äquivalent, so dass über körperliche Entspannung auch psychische Strukturen und Konflikte angegangen werden können.

Lowen fokussiert auf die blockierte Energie des Klienten und arbeitet mit Atmung und Bewegungen, die den freien Ausdruck von Emotionen fördern. Diese werden dann in das gegenwärtige Leben und die persönliche Geschichte mit fundamentaler analytischer Arbeit integriert. Die wesentlichen Momente dabei sind Selbstbewusstheit (Emotionen und Gefühle spüren), Selbstausdruck (Gefühle zum Ausdruck bringen) und Selbstbesitzung (Integration von beidem).

Dauernde psychische Anspannung schlägt sich als Verspannung im Körper nieder. Zwischen Charakterstrukturen und Körperhaltung besteht aufgrund der Verknüpfung über Muskelspannungen eine direkte Beziehung. Wesentlich sind dabei unerfüllt gebliebene Kindheitsbedürfnisse sowie Traumata und Konflikte, die sich dauerhaft körperlich niederschlagen. Lowen (1979) unterscheidet den schizoiden Charakter, der Nähe vermeidet, den oralen, der nach infantiler Abhängigkeit strebt, den masochistischen, der Beziehung nur in der Form von Unterwürfigkeit kennt, den psychopathischen, der zwischen dem Bedürfnis nach Unabhängigkeit und der Suche nach Geborgenheit schwankt, und den rigiden, der sich ständig selbst kontrolliert.

Über die Arbeit am Körper, die Feststellung der Verspannungen und ihre intensive Wahrnehmung sowie Berührung und Massagen wird die Lockerung der Muskelverspannungen erreicht. Es folgt die

Analyse der zugrunde liegenden Konflikte und traumatischen Kindheitserinnerungen. Eine Reihe von Übungen kann auf diese Arbeit vorbereiten und sie unterstützen. *Grounding* ist eine Übung, bei der der Bodenkontakt (auch im übertragenen Sinne) gefestigt wird. Es ist aber auch ein Konzept, ähnlich wie *Erlösung* (Hingabe) und *Anmut*. Grounding bedeutet Wurzeln zu haben, sich selbst zu ernähren, den Energieaustausch zwischen Körper und Erde. Hingabe bedeutet die tiefe Lockerung aller Abwehrprozesse, und Anmut meint das Pulsieren der Energie vom Kopf bis zu den Füßen. Eine besondere Rolle spielt auch die tiefe Atmung, die erhöhte Energieaufnahme und Energieabfuhr bedeutet. Beim Rückwärtslehnen über einen hohen Schemel wird die Atmung unterstützt. Gleichzeitig vom Klienten produzierte Töne können Aufschluss über Einengungen und mangelnden Energiefluss geben. Die Interpretation von Körperhaltungen dient ebenfalls dazu, Störungen im Energiefluss ins Bewusstsein zu heben und ihre Hintergründe der Bearbeitung zugänglich zu machen.

Beispiel
Therapeut: Stellen Sie sich hier mit beiden Beinen gespreizt fest auf den Boden. Wippen Sie einmal mit den Beinen. Sehen Sie, dass hier in der Hüfte ein Bruch ist. Sie sind unterhalb wie erstarrt, oben beweglich. Wie ist das mit der Sexualität im Augenblick?
Klient: Seitdem meine Frau weg ist, ist da nicht mehr so viel.
Therapeut: Was machen Sie?
Klient: Ich onaniere meistens.
Therapeut: Legen Sie sich hier über den Schemel. Atmen Sie tief durch! Ganz tief. Lassen Sie hier einmal los (hebt ihn unter der Hüfte ein wenig an). Lassen Sie die Stimme einmal heraus.

Der Klient beginnt zu jammern, erst laut, dann immer schwächer, zum Schluss fast weinerlich. Der Therapeut macht ihn darauf aufmerksam, dass das klingt wie bei einem kleinen hilflosen Kind, und schließt eine Übung zur Lockerung von Muskelspannungen an, die gleichzeitig Aggressionen freimachen soll.

Auch wenn hier eine Scheidungssituation als aktueller Hintergrund für Verspannungen in der Hüftgegend, verbunden mit sexuellen Frustrationen, sichtbar wurde, eignen sich für Trauersituationen bioenergetische Übungen nicht als vollständige Therapie, da das Gespräch dem Klienten spontan entgegenkommt und körperliche Übungen als unpassend empfunden werden. Bei einer extremen Blockade von Gefühlen können diese jedoch hilfreich sein, um überhaupt Bewegung und einen Energiefluss zustande zu bringen und über den Körper zu erreichen, dass Gefühle zugelassen werden können.

Hypnose

Milton Erickson wurde 1902 in Aurum, Nevada, geboren; seit einer Polioinfektion mit 17 Jahren war er körperlich erheblich beeinträchtigt. Er studierte Medizin und wurde dann Psychiater. Nach der Arbeit in Kliniken und an Universitäten praktizierte er als Hypnosetherapeut. Er starb 1980.

Erickson hat ein eigenes Modell für das Verhalten des Hypnotiseurs entwickelt (vgl. Erickson u. Rossi 1989, aus dem auch einige unserer Beispiele entnommen sind). Ziel ist es, durch vorsichtige, nicht präzise, manchmal symbolisch allegorisch verschleierte und mehrere Möglichkeiten enthaltende Formulierungen einen möglichst geringen Widerstand und große Akzeptanz beim Klienten zu erreichen, den Wirklichkeitseindruck des Gesagten zu steigern und die Übernahme bestimmter Ansichten zu erreichen. Die therapeutische Trance ist für Erickson eine Situation, in der bisherige Denkschemata und Glaubenssysteme aufgebrochen werden können und die Bereitschaft groß ist, sich anderen zu öffnen.

Die wichtigsten Gesichtspunkte hierbei sind:

- Zunächst völlig auf das Erleben des Klienten eingehen. Hierbei sollen nicht nur Einstellungen, sondern auch Körperhaltung, Stimmausdruck, Ausdrucksweise und bevorzugte Sinnesmodalität des Klienten übernommen werden (Pacing).

- Mit einer gezielten überraschenden Wendung (ein einzelnes Wort, eine Metapher, ein Wortspiel, ein Scherz) die Szene unterbrechen, was die Assoziationen des Klienten anregen soll (»Die Rose ist im Sommer voll erblüht und will sich verströmen«).
- Die Verwendung vager Angaben, um unbewusste Fantasien anzuregen und Widerstand zu vermeiden (»Früher oder später werden Sie in Trance fallen«, »Mitunter kann man sich entspannen«).
- Die Erlaubnis, etwas nicht zu tun, soll Ängste vor Manipulationen beruhigen (»Sie brauchen jetzt nicht zu sprechen oder sich anzustrengen«).
- Mit Fragen die Zustimmung erleichtern (»Möchten Sie sich einen Punkt suchen, den Sie gern ansehen?«).
- Die Kombination von unbezweifelbaren und angenehmen Tatsachen mit einer Suggestion (»Während sich Ihre Hand senkt, werden Sie erkennen, woran Ihr Problem liegt«).
- Das Nebeneinanderstellen von Gegensätzen (»Während Ihre Faust immer fester wird, entspannt sich Ihr übriger Körper«).
- Die Erzeugung von Schock und Überraschung, um bewusste Kontrolle außer Kraft zu setzen (»Ihr Sexualleben [Pause], nur das wenige, woran Sie jetzt denken sollten«).
- Die Implikationen und Angebote mit nur therapeutischen Alternativen (»Während sich Ihr kleiner Finger hebt, werden Sie in Trance gelangen«, »Ihre Kopfschmerzen können jetzt oder in zwei Tagen verschwinden«).
- Die Herbeiführung künstlicher Trennungen (Doppeldissoziationsbindung) (»Während Ihr rechtes Ohr dies gar nicht wahrnimmt, hört Ihr linkes Ohr interessiert zu«).
- Die zweischichtige Kommunikation, bei der auf der bewussten Ebene Informationen gegeben werden, die auf der unbewussten auch als Berührung von Tabus verstanden werden können (»Ihre Hand wird stark und sie hebt sich freudig. Schon beginnt sie zu zucken, gleich wird sie explodieren.« Offiziell ist hier von der Hand die Rede, alle Äußerungen können aber auch auf die Sexualität bezogen werden).

- Die Verschiebung an eine harmlose Stelle (»Ihre Kopfschmerzen werden nachlassen, aber der kleine Finger Ihrer linken Hand wird noch eine Zeit lang schmerzen«).
- Unterstellungen, stillschweigende Vorannahmen und Scheinalternativen (»Du möchtest …«, »Du fühlst dich ruhig und entspannt«, »Sollen wir darüber vor oder nach dem Heben Deines Arms reden?«).
- Metaphern und Geschichten (»So wie das Pferd auf einer Wiese glücklich ist …«).
- Leading als vorsichtiges Führen des Klienten an Erlebnisse und Verhaltensweisen heran, bei denen er sich wohl fühlt.
- Reframing als positive Umformulierung normalerweise negativ bewerteter Einstellungen und Verhaltensweisen. (Bei einer Höhenphobie: »Es ist gut, dass du mit deinem Leben sorgfältig umgehst.« Oder: »Du möchtest nicht auf andere herabsehen.«).

Sicherlich sind eine ganze Reihe der hier gegebenen Anregungen in üblichen trauertherapeutischen Gesprächen zu verwenden:

Beispiel
Klient: Ich habe keine Lust mehr zum Leben, ich glaube, es wäre das Beste, ich bringe mich um.
Therapeut: Sie lieben Ihren Mann so sehr, dass Sie sich ein Leben ohne ihn gar nicht vorstellen können (Reframing).
Oder:
Therapeut: Im Winter hat die Natur wenig Chancen, die Blumen ziehen sich in die Erde zurück, um Kraft zu sammeln. Sie ruhen sich aus und erholen sich unter der Schneedecke, auch wenn es draußen kalt geworden ist. Und schon bald schauen sie unter der Schneedecke hervor und überlegen, ob sie es riskieren können, sich herauszuwagen (zweischichtige Kommunikation: Statt vom Klienten zu sprechen, werden Blumen, vermutlich Schneeglöckchen, erwähnt; stillschweigende Unterstellung: Die Trauer wird als Erholungsprozess geschildert, auf den ein vorsichtiger Wiederaufbruch folgt).

Ob Hypnosetherapie als alleinige Methode der Trauertherapie geeignet ist, lässt sich kaum beantworten, zumal Versuche der direkten Umsetzung nicht publiziert sind. Nur in Kombinationen mit anderen Verfahren, etwa im Rahmen verhaltenstherapeutischer Ansätze der Trauertherapie (z. B. Eye Movement Desensitization and Reprocessing – EMDR) von Shapiro (Solomon u. Shapiro, 1997, s. Kapitel »Spezielle Trauertherapien«) tauchen in jüngster Zeit hypnotische Ansätze auf.

Verhaltenstherapie

Allen verhaltenstherapeutischen Ansätzen ist gemeinsam, dass sie sich auf psychologische Lerntheorien gründen, unabhängig davon handelt es sich aber um sehr heterogene therapeutische Techniken, die oft in solche der *klassischen Verhaltenstherapie* und der *kognitiven Psychotherapie* unterteilt werden.

Die systematische Desensibilisierung von Wolpe (Wolpe u. Wolpe 1988) verknüpft Angst als gelernte Reaktion auf einen Reiz mit einer positiven Situation, in der eine positive Reaktion erfolgt. Als positive Reaktion gilt die Entspannung. Der Klient mit einer klar umschriebenen Phobie (z. B. Angst vor Katzen) erstellt mit dem Therapeuten zusammen eine Liste mit zehn ihrer Intensität nach geordneten Ängsten. In unserem Beispiel könnte die stärkste Angst die sein, eine Katze auf dem Arm zu halten, die geringste, sich vorzustellen, dass in einer zehn Kilometer entfernten Stadt eine Katze auf einer Wiese sitzt. Nun wird der Klient aufgefordert, sich zu entspannen und sich dann die mildeste Angstsituation vorzustellen, solange bis bei dieser Vorstellung keine Angst mehr auftritt. Es folgt wieder eine Entspannungsphase, bevor man zur in der Hierarchie nächst stärkeren Angstvorstellung übergeht.

Die aussagekräftigste Kritik an der systematischen Desensibilisierung besagt, dass es sich dabei nicht um einen Effekt der Koppelung von Angst mit Entspannung, sondern um einen Gewöhnungseffekt handelt und bei Verwendung der Angstvorstellungen auch ohne Entspannung ein Effekt nachweisbar ist.

Eine geläufige Methode ist auch die Nutzung der *operanten Konditionierung*. Verhalten, das zufällig auftritt, wird in Zukunft mit größerer Wahrscheinlichkeit wieder auftreten, wenn eine Belohnung folgt (positive Verstärkung). Fällt die Belohnung weg, sinkt die Wahrscheinlichkeit des Auftretens. Folgen auf ein Verhalten negative Konsequenzen, so tritt das Verhalten künftig weniger wahrscheinlich auf, entfallen diese wieder, erhöht sich die Wahrscheinlichkeit (negative Verstärkung). Wir sehen hier einmal von der Komplikation ab, dass negative Konsequenzen nicht zur Löschung von Verhalten, also einer völligen Reduktion der Verhaltensbereitschaft, sondern nur zu seiner Unterdrückung führen. Auf der genannten Basis können Verstärkerpläne erstellt werden. Intermittierende Verstärkung, bei der nicht jedes gewünschte Verhalten, sondern nach bestimmten Kriterien belohnt wird, beispielsweise jede dritte Reaktion nicht, gilt als vergleichsweise erfolgreicher, weil eine regelmäßige Verstärkung zu Bequemlichkeitsreaktionen führt. Werden Verstärker nicht von einem anderen, sondern von der betreffenden Person selbst zur Steuerung des eigenen Verhaltens eingesetzt, so spricht man von *Selbstverstärkung*. Nutzt man weiterhin – auch in Zusammenarbeit mit dem Therapeuten – die Fähigkeiten des Klienten, an der Planung und Einhaltung von Verstärkerprogrammen mitzuwirken, sich Belohnungen für das Einhalten dieser Planungen und ihre Überwachung zuzubilligen, sich an der Analyse des Verhaltens zu beteiligen sowie die erwähnte Selbstverstärkung, so spricht man von *Selbststeuerung, Selbstmanagement* oder *Selbstregulation*. Kanfers Modell der Selbstregulation enthält die Phasen Selbstüberwachung, Selbstbewertung, Selbstverstärkung (zit. nach Kriz 1985).

Biofeedback ist die meist akustische und visuelle Rückmeldung körperlicher Funktionen wie etwa des Pulsschlags und die dadurch bewusste Beeinflussung, deren Erfolg als Verstärkung interpretiert werden kann. Nach Kriz (1985) sind in die zunächst eher euphorischen Berichte über diese Technik sehr viele artefaktische Ergebnisse eingegangen, so dass sich heute eher Skepsis breitgemacht hat.

Weitere Methoden sind etwa die *Stimuluskontrolle,* bei der mit unerwünschtem Verhalten (z. B. Trinken) verbundene angenehme

Reize (z. B. nette Gesellschaft) in dieser Kombination vermieden werden, oder Hausaufgaben, die der Klient während zwei Sitzungen zu erledigen hat.

Bei der *Reizüberflutung* (flooding) wird der Klient mit seinem Einverständnis dem stärksten denkbaren Reiz intensiv und nicht nur kurzfristig ausgesetzt. So kann ein Mensch mit einer Spinnenphobie mehr als zwei Stunden mit mehreren Spinnen in einem Keller eingeschlossen werden, unter der Annahme, dass Erregungszustände nicht über längere Zeit in derselben Intensität bestehen bleiben.

Unter kognitiven Psychotherapien werden die *strukturierte Lerntherapie* (z. B. Meichenbaum 1979) und die *kognitive Verhaltenstherapie* (Beck 1992, Ellis 1978) zusammengefasst. Dabei werden kognitive Elemente (z. B. Bewertungen, Verarbeitung, Interpretationen) in verhaltenstherapeutische Konzepte integriert. Das Paradigma ist nicht die klassische, sondern die sozial-kognitive Lerntheorie. Der Mensch ist nicht passives Produkt, sondern aktiver Umweltgestalter.

Störungen sind durch Kognitionen (einschließlich Ideen, Fantasien, Glaubensüberzeugungen) bedingt, die auch den Ansatz für die Therapie bilden. Störende Kognitionen sollen benannt, unter Anleitung des Therapeuten umgeformt und verändert werden.

Die Theorie des *Lernens am Modell* (Bandura et al. 1969) geht davon aus, dass Verhalten dadurch gelernt werden kann, dass es bei einem anderen gesehen wird, wobei die Beobachtung in der Realität der im Film hinsichtlich ihrer Wirkung überlegen ist. Ein positiver Kontext (z. B. in netter Gesellschaft) unterstützt das Lernen, Sympathie mit der beobachteten Person ist förderlich. Ein Modell, das allmählich das gewünschte Verhalten an den Tag legt, ist einem von vornherein perfekten Modell hinsichtlich des Lernerfolgs überlegen. Wenn das gesehene Verhalten gleich danach selbst vom Beobachter praktiziert wird, erhöht dies den Effekt. Diese Gesichtspunkte finden etwa bei der Therapie von Ängsten Anwendung. So kann bei einer Brückenphobie der Therapeut zuerst über die Brücke gehen, dann mit dem Klienten zusammen und schließlich kann der Klient probieren, ob er es allein schafft.

Beim *Problemlösen* (D'Zurilla u. Goldfried 1971) werden allgemeine Strategien für erfolgreiche Problemlösungen erarbeitet. Die wesentlichen Schritte sind dabei, die Einstellung zum Problem zu verbessern, das Definieren und Formulieren des Problems, die Erstellung von Alternativen und entsprechende Entscheidungen und schließlich die Überprüfung des Ergebnisses.

Das *Selbstsicherheitstraining* (Ullrich de Muynck u. Forster 1974) enthält didaktische Momente (z. B. die Erklärung des Begriffs Selbstbehauptung), die Besprechung konkreter Lebenssituationen, Verhaltensübungen und Hausaufgaben. Zu befolgende Verhaltensregeln sind etwa ein emotionales Sprechen (spontan empfundene Emotionen zu äußern), ein ausdrucksvolles Sprechen, bei dem sich Empfindungen in Mimik, Gestik und Stimmklang widerspiegeln sollen) sowie der Gebrauch des persönlichen »ich« statt »man« und die Vermeidung anderer unpersönlicher Redewendungen.

Als *verdeckte Konditionierung* (Cautela 1976) wird bezeichnet, wenn Verstärkerprozesse (Bestrafung unerwünschten Verhaltens, Belohnung von erwünschtem) nur in der Fantasie durchgespielt werden.

Die *Selbstinstruktion* (Meichenbaum 1979) berücksichtigt, dass Handeln stets von einem inneren Dialog begleitet ist. An diesem inneren Dialog, der die Bewertungen der Handlungen darstellt, soll etwas geändert werden. Die Behandlung gliedert sich in die Schritte Problemstrukturierung (das Problem wird in allen Facetten mit den Begriffen des Klienten erörtert), Bewertungsanalyse (der Klient untersucht seine eigenen Gedanken und Bewertungen und erkennt sie als Ursachen des Problems), Modifikation der Selbstaussagen und neue Verhaltensweisen (der innere Dialog wird geändert).

Das *Stressimpfungstraining* (Meichenbaum 1979) hat die Einübung von Bewältigungsstrategien auf Verhaltensniveau wie Entspannung und Atemtechnik, Korrektur einer falschen Einschätzung der Situation und der eigenen Möglichkeiten zum Ziel.

Die *kognitive Psychotherapie* von Beck (1992) stellt die »persönliche Domäne« in den Mittelpunkt. In ihrem Kern befindet sich das Selbstbild, um das herum für das Individuum wichtige Personen und Themen gruppiert sind (z. B. Angehörige, Freunde, Beruf, Besitz). Für die persönliche Domäne Förderliches löst positive Reaktionen (Zustimmung, Glücksgefühl) aus, für sie Ungünstiges negative. Trauer definiert Beck als wahrgenommenen Verlust von wichtigen Personen oder Gegenständen der Domäne, Angst als wahrgenommene Bedrohung und Aggression als wahrgenommene direkte bewusste Verletzung der Domäne. Bei depressiven Menschen konstatiert Beck eine Kombination von negativem Selbstbild, negativ interpretierten Lebenserfahrungen und einer nihilistischen Sicht der Zukunft. Die Bewertungen laufen größtenteils als automatische (nicht voll bewusste) Gedanken ab.

Emotionale Störungen beruhen auf Denkfehlern: Personalisierung (grundlose Zuschreibung von Selbstverantwortung), Polarisierung des Denkens, selektive Abstraktion (Überbewertung einzelner Aspekte), Übergeneralisierung (ungerechtfertigte Verallgemeinerung), Übertreibung (verzerrte und überdimensionale Wahrnehmung) und Katastrophierung (Ausmalen von Katastrophenszenarios). Wesentlich in der Therapie sind das Bewusstmachen und die Kontrolle der automatisch ablaufenden Gedanken und schädigenden Bewertungen und Denkfehler. Hierfür stehen als Techniken die Selbstbeobachtung, Identifizierung der inneren Selbstgespräche, schriftliches Festhalten erkannter Kognitionen, Prüfung der mit den automatischen Gedanken verbundenen Hypothesen, das Training von alternativen Kognitionen, Entwicklung und Durchführung von Strategien, die es dem Klienten ermöglichen, seine Gedanken und Überzeugungen zu verifizieren, Diskussion, Rollenspiel und Hausaufgaben zur Verfügung (Kriz 1985).

Die *rational-emotive Therapie* (Ellis 1978) besteht im Wesentlichen darin, das Bewertungssystem, insbesondere irrationale Bewertungen eines Menschen zu ändern. Während oft zwischen Ereignissen (A = activating event, z. B. dem Tod eines Menschen) und Folgen (C = consequences, z. B. dem Gefühl, nicht mehr weiterleben zu wollen) eine unmittelbare Beziehung erlebt wird, ist noch ein Bewertungssystem (B = belief system) beteiligt, da die Ereignisse sonst für alle Menschen die gleichen Konsequenzen hätten, was offenkundig nicht der Fall ist. Da den Störungen in der Regel irrationale Bewertungen zugrunde liegen, ist deren Veränderung durch einen »sokratischen Dialog« (D = disputation) wesentlicher Bestandteil der Therapie und führt im günstigen Fall zu dem kognitiven und das Verhalten betreffenden Effekt (E = effect) in Form einer Neuausrichtung des Bewertungssystems, des Umgangs mit Informationen und der Schlussfolgerungen. Das Problem an irrationalen Bewertungen ist nach Ellis (1978), dass sie immer verstärkt werden, da die Konsequenzen etwa in Form der eigenen Gefühle als Bestätigung dienen (dass ich Angst hatte, bestätigt nur, wie gefährlich die Situation war) oder als Grund genommen werden, das Ereignis zu meiden (z. B. da ich bei einer Prüfung immer Angst habe, gehe ich besser gar nicht erst hin).

Die besonders beim »sokratischen Dialog« zum Einsatz kommenden rational-emotiven Techniken lassen sich in emotive, behavioristische und kognitive einteilen. In Gruppen werden Klienten aufgefordert, sich ihre Emotionen völlig offen mitzuteilen und zu zeigen. Ziel ist es, die Bewertungssysteme zu ermitteln, die beim Klienten selbst und bei anderen negative Konsequenzen erzeugen. Auch Imaginationsübungen oder Übungen zur Überwindung von Scham (z. B. Fremde anzusprechen und sie um etwas zu bitten) fallen hierunter. Bei den behavioristischen Techniken finden Verstärkung, Selbstverstärkung und Hausaufgaben Einsatz (z. B. jemanden anzurufen, mit dem man Streit hatte). Zu den kognitiven Techniken gehören ein harter Disput, Konfrontation, Widerlegung, Gegenindoktrination, aber auch Sammlung und Auswertung von Informationen oder die Erarbeitung von Bildern, die in kritischen Situationen vorgestellt werden können und so weiter. All dies hat die Änderung der irrationalen Bewertungen im »belief system« zum Ziel.

Anwendung auf Trauer: Die systematische Desensibilisierung kann zur Erstellung einer Hierarchie besonders belastender Situationen in Bezug auf die verlorene Person und zu deren allmählicher Entschärfung durch gleichzeitige Entspannung genutzt werden.

Die operante Konditionierung kann sicher nicht zu einem vollen Therapieprogramm für Trauernde ausgebaut werden, aber bestätigende Bemerkungen (positive Verstärkungen) können bei allen Verhaltensweisen von Trauernden Platz finden, die auf Verarbeitung, Rückkehr zu sozialen Beziehungen und auf das Leben hin ausgerichtet sind.

Die Reizüberflutung findet in einer Reihe von Therapien mit Trauernden Anwendung, auf die wir im Kapitel »Spezielle Trauertherapien« noch eingehen wollen. Dabei wird immer die Erinnerung an den Toten oder an mit ihm verbundene Gegenstände massiv provoziert, um anschließend ein Abklingen der Trauersymptome zu erreichen.

Eine Stimuluskontrolle findet in einigen Therapien mit Trauernden Anwendung. Die Stimuli werden so organisiert, dass trauriges Verhalten möglichst nicht animiert wird. So werden Situationen geplant und bewusst aufgesucht, in denen Trauer möglichst nicht auftritt, und Situationen vermieden, die zur Produktion und Verstärkung von Trauer beitragen. Wieweit dabei letzten Endes Trauerarbeit vermieden wird und sich dies langfristig eher belastend auswirkt, ist in der Literatur umstritten. Dieser Ansatz wird in allen Fällen sinnvoll sein, in denen Umgebungsfaktoren zusätzlich belastend wirken (z. B. Bekannte, die sich am Leid Trauernder selbst aufbauen). Unter normalen Umständen sollte man die Gefahr einer psychosomatischen Kanalisierung bei Trauernden beachten.

Das Lernen am Modell findet bei allen Initiativen Anwendung, bei denen Witwen mit entsprechender Ausbildung anderen Witwen helfen und somit als Modell für den Umgang mit Trauer dienen wie etwa im Projekt »Community Contacts for the Widowed« (CCW, vgl. Rogers et al. 1980).

Problemlösetechniken und Selbstsicherheitstrainings können gut bei konkreten Alltagsproblemen eingesetzt werden. Vor allem bei sehr einseitiger Rollenverteilung in der Ehe oder symbiotischen Beziehungen kann der Tod des stärkeren Partners beträchtliche konkrete Probleme auslösen (z. B. beim Umgang mit Banken, im Geschäftsleben oder beim Autofahren). Das Durchspielen in der Fantasie und Einüben im Rollenspiel kann hier hilfreich sein.

Gute Ansatzpunkte bieten die kognitiven Psychotherapien. Vor allem Änderungen des inneren Dialogs und irrealer Bewertungen erscheinen sinnvoll. Häufige irreale Bewertungen sind etwa: »Ich werde mich nie wieder freuen können.« »So einen Mann wie meinen finde ich nie wieder.« »Jetzt muss ich für alle Zukunft allein sein.« »Die anderen mochten mich nur wegen meines Partners.« Die Arbeit an derartigen für die differenzierten Auswirkungen eines bestimmten Trauerfalls verantwortlichen intervenierenden Variablen vermag die Sicht und die Verarbeitung eines Verlusts entscheidend zu verändern.

Ein Schwarz-Weiß-Denken ist besonders hinsichtlich der verlorenen Beziehung zu finden, die idealisiert und allen verbliebenen oder in der Zukunft noch möglichen Beziehungen als in ihrer Qualität unerreichbar gegenübergestellt wird. Durch sokratischen Dialog kann das Bild der vergangenen Beziehung der Realität angenähert werden und damit dessen hemmende Wirkung für befriedigendes Erleben weiterer Beziehungen reduziert werden.

Übergeneralisierungen betreffen vor allem die Angst vor einer Wiederholung der Verlusterfahrung bei jeder neu einzugehenden Beziehung. Auch hier können eine Konkretisierung der Erwartungen und ein Überprüfen an der Realität weiterhelfen.

Das schriftliche Festhalten automatisch ablaufender Gedanken, deren Ersatz durch positivere Vorstellungen, ihre Überprüfung und Einübung im Rollenspiel unterbrechen die Fortsetzung selbstanschuldigender und depressiver, ein Weiterleben ohne den verlorenen Partner negierender Lebenseinstellungen und führen zu einer Neuorientierung auf neue Beziehungen und der Möglichkeit neuer lustvoller Erlebnisse.

Beispiel

Eine 74-jährige Frau hat vor sieben Jahren ihren Ehemann verloren, mit dem sie 35 Jahre lang verheiratet war. Er starb an Krebs. Im Gespräch äußert sie, sie fühle sich einsam. In dem Ort, in dem sie wohnt, einem kleinen Dorf, bekomme sie keinen Kontakt, die Leute seien alle sehr sonderbar, schlössen sie aus. Mit einer Frau, die alleinstehend sei, glaubten die Dorfbewohner auch, sich alles erlauben zu können. Eine Nachbarin hatte ihre angelieferten Kohlen einfach vor das Haus der Klientin werfen lassen, als die einen Tag weggefahren war. Als die Klientin zurückkam, war ihr ganzes Trottoir schwarz und Teile der Hauswand auch. Als sie die Nachbarin zur Rede stellte, leugnete diese. Offenbar denken alle, sie könne sich nicht wehren, weil sie allein sei und keinen Mann habe, der sie in solchen Situationen unterstütze und für die gemeinsamen Interessen eintrete. Sie wolle eigentlich nur noch weg aus dem Ort in die 300 km entfernte Großstadt, in der ihr Mann begraben liegt, um ihm nachzufolgen. Im weiteren Gespräch stellt sich heraus, dass sie mit 18 Jahren mit einem jungen Mann verlobt war, der nach zwei Jahren tödlich mit dem Motorrad verunglückte. Es ist offensichtlich, dass ihr dieser jähe Abbruch der damaligen Beziehung auch heute noch zu schaffen macht. Sie scheint dieses Ereignis so verarbeitet zu haben, dass ihr nichts Schönes gegönnt sei.

Im Gespräch stellen sich als ihre »automatischen Gedanken« heraus, dass sie alles Negative darauf zurückführt, dass sie keinen Mann habe. Ferner denkt sie oft »mit mir will keiner etwas zu tun haben« und »die Leute in diesem Ort sind alle rücksichtslos, neidisch, egozentrisch und feindselig«. In der Therapie wird sie aufgefordert, sich in die Katastrophenszenarios zu begeben, sich diese intensiv vorzustellen, was ihr mühelos gelingt. Dann fordert der Therapeut sie auf, sich alternative Erklärungen für das Verhalten der anderen ihr gegenüber auszudenken. Sie kann sich vorstellen, dass sie sich zu sehr abschließt, dass sie seit dem Tod ihres Mannes nicht mehr mit anderen Kontakte pflegt, sondern sich immer zurückzieht und andere denken könnten, dass sie mit ihnen nichts zu tun haben wolle. Auch fällt ihr ein, dass dadurch, dass sie mit anderen nicht spricht, nicht verdeutlicht, was sie will und was nicht, andere ihre Wünsche oft falsch einschätzen könnten. Sie stellt sich alternativ vor, mit einem Nachbarn gegenüber, der sie immer etwas anlächelt, was sie darauf zurückführt, dass er nicht aus dem Ort gebürtig ist, ein Gespräch zu suchen, und eine junge Frau, die sie schon einmal von der Busstation nach Hause gefahren hatte, zum Kaffee einzuladen. Mehr und mehr kommen ihr Gedanken, die zeigen, dass sie so isoliert, wie sie sich fühlt, nicht ist oder zumindest nicht zu sein bräuchte, weil immer wieder Angebote zum Kontakt vorhanden waren, die sie ausschlug.

Als Hausaufgabe wird verabredet, dass sie mit der einen Nachbarin ein Gespräch darüber führt, dass diese ihre Satellitenschüssel so angebracht hat, dass sie einige Zentimeter auf das Grundstück der Klientin ragt, und dass sie die junge Frau zum Kaffee einlädt.

Vorher listet sie noch alle dabei auftretenden ängstlichen Gedanken der Reihe nach auf. Dann werden zu jedem alternative positive Gedanken durchgesprochen (z. B. zu der Vorstellung, dass die junge Frau entrüstet ablehnen und denken könnte, mit jemandem in einem so hohen Alter möchte sie nichts zu tun haben). Dann werden im Rollenspiel mit dem Therapeuten verschiedene Szenarien durchgespielt.

In der nächsten Stunde berichtet sie, dass der Nachbarin nicht bewusst gewesen sei, dass die Satellitenschüssel hätte stören können, und sie sich bereit erklärt habe, die Lage so zu verändern, dass ihr Grundstück nicht mehr tangiert sei. Die junge Frau hatte der Einladung zugesagt, allerdings war erst ein Termin in zwei Wochen möglich, da sie gerade mit dem Lernen für ihre Gesellenprüfung beschäftigt war.

Die Gedanken, die sich jetzt statt der bisherigen anboten, waren: Ich kann es ruhig riskieren, mich mit anderen einzulassen, und wenn ich mich zeige, wissen andere auch, was ich will.

Bei der *Dialektisch-Behavioralen Therapie (DBT) der Borderline-Persönlichkeitsstörung (Linehan 2008)* handelt es sich um eine speziell auf Borderline-Patienten zugeschnittene Form der Verhaltenstherapie, die auf die Beziehung zwischen Klient und Therapeut großen Wert legt. Wesentliches Merkmal von Borderline-Patienten ist die Tendenz zur Selbstverletzung (Parasuizidalität) wie zum Beispiel sich zu ritzen, was häufig als Bemühen verstanden wird, sich durch Schmerz der eigenen Existenz zu versichern. Charakteristisch ist ferner ein anhaltender Krisenzustand durch ständig neue Katastrophen. Kern der Problematik ist unterdrücktes Trauern.

Die DBT ist gekennzeichnet durch eine Reihe von Anweisungen an den Therapeuten:

- Die Aufmerksamkeit des Patienten/der Patientin sei zu erlangen. In der Verhaltensanalyse werden Hypothesen aufgestellt, Problemlösungen und ihre Validierung besprochen. Erforderlich sei eine Ausgewogenheit der Kommunikationsstile, weil dies dem ständigen Schwanken zwischen Hingabe und Rückzug der Patienten entspricht. So wird respektlos-reziproke Kommunikation empfohlen (den Patienten aus der Bahn zu werfen und mit Wärme auf ihn einzugehen).
- Vereinbarungen und Verpflichtungen spielen eine wichtige Rolle. Ziel ist der Aufbau dialektischer Verhaltensmuster. Hierzu gehören dialektische Denkmuster und die Fähigkeit, extreme Reaktionen in bestimmten Situationen durch ausgeglichenere zu ersetzen.
- Erreicht werden sollen grundlegende Bewusstheitsfertigkeiten, die Fähigkeit, Belastungen auszuhalten, die Fähigkeit der Emotionsregulation, interpersonelle Kompetenz, Selbstmanagementfertigkeit (Wissen über Prinzipien der Verhaltensänderung und -aufrechterhaltung).
- Unter Kontingenzmanagement versteht Linehan, dass die kontingenten Beziehungen zwischen dem Verhalten der Patienten und der Reaktion des Therapeuten so gesteuert werden sollen, dass förderliche statt iatrogene Konsequenzen entstehen. Angestrebt wird, zielrelevantes angemessenes Verhalten zu verstärken und zielrelevantes unangemessenes Verhalten zu löschen. Dabei sollen aversive Konsequenzen wie Entzug von Wärme oder Konfrontation nur vorsichtig eingesetzt werden. Wichtig ist die Beachtung von Grenzen. Zum Aufbau von Fertigkeiten dienen die Verstärkung neuer Fähigkeiten, Rückmeldung, Training und Hausaufgaben.

Nach der kognitiven Wende (Beck, Ellis) zeigt die DBT schon eine deutliche Berücksichtigung interaktionaler Gesichtspunkte. Mittlerweile deuten sich in der Verhaltenstherapie auch Aspekte einer emotionalen Wende an. Die DBT kann so verstanden werden.

Obwohl es sich bei der DBT um eine neuere Therapieentwicklung handelt, liegen bereits Effektivitätsuntersuchungen vor. So finden Dams et al. (2007), dass die Therapie selbstverletzendes Verhalten und Suizidalität reduziert. Eine Katamnese nach sechs Monaten zeigte eine Verringerung von Depression und Symptomstress. Dies hing mit der weiteren Anwendung der DBT-Fertigkeiten zusammen.

Anwendung auf Trauer: Die DBT ist für komplizierte Trauer gut geeignet. Nahezu alle von Linehan genannten therapeutischen Prinzipien sind hier gut einsetzbar.

Da Personen mit komplizierter Trauer zu extremen Erlebens- und Verhaltensweisen tendieren, ist die Vereinbarung und Einhaltung von Grenzen sehr wichtig. Die Haltung des Therapeuten ist hier in erster Linie von Konsequenz gegenüber dem Patienten geprägt zum Beispiel beim Überziehen der Zeit, Ausfallenlassen von Stunden, unangemessen distanzlosen Fragen und so weiter. Wichtig ist allerdings, dass auf solche Verhaltensweisen nicht mit Bestrafung reagiert wird, sondern mit vorsichtigem, aber nicht verletztem Rückzug und sachlicher Reaktion, bei angemessener Änderung des Verhaltens entsprechend mit Entgegenkommen. So können die extremen Verhaltensmuster allmählich ein stabileres, ausgeglicheneres Niveau erreichen. Die Kontrolle der Gegenübertragung ist bei dieser Therapie besonders wichtig, um nicht zwischen Mitleid und Gekränktsein hin und her zu schwanken und damit die extremen Beziehungsmuster des Klienten mitzumachen. Konfrontation und respektlos reziproke Kommunikation helfen, den Klienten in Bewegung zu versetzen.

Familientherapeutische und systemische Ansätze

Etwa ab 1945 begannen Therapeuten, zunächst in den USA (Bowen 1966, 1978/1993; Ackermann 1966; Ackermann et al. 1970) familientherapeutische Ansätze zu konzipieren. Grund dafür war, dass die Einzeltherapie gelegentlich in ihrer Effektivität sehr begrenzt war, was auf die Einbettung des Individuums in ein System, die Familie, zurückgeführt wurde.

Vorteile der Familientherapie zeigten sich,

- wenn Klienten nach erfolgreicher Einzelsitzung in ihr übliches System zurückkehrten und die in der Therapie erarbeiteten Einsichten und Verhaltensänderungen auf Ängste und Widerstände anderer Familienmitglieder oder des gesamten Systems stießen. Wenn zum Beispiel ein unterdrücktes Familienmitglied die Notwendigkeit, sich zur Wehr zu setzen, erarbeitet hatte, dann konnte man mit Sicherheit damit rechnen, dass das unterdrückende Familienmitglied versuchte, dies mit allen Mitteln rückgängig zu machen bis hin zu Anrufen beim Therapeuten und Vorhaltungen diesem gegenüber;
- wenn die Veränderungen bei einem Familienmitglied, das von der Familie als Symptomträger präsentiert wurde, nicht zu einer Gesundung des Systems, sondern zu einer Verschiebung der Problematik auf ein anderes Familienmitglied führt. Allen Erziehungsberatern ist geläufig, dass gelegentlich die Symptomatik eines Kindes (z. B. Stottern) bei einem Kind nach wenigen Sitzungen verschwindet, aber kurze Zeit später die Eltern ein Geschwisterkind, das vorher »problemlos« war, anmelden (z. B. wegen Schulversagens);
- wenn die Fantasien über einzelne Familienmitglieder und deren Motivationen so ausgeprägt und extrem sind, dass erst in der Beobachtung der Kommunikation direkt eine Klarstellung Erfolg versprechend ist;
- wenn die Machtstrukturen in einer Familie so einseitig sind, dass erst in der konkreten Konfrontation der Familientherapie eine Stärkung schwacher Positionen erreicht werden kann oder einem starken Mitglied die auch für ihn vorhandenen Nachteile (z. B. Rückzug der anderen) vor Augen geführt werden können.

Die Familientherapie stößt andererseits an ihre Grenzen,

- wenn einzelne Familienmitglieder zur Mitarbeit nicht bereit sind und der Leidensdruck sich auf ein einzelnes Mitglied konzentriert;

- wenn Geheimnisse existieren, deren Aussprechen zwar in der Einzeltherapie möglich ist, gegenüber den Familienmitgliedern aber nicht, zum Beispiel wenn ein Kind der Familie nicht vom Ehemann ist, dieser aber davon nichts weiß. Hier wird die Stabilität der Familie eher durch den Abbruch der Therapie als durch deren Intensivierung von den Betroffenen gesucht werden.

Im Laufe der Zeit haben sich einige Strömungen innerhalb der Familientherapie etabliert.

In Deutschland begann sich die Aufmerksamkeit von Therapeuten zuallererst unter dem Einfluss von Horst-Eberhard Richter (1970) der Familientherapie zuzuwenden. Sein *tiefenpsychologisch/rollentheoretischer Ansatz* arbeitet drei wesentliche Familienstrukturen heraus: Die angstneurotische Familie wird mit dem Begriff »Sanatorium« beschrieben, das heißt, Krankheit und Schwäche und die damit zu erreichenden psychologischen Vorteile dominieren das Geschehen.

Die paranoide Familie ist am besten mit »Festung« wiedergegeben, das heißt, sie grenzt sich gegen eine feindliche Welt ab und erhält sich somit ihre Stabilität. Die hysterische Familie umschreibt Richter mit »Theater«. Hier herrscht das Spielen von Rollen vor, hinter dem die Identität des Einzelnen kaum noch sichtbar ist.

Zusätzlich gliedert Richter die neurotischen Familienstrukturen in Symptomneurosen und Charakterneurosen. Bei der symptomneurotischen Familie besteht eine Spaltung in den oder die »Symptomträger« und den als »heil« angesehenen Rest der Familie. Bei der Charakterneurose schafft sich die gesamte Familie eine neurotische Welt, die die Konfliktspannung mindert. Es besteht hier keine Ausstoßung oder Diskriminierung eines Symptomträgers.

Die beiden Prinzipien, nach denen Kinder in eine bestimmte, ihnen eigentlich nicht angemessene Rolle gedrängt werden (Richter 1962/2007), sind die *Übertragung* durch die Eltern und die *narzisstische Projektion* der Eltern auf das Kind.

Im ersten Fall erhält das Kind Rollen, die den Rollen anderer Personen entsprechen: So kann das Kind in die Rolle des Gattensubstituts (oder eines Ersatzpartners), einer Elternfigur oder in die Rolle eines elterlichen Geschwisters gedrängt werden. Auch die Rolle eines eigenen verstorbenen Geschwisters, das ersetzt werden soll, wäre denkbar.

Wenn auf das Kind Aspekte des elterlichen Selbst projiziert werden, so kann das Kind zum Abbild einer Elternfigur schlechthin werden, zum Substitut des idealen Selbst (so wie ein Elternteil immer sein wollte) oder zum Substitut der negativen Identität (Sündenbock für alle Aspekte, die ein Elternteil an sich selbst ablehnt).

Strukturelle Ansätze: Für den Hauptvertreter Minuchin (1977, Minuchin u. Fishman 1983) sind, wenn Familien nicht funktionieren, deren Strukturen besonders beteiligt. Dabei geht es um die vorhandenen Systeme (das Gesamtsystem einer Familie, ihre Subsysteme, zum Beispiel Elternsystem, Geschwistersystem) und die Grenzen der Systeme (des Gesamtsystems nach außen, der Subsysteme zum Gesamtsystem und zueinander). Es werden nicht starre, auch nicht diffuse, sondern klare und nur durch Aushandeln veränderbare Grenzen intendiert. So lernt das Kind den Umgang mit Regeln und seine Einordnung in ein System und den Umgang mit Machtverhältnissen: Weder es selbst ist allmächtig noch die Eltern, sondern es gibt Regeln und Grenzen, die diskussionsfähig und veränderbar sind, allerdings nicht willkürlich, sondern aufgrund von von allen akzeptierten Aushandlungsergebnissen.

Mehrgenerationenkonzepte klingen bereits bei Richter an, auch in der Transaktionsanalyse, wenn Verhaltens- und Erlebnisweisen der Kinder auf nicht bewusste Aufträge ihrer Eltern zurückgeführt werden, stärker noch in der Transitional Family Therapy, auf die wir später gesondert eingehen. Stierlin (1978) sucht nach Vermächtnissen (Delegationen) früherer Generationen und deren heutiger Bedeutung für den Klienten. Hellingers (2000) besondere Beachtung von ausgefallenen Familienmitgliedern und der Versöhnung mit ihnen gehört ebenfalls hierher.

Das Mailänder Modell (Palazzoli, Boscolo, Cecchin u. Prata 1991) widmete sich ursprünglich überwiegend der Therapie von magersüchtigen und schizophrenen Patienten. Das wesentliche Prinzip ist das Verstören des in der Familie bestehenden Regelwerks. Es wird als das die Störung stabilisierende Element betrachtet, das durch teilweise ungewöhnliche Interventionen durcheinandergebracht werden soll, was neue Perspektiven eröffnet. Es geht darum, die Spielregeln zu verändern, die den Einzelnen in seiner Rolle festhalten. Hierbei ist die Haltung des Therapeuten wesentlich, der der Versuchung widerstehen muss, sich durch Verständnis, Entgegenkommen und so weiter in das familiäre Spiel einbinden zu lassen, etwa bei überraschenden und enorm dringlichen Telefonanrufen, die einen sofortigen Termin zum Beispiel wegen lebensgefährlicher Bedrohung eines Familienmitglieds nahelegen würden.

Das Setting ist ebenso ungewöhnlich: Zwei Therapeuten arbeiten mit der Familie und zwei weitere beobachten das Geschehen hinter einer Einwegscheibe. Die beiden Beobachter haben die Möglichkeit, die Sitzung sofort zu unterbrechen, wenn sie die bisherigen Abläufe und das bisherige Verhalten der agierenden Therapeuten besprechen wollen. Nach der Schlussintervention wird die Sitzung ohne weitere Diskussion beendet. Das System besteht für die Mailänder nicht in der Gesamtheit der Personen in der Familie, sondern in den Kommunikationsstrukturen und im Regelwerk. Das reflektierende Team von Andersen (1990) legt mehr Wert auf Kommunikation und Kooperation mit den Klienten, was unter anderem durch das Mithören der Therapeutenkommentare durch die betroffene Familie ermöglicht wird.

Beim *entwicklungsorientierten (erlebnisorientierten) Ansatz* von Virginia Satir (1972, 1975, 1990/2004) stehen die bisherigen gegenseitigen Erfahrungen der Familienmitglieder miteinander, als Individuum und in der Ursprungsfamilie, im Mittelpunkt.

Außer der Konzeption der Familienskulptur (s. u.) und anderen therapeutischen Methoden ist die Familientherapie nach Satir vor allem durch die menschliche Haltung ausgezeichnet, die stark von der klientenzentrierten Therapie von Rogers beeinflusst ist. Es geht darum, Verstrickungen zu lösen und verborgene Bindungen und Strukturen in der Familie aufzudecken. Respekt und Liebe sind die Grundvoraussetzungen, damit die in jeder Familie vorhandenen Selbstheilungskräfte wirksam werden. Eine positive Selbsteinschätzung ist die Voraussetzung für offene und freie Kommunikation.

Entsprechend formulierte sie (Satir 1972) fünf Grundhaltungen (Fünf Freiheiten), die sie für ihre Klienten erreichen will:

- Die Freiheit zu sehen und zu hören, was im Moment wirklich da ist – anstatt das, was sein sollte, gewesen ist oder erst sein wird.
- Die Freiheit, das auszusprechen, was ich wirklich fühle und denke – und nicht das, was von mir erwartet wird.
- Die Freiheit, zu meinen Gefühlen zu stehen – und nicht etwas anderes vorzutäuschen.
- Die Freiheit, um das zu bitten, was ich brauche – anstatt immer erst auf Erlaubnis zu warten.
- Die Freiheit, in eigener Verantwortung Risiken einzugehen – anstatt immer nur auf »Nummer sicher zu gehen« und nichts Neues zu wagen.

Folgende Einstellungen wirken sich hingegen negativ in der Kommunikation aus:

Beschwichtigen: Dies ist ein Versuch zur Herstellung von gegenseitigem Verständnis und Harmonie. Der Beschwichtiger möchte von allen geliebt werden, weil er das Gefühl hat, immer alles falsch zu machen. Er ist in Kontakt mit allen anderen Teilen des Systems.

Anklagen: Der Ankläger zeigt mit dem Finger auf einen von ihm empfundenen Missstand beziehungsweise auf Versager. Er braucht die Situation, um auf sich aufmerksam zu machen. Sein Grundgefühl ist, selbst nichts richtig zu machen.

Rationalisieren: Der Rationalisierer versucht eine sehr emotionale Situation zu dämpfen, indem er sie von einer Metaebene aus betrachtet. Er will zeigen, wie intellektuell er ist.

Ablenken: Der Ablenker will sich in den Mittelpunkt spielen, wobei er extreme Verhaltensweisen nicht scheut.

Diese Kommunikationshaltungen sind laut Satir in jedem System zu finden. Sie werden zunächst meist negativ erlebt. In der entwicklungsorientierten systemischen Arbeit wird alles als Ressource gesehen. Auch die genannten Kommunikationshaltungen lassen sich durch Reframing (Umdeutung) in positive Aussagen umformulieren, zum Beispiel bringt der Ankläger eine erstarrte Situation in Bewegung.

Narrative Ansätze konzentrieren sich auf »Familiengeschichten«, das heißt Überzeugungen, die in Familien tradiert werden. Es geht darum, die Konstruktion der Realität in Familien, so wie sie sprachlich und nonverbal erfolgt, herauszukristallisieren. Das Anliegen der Therapie ist, Geschichten aufzufinden, die dem erwarteten Trend widersprechen, um den ungünstigen Trend allmählich als weniger wahrscheinlich herauszuarbeiten. Aufgabe des Therapeuten hierbei ist, neugierig und unwissend (der Klient ist der Experte für seine Dinge) zu weiteren Erzählungen anzuregen (Anderson u. Goolishian 1992). Entsprechend sind eine wertschätzende Perspektive und konjunktivische Formulierungen angezeigt.

Beispiel
Eine junge Chinesin erzählt in der Therapie, sie würde sehr oft von ihrem Mann verbal angegriffen. Sie bekomme von ihm die Schuld für alles, was in der Familie oder bei ihm persönlich nicht gut läuft, zugeschoben. Im weiteren Verlauf erzählt sie, ihre Familie sei aus China vertrieben worden, weil sie zur Zeit des Kommunismus sich als wohlhabende Geschäftsleute unbeliebt gemacht hatten. Sie wanderten unter lebensbedrohlichen Umständen nach Vietnam aus, wo sich einige Jahre später die gleiche Situation ergab. Heute hat sie oft Angst, es könne ihr in Deutschland dasselbe Schicksal widerfahren. Ihre Familiengeschichte (Familienskript) besteht also offenbar darin, dass sie immer in der Sündenbockrolle ist

und Vertreibung aus dem Land, aus der Familie und so weiter befürchten muss.

Lösungsorientierte Ansätze, zum Beispiel Schule von Milwaukee (Steve de Shazer). Der kybernetische Ansatz führt von der früheren Frage »Was ist die Ursache des Problems?« zur Frage »Was hält das Problem aufrecht?«.

Eine Grundannahme ist: Es gibt immer Lösungen. Sie werden erfunden, konstruiert und modelliert und nicht entdeckt. Der erste Schritt ist herauszufinden, was der Klient will. Entsprechend wird eine klare Auftragsklärung und Zielvereinbarung angestrebt. Der zweite Schritt ist aufzufinden, was schon funktioniert, und davon mehr zu tun. Der dritte Schritt ist, etwas anders zu machen als bisher. Walter und Peller (2004) nennen eine Reihe von Grundsätzen, die hier zum Tragen kommen:

- Ausrichtung auf das Positive, auf die Lösung, auf die Zukunft und auf Veränderungen in die gewünschte Richtung. Gefordert ist lösungs- und zukunftsorientiertes und nicht problemorientiertes Sprechen.
- Ausnahmen zu jedem Problem können erschaffen und für die Konstruktion von Lösungen verwendet werden. Auch reale Ausnahmen helfen weiter: Wann tritt das Problem nicht auf? Was ist in solchen Zeiten anders?
- Nichts ist immer dasselbe. Änderungen treten immer auf.
- Kleine Änderungen sind auch erwünscht, sie führen zu größeren.
- Die Klienten können nicht umhin zu kooperieren. Selbst wenn sie den Wünschen des Therapeuten entgegenhandeln, tun sie das ihnen derzeit Bestmögliche.
- Der Klient verfügt immer über ausreichende Ressourcen, um sein Problem zu lösen.
- Die Realität ist eine individuelle Konstruktion, die sich aus der Interaktionssituation ergibt. Die Bedeutung kommunikativer Zeichen ist hiervon abhängig und niemals immer gleich.

- Handlungen und Verschreibungen sind zirkulär, das heißt, die Interpretation von Geschehen hat wieder Rückwirkungen. Ob ein Kind, das ein Brennglas auf eine Fliege richtet, bis sie in Flammen aufgeht, als sadistisch oder als physikalisch interessiert definiert wird, hat Rückwirkungen auf die weiteren Interaktionen.
- Die Bedeutung liegt in der Reaktion, sie ist gleichbedeutend mit der Antwort, die man erhält.
- Der Klient ist der Experte (s. o.).
- Jede Änderung, wie Klienten ein Ziel, eine Lösung beschreiben und/oder was sie tun, beeinflusst zukünftige Interaktionen aller Beteiligten.
- Mitglieder einer Behandlungsgruppe sind diejenigen, die ein gemeinsames Ziel teilen und wünschen, etwas zu tun, damit es eintritt.

Von Virginia Satir stammt die Methode der Familienskulptur (s. Nerin, Nerin u. Satir 2010), aus der heraus sich das sogenannte *Familienstellen* entwickelt hat. Bei der Familienskulptur stellt ein Familienmitglied die Familie so im Raum auf, wie es sie erlebt. Ausrichtung im Raum, Körperhaltung und so weiter werden dabei festgelegt. Der Therapeut kann intervenieren, seine Beobachtung einbringen und die Aufstellung korrigieren. In einem Beispiel schildert Satir einen Mutter-Tochter-Konflikt, bei dem die Mutter mit anklagend erhobenem Zeigefinger, der auf die Tochter zeigt, aufgestellt wird. Die Tochter dreht den Rücken zur Mutter. Auf die Frage an die Mutter, was sie ändern will, wurde deutlich, dass sie will, dass sich die Tochter ihr zuwendet. Eine Veränderung wird von der Therapeutin in die Richtung initiiert, dass die Mutter die Hand nach oben offen in Richtung der Tochter ausstreckt.

Ich hatte einmal in einem Seminar einen Teilnehmer seine Familie von Mitstudenten im Raum aufstellen lassen. Er stellte seine Mutter an die eine Tür des Raums mit dem Gesicht zur Tür, den Vater an die andere Tür mit der Klinke in der Hand. Seine Schwester und sich setzte er in die Mitte des Raums auf den Boden. Beide hielten sich aneinander fest. Der Student entstammte einer Scheidungsfamilie.

Wichtig sind für Satir der räumliche Abstand, die Dimension oben – unten sowie Mimik und Gestik. Solche Aufstellungen können auch mit Püppchen erfolgen. Als Vorläufer könnte man den Scenokasten von von Staabs (1943/1995) ansehen, der in der Erziehungsberatung gern verwendet wird. Er enthält Püppchen, die Eltern, Großeltern, Kinder repräsentieren können, und unter anderem eine Reihe tiefenpsychologisch symbolträchtiger Gegenstände (eine Toilette, einen Teppichklopfer, ein Babyfläschchen usw.).

Familienaufstellungen sind lösungsorientierte Kurztherapien: »Sie bringen schnell und präzise die Dynamiken ans Licht, die den Klienten in dysfunktionaler Weise an sein Bezugssystem binden, ihn in seinen Handlungsmöglichkeiten und seiner persönlichen Entfaltung einschränken und somit an der Entwicklung seiner Lebensgestaltung hindern« (Franke 2002, S. 17). Da das Verfahren oberflächlich gesehen einfach in seiner Anwendung erscheint, betont Ulsamer (2001) zu Recht die Wichtigkeit der Persönlichkeit des Therapeuten, dessen Kenntnis der eigenen blinden Flecken und seinen fachlichen Hintergrund. Die Aufstellung kann mit der realen Familie erfolgen oder mit fremden Gruppenteilnehmern. In letzterem Fall wählt derjenige, der ein Problem bearbeiten will, Stellvertreter aus der Gruppe für jedes wichtige Familienmitglied. Der Rest bildet das Publikum. Ulsamer vermutet, dass die Stellvertreter Zugang zu einem Wissen finden, das nur dem Protagonisten zugänglich sein kann. Oft entstehen vor sogenannten Familiengeheimnissen Stockungen des Prozesses. Es ist dann, als ob über der Familie eine unsichtbare Kraft schwebt. Dabei handelt es sich um unsichtbare Loyalität, die verhindert, dass das Geheimnis (z. B. uneheliche Kinder, bisher nicht mitgeteilte Adoptionssituation usw.) ans Licht kommt. Wichtig ist, dass der Therapeut hierbei absichtsfrei und ohne Furcht agiert. Aufstellungen können bei Unbehagen oder bei Verdacht auf Unstimmigkeit von einzelnen Teilnehmern, nicht nur vom Protagonisten geändert werden (Hellinger 2000). Ziel ist die Auflösung von Verstrickungen und ungelösten Problemen durch Veränderungen.

Hieraus haben sich später *systemische Therapieansätze* entwickelt, die allgemeine Prinzipien der Kommunikation weit über den Bereich der Familie hinaus entwarfen.

1. Zusammenfassung der Grundprinzipien der systemischen Therapien: Aus den genannten familientherapeutischen Ansätzen, deren Ursprünge der Psychoanalyse entstammen, und aus kybernetischen Vorstellungen hat sich mittlerweile eine systemische Psychotherapie entwickelt mit unterschiedlichen Strömungen. Deren Grundsätze können in verschiedensten Bereichen und Settings angewandt werden wie in der Familientherapie, in der Therapie mit mehreren Familien gleichzeitig, zudem in der Gruppentherapie, in Supervisionsgruppen, in der Unternehmensberatung (wenn das System Unternehmen zu viele Reibungspunkte aufweist), ja sinnvoll, wenn auch etwas paradox erscheinender Weise ebenfalls in der Einzeltherapie. Darüber hinaus hat die systemische Therapie, teilweise auch durch Anleihe von anderen Therapierichtungen wie Psychodrama, Transaktionsanalyse, Hypnotherapie oder Gestalttherapie, eine Reihe von effektiven Techniken entwickelt.

Die wichtigsten Grundsätze und Annahmen sind (von Schlippe u. Schweitzer 2007, 2010):

- In einem System ist jeder Teil mit jedem anderen vernetzt. Es ist daher nicht möglich, etwas an einem Teil zu verändern, ohne auch alle anderen zu tangieren. Ein Problem ist nicht das, was ein Einzelner an sich hat (Symptomträger), sondern ein Geschehen, an dem viele miteinander interagierende Personen beteiligt sind.
- Ein entscheidender Eingriff in das System ist, es zu stören. Hierdurch ergibt sich, wenn auch in nicht vorhersehbarer Weise, eine Neuordnung des Systems mit allen damit verbundenen Möglichkeiten. Voraussetzung ist ein für die Teilnehmer sicherer Rahmen, auf dessen Basis die Verstärkung von Fluktuationstendenzen erreicht werden kann, die das System in Bewegung versetzen.

- Es geht nicht darum, eine Ursache zu identifizieren, sondern die Lösung in den Mittelpunkt zu stellen.
- Im Mittelpunkt steht nicht die Verhaltensänderung, sondern die Betrachtung der gegenwärtigen Situation und die Steuerung der Prozesse in die Richtung, die Offenheit der Betrachtung und für Anregungen ermöglicht. Hierdurch soll auch der Zugang zu bereits vorhandenen, aber nicht gesehenen und genutzten Möglichkeiten (Ressourcen) geschaffen werden.
- Es geht nicht darum, wie etwas wirklich ist, sondern darum, wie es von den Gruppenmitgliedern erlebt und beschrieben wird.
- Der Therapeut ist der Kooperationspartner aller Beteiligten, die er wertschätzt, selbst bei schwer nachzuvollziehenden und destruktiven Verhaltensweisen.

2. Neu entwickelte Techniken:
Dem Therapeuten stehen für die geschilderten Intentionen eine ganze Reihe von Möglichkeiten zur Verfügung:

- Er äußert ungewöhnliche Ansichten und zeigt überraschende Verhaltensweisen, regt kleine Experimente an.
- Er regt Zeichnungen des Systems an.
- Er lässt das Familiensystem mit Püppchen, Klötzchen oder anderen Gegenständen aufstellen. Das Familienbrett (s. von Schlippe u. Schweitzer 2007) ist ein 50 x 50 Zentimeter großes Holzbrett, auf dem Familienfiguren aufgestellt werden und in ihrer Stellung im Raum und zueinander studiert werden können.
- Beim Familiensystemtest (s. von Schlippe u. Schweitzer 2007) können den Figuren noch kleine Holzklötzchen unterlegt werden, so dass hierarchische Verhältnisse (weiter oben oder weiter unten) verdeutlicht werden.
- Zirkuläre Fragen bedeuten, dass eine gefühlsmäßige Reaktion von B auf das Verhalten von A nicht von B, sondern von C erfragt wird (in einer Therapiegruppe): »Was glauben Sie, Frau Müller, wie es Herrn Meier geht, wenn seine Frau immer so traurig ist?«

Oder (in einer Familie): »Was glaubst du, was in deinem Vater vor sich geht, wenn deine Mutter so mit ihm schimpft?«
- Frageformen, die Unterschiede verdeutlichen, sind zum Beispiel: »Wenn Sie Ihren Zustand heute mit dem von vor drei Wochen vergleichen, sind Sie dann noch genauso traurig, trauriger oder weniger traurig?«
- Prozentfragen: »Wie viel Prozent von Ihnen sind über den Tod Ihrer Schwester traurig und wie viel Prozent eher nicht?« »Wenn Sie vergleichen, wie Sie sich zu Beginn der Trauerberatung fühlten, und Ihre Situation heute, zu wie viel Prozent sind Sie mit den Veränderungen zufrieden, zu wie viel Prozent unzufrieden?«
- Übereinstimmungsfragen: »Ihre Frau meint, dass Sie noch immer Ihrer geschiedenen Frau nachtrauern. Sehen Sie das auch so oder anders?«
- Subsystemvergleiche: »Glauben Sie, dass Ihre verstorbene Frau ihrem Sohn aus erster Ehe mehr zugetan war als Ihrer gemeinsamen Tochter?«
- Der Therapeut kann Erklärungen für das Problem erfragen, seine Funktion verdeutlichen (»Wie wäre das, wenn das Problem weg wäre?«) oder nach Ausnahmen vom Problem fragen (»In welcher Situation und zu welchen Zeitpunkten ist es nicht aufgetreten?«, »Was war da anders, was haben Sie anders gemacht?«, »Könnten Sie etwas tun, damit eine solche Situation wieder entsteht?«).
- Weitere Fragenformen sind die folgenden:
  - nach Ressourcen: »Was möchten Sie an Ihrer gegenwärtigen Situation gern behalten?«, »Was finden Sie gut daran?«
  - die Wunderfrage: »Es ist Nacht und Sie schlafen und es passiert ein Wunder und das Problem ist gelöst. Wie würden Sie das wissen, was würde anders sein, wie würde Ihr Ehemann das wissen, ohne dass Sie ihm ein Wort darüber sagen?« (de Shazer, zit. nach Walter u. Peller 2004).
  - Verschlimmerungsfragen: »Was können Sie tun, um das Problem zu behalten?«

- Beispiele für das sogenannte Reframing (positive Umformulierung) sind folgende:
  - Ein Ehemann geht ständig fremd: »Er muss Sie sehr lieben, dass er immer zurückkommt.« Oder: »Sie haben offenbar einen sehr attraktiven Mann.«
  - Eine unter Höhenphobie leidende Klientin erfährt vom Therapeuten: »Sie sind ein sehr an Gleichheit und Gerechtigkeit orientierter Mensch. Sie hassen es, auf andere herabzuschauen.«
- Der Therapeut kann auch auffordern, Alternativen auszuprobieren: »Gesetzt, es gäbe keine Berater oder Beratung würde ab morgen verboten, was würden Sie tun, um das Problem zu lösen?«
- Bei der paradoxen Intervention oder Symptomverschreibung wird vom Therapeuten die Verhinderung der Symptom- (oder Problem-)Reduktion angeordnet. So soll sich etwa ein Stotterer mit aller Macht zwingen zu stottern, um damit das Auftreten von Symptomen zu verhindern, denen Autoritätsaspekte zugrunde liegen.
- Eine weitere Technik ist das Geschichtenerzählen: »Ein alter Mann ging mit seinem auf einem Kamel sitzenden Enkel durch die Wüste. Kommt ihnen jemand entgegen und schimpft: ›Der junge Knabe sitzt auf dem Kamel und der alte gebrechliche Mann geht zu Fuß, das geht doch nicht!‹ Der alte Mann besteigt das Kamel und der Junge geht nebenher. Kommt wieder jemand und schimpft: ›Seht ihr denn nicht, dass das Kamel schon fast verdurstet ist und außer Kräften, das wird das nicht mehr lange durchhalten.‹ Das Ende vom Lied ist: Der alte Mann und sein Enkel tragen das Kamel durch die Wüste.« (Für Personen, die es allen recht zu machen versuchen.)
- Des Weiteren gibt es in die Zukunft gerichtete Fragen (feedforward): »Stellen Sie sich in fünf Jahren vor ...«, und hypothetische Fragen: »Stellen Sie sich vor, Sie wären nicht als Junge, sondern als Mädchen geboren worden.«

Die Frage nach der Effektivität der systemischen Therapie kann man wohl als beantwortet ansehen: Grünwald und von Massenbach (2003) fanden bei 89 systemischen Therapien unter Einsatz von 28 Therapeuten (10 Sitzungen über 40 Wochen) eine beträchtliche Reduktion der Symptome. 77,5 % der Klienten waren als geheilt oder deutlich gebessert anzusehen. Von Sydow et al. (2010) fanden in einer Metainhaltsanalyse von 38 randomisierten kontrollierten Studien Effektivitätsnachweise für Gefühlsstörungen und Essstörungen.

Anwendung auf Trauer: Insbesondere Familienskulpturen, Familienbrett und Familiensystemtest lassen sich gut bei Trauernden einsetzen. Der Familiensystemtest hilft, die Verwirrung in der Hierarchie und die Möglichkeiten der Neuordnung zu verdeutlichen. Die Aufstellung der Situation vor und nach dem Verlust einer Person kann sehr schön zeigen, welche Funktion die betreffende Person in der Familie hatte und welche Veränderungen durch ihren Tod entstanden sind.

Die verschiedenen systemischen Frage- und Interpretationstechniken können ebenfalls eingesetzt werden, zum Beispiel das Reframing: »Sie haben Ihren Mann so geliebt, dass Sie sich gar nicht vorstellen können, etwas so Schönes noch einmal zu erleben«; Fragen nach Ausnahmen vom System: »In welchen Situationen vermissen Sie Ihren Mann besonders?«, »Und in welchen Situationen vermissen Sie ihn nicht?« Oder die Wunderfrage: »Stellen Sie sich vor, Sie wachen morgen auf und alles wäre so, wie Sie es sich erträumen. Wie wäre das, wie würde es zustande kommen?« und so weiter.

Bei der Verwendung systemischer Fragen (s. o.) ist Sensibilität vom Berater gefordert. Manche Formulierungen setzen bereits einen guten Kontakt zum Berater voraus, um nicht missverstanden zu werden, zum Beispiel: »Wie lange wollen Sie noch trauern? Geben Sie das einmal in Monaten an!«, »Zu wie viel Prozent vermissen Sie Ihren Mann?«

Auch Horowitz (zit. nach Figley 1996) überträgt familientherapeutische Konzepte auf die Trauerbearbeitung nach einem Todesfall (Rochester-Modell). Walsh und McGoldrick (1991) nennen vier Aufgaben für Familien, die von einem Verlust betroffen sind:

- geteilte Kenntnis der Realität des Todes;
- Teilen der Erfahrung des Verlusts. Diese soll in einen sinnvollen Zusammenhang für jedes Familienmitglied gestellt werden;
- Reorganisation des Familiensystems und
- Reinvestierung von Energie in andere Lebensziele und Beziehungen.

Baker (1997) definiert die Aufgaben der Verlustbewältigung für Familien in der Therapie so:

- Identifizierung eines früheren Verlusts in seiner Wirkung auf das gegenwärtige Funktionieren der Familie und Hilfestellung beim Verstehen des entsprechenden Einflusses;
- Ermutigung, zwischen den Familienmitgliedern Gefühle über den Verlust auszudrücken;
- Rekonstruktion der Familie;
- Neudefinition von Grenzen;
- Identifikation der Entwicklungsaufgaben für die Familie, die aufgrund des Verlusts bisher unbearbeitet geblieben sind (z. B. zuzulassen, dass Kinder und Jugendliche reifen und die Familie verlassen werden).

Gruppentherapie

Prinzipiell lässt sich jeder der bisher besprochenen therapeutischen Ansätze (Psychoanalyse, klientenzentrierte Psychotherapie, Gestalttherapie usw.), vielleicht mit Ausnahme der Primärtherapie und der Hypnose (die auch innerhalb einer Gruppentherapie eher Einzeltherapien in der Gruppe darstellen), auch als Gruppen- oder Familientherapie durchführen.

Für Trauernde ist eine Gruppenbehandlung sehr geeignet. Ein erster Effekt der Sitzungen ist es bereits zu erfahren, dass andere unter ähnlichen Trauerereignissen, Problemen und Ängsten leiden. Allerdings kann nach einer gewissen Erleichterung auch gelegentlich ein Wettbewerb eintreten, wer das größte Leid zu ertragen hat. Hier hilft nur, diesen Mechanismus anzusprechen und sichtbar zu machen.

Ein wichtiger Effekt der Gruppentherapie ist zudem, dass mehr Partner für Übertragungen zur Verfügung stehen als in der Einzeltherapie, so dass auch eine größere Anzahl von Mustern transparent werden kann, die die Beziehung zum Verstorbenen betreffen. Gleichzeitig müssen die Gruppenteilnehmer sich jedoch darüber verständigen, dass eine schnelle neue Bindung zweier Gruppenmitglieder genau daraufhin überprüft werden muss, ob nicht nur ein Ersatz für den verlorenen Partner, sondern tatsächlich ein neuer Partner gesucht wird. Möglich wäre auch, die Gruppe auf die Problematik von Beziehungen der Gruppenmitglieder außerhalb der Gruppe hinzuweisen (unkontrollierte Einflussnahmen).

Die Rolle des Therapeuten kann bezüglich seiner Aktivität stark schwanken. Vor allem obliegt ihm die Beachtung der Interaktionen in der Gruppe. Er wird aufmerksam verfolgen, dass kein Gruppenmitglied beschädigt oder unterdrückt wird, ebenso wird er intervenieren, wenn die Gespräche im Wesentlichen nur von ein oder zwei Gruppenmitgliedern bestritten werden.

Ein entscheidender Punkt für das Gelingen ist immer die Zusammensetzung einer Gruppe. Hinsichtlich des Alters, Aggressivität oder Passivität und Geschlecht (soweit möglich) ist eine größere Mischung sinnvoll, hinsichtlich Intelligenz und Bildung eher nicht.

Zwar ist die Psychodynamik des Verlusts durchaus ähnlich, wenn es sich um den Verlust eines Kindes, eines Ehepartners oder – ich bitte, das Beispiel zu entschuldigen – eines Hundes handelt. Auch bei einem Verlust durch Tod oder durch Scheidung müssten Betroffene ihre Problematik nicht gänzlich unterschiedlich erleben, tun dies in der Realität aber. So erfordert die Erfahrung von Trauertherapeuten eher einheitliche Verlustobjekte. Die Betroffenen erleben andere als ihre eigenen Verluste schnell als nicht so wichtig und die betroffenen Personen so, als könnten sie den eigenen Verlust gar nicht annähernd nachvollziehen.

Ein Vorteil wiederum ist eine unterschiedliche Dauer seit dem Verlust bei den Betroffenen. Dies führt dazu, dass schon länger vom Verlust Betroffene von denen mit frischem Verlust als Vorbild für die mögliche Bewältigung genommen werden können (Lernen am Modell) und sie auch von den Erfahrungen der erstgenannten Trauernden profitieren können. Ebenso dienen diesem Zweck offene Gruppen, in denen frei werdende Plätze laufend wiederbesetzt werden können.

Therapie mit Kindern

Auch für die Therapie mit Kindern gilt prinzipiell, dass alle bisher besprochenen therapeutischen Ansätze im Wesentlichen übertragbar sind, was aber umfassend nur mit Verhaltenstherapie, personzentrierter Gesprächspsychotherapie und Psychoanalyse geschehen ist, sieht man einmal von wenigen gestalttherapeutischen Ansätzen ab (z. B. Rahm 1997). Da die grundlegenden theoretischen Vorstellungen über die Wirkfaktoren bei Erwachsenen- und Kindertherapie ähnlich sind, beschränke ich mich auf einige spezifische Merkmale der Kindertherapie:

Kindertherapie verwendet am besten das Medium Spiel. Das entscheidende Vorgehen ist aber der Arbeit mit Erwachsenen ähnlich, wie etwa in der Psychoanalyse die Arbeit mit Symbolen oder die Aufdeckung verdrängter Motive.

Ohne Zusammenarbeit mit den Eltern ist eine Therapie jüngerer Kinder kaum möglich. Dabei müssen die Motive, deren Verdrängung beim Kind festgestellt wurden, auch bei den Eltern aufgedeckt werden, da diese anderenfalls die Veränderungen beim Kind nicht ertragen könnten. Mit Interpretationen ist bei Kindern noch vorsichtiger umzugehen als bei Erwachsenen. Beispiele, Metaphern, indirekte Äußerungen sind eher angezeigt.

Selbst bei schwierigsten Eltern-Kind-Beziehungen liebt das Kind seine Eltern. Nur wenn die therapeutische Beziehung dies respektiert und dies dem Kind deutlich macht, kann es sich auf das Bündnis mit dem Therapeuten einlassen. Ein Agieren des Therapeuten gegen die

Eltern wird vom Kind als existenzielle Bedrohung empfunden und führt notwendigerweise dazu, dass es die Beziehung zum Therapeuten nicht vertrauensvoll aufnehmen kann. Dies gilt erst recht, wenn Trennungen von Bezugspersonen vorliegen und das Kind ohnedies durch Ängste vor dem Verlust von Bindungen verunsichert ist.

Für die Therapie muss das Spielzeug entsprechend den verdrängten Motiven des Kindes ausgerichtet sein. Es sollte also Angebote aus dem oralen (Fläschchen, Sauger, Schmusetiere, Fell, Puppenherd), analen (Sandkasten, Fingerfarben mit -tafel, Teppichklopfer, Spielzeugtoilette, Boxhandschuhe, Gummischwerter) und ödipalen (Puppenfiguren, Kleider zum Anziehen, Sachen zum Arztspielen) Bereich enthalten. Ob der Therapeut sich direkt am Spiel mit dem Kind beteiligt oder es eher kommentierend begleitet, wird unterschiedlich gehandhabt.

Verbote sollten so sparsam wie möglich ausgesprochen werden, wobei der Therapeut immer von seiner eigenen Toleranz ausgehen muss, um nicht mehr zuzulassen, als er verkraften kann, damit keine eigenen Aggressionen gegen das Kind auftreten.

Nach Therapiestunden, die für das Kind besonders lustvoll waren, soliten auf jeden Fall wenigstens einige Worte mit den Eltern gewechselt werden, damit das Kind für die Lockerung seiner Hemmungen (wenn es etwa verschmutzt nach Hause kommt) nicht bestraft wird oder die Eltern womöglich den Sinn der Therapie nicht mehr nachvollziehen können.

Anwendung auf Trauersituationen: Bei Kindern geht es in der Trauertherapie nicht nur um die Bearbeitung des Verlusts, sondern sie brauchen einen realen Ersatz für ausgefallene Beziehungen. Hier sollte der Trauertherapeut bei Elternverlust vorübergehend, aber unmittelbar in der Therapie die Übernahme elterlicher Rollen anbieten, mehr als dies bei anderen Therapien mit Kindern angezeigt ist. Darüber hinaus steht für das Kind die Katharsis als therapeutische Wirkung im Vordergrund.

Kinder mit Verlusterfahrungen tendieren im Gegensatz zum Trauerprozess Erwachsener oft zur Leugnung des Todes, zu radikalem Sich-Abschirmen gegenüber Gefühlsäußerungen über den

Verlust, zu auffallender Zunahme einer Identifikation mit der verstorbenen Person und ihrer Idealisierung und zu Fantasien einer fortdauernden Beziehung mit dem oder der Verstorbenen (Miller 1971). Deshalb soll bei ihnen das direkte Ansprechen von Gefühlen vermieden werden. Sie werden weit weniger belastet durch das indirekte Beispiel eines anderen Kindes, dessen Geschwister gestorben war und das das Gefühl hatte, es hätte versäumt, das zu verhindern, oder durch symbolische Interaktion, etwa durch Spielen einer Operation mit den Puppen oder die Reparatur einer Puppe, die kaputt gegangen ist, oder durch sachliche Berichte über den Tod.

Puppenspiele, das Malen der Familie oder das Spielen eines Zauberers durch das Kind sind hilfreiche Möglichkeiten, den Druck zu vermindern, aber auch seine Verarbeitungsprozesse kennen zu lernen und diagnostisch zu nutzen.

Beispiel
Als jungem Erziehungsberater wurde mir ein zwölfjähriges Mädchen wegen plötzlichen Leistungsversagens in der Schule vorgestellt. Der Vater hatte sich vor einem Monat in der Waschküche erhängt. Das Mädchen hatte ihn gefunden und versucht, ihn allein vom Strick zu befreien, und hatte die Mutter erst geholt, als das misslang. In den ersten Stunden erzählte sie immer wieder von dem Erlebnis mit ihrem strangulierten Vater. Ich erkundigte mich vorsichtig nach Details, aber ohne sie nach ihren Gefühlen zu fragen. Ich vermutete, dass sie mir diese schon zeigen würde, wenn es ihr möglich wäre. Ihre Erzählungen vom Auffinden des Vaters waren wenig emotional, nicht traurig, nicht ängstlich, eher wie ein sachlicher Bericht. Nach einigen Stunden beschäftigten sie andere Themen. Sie zeigte mir ihre Stricksachen, erzählte von ihren Freundinnen, ab und zu auch aus der Schule. Öfter wollte sie Memory, »Mensch ärgere dich nicht« oder Halma mit mir spielen, worauf ich mich auch einließ. Ich hatte das Gefühl, dass es nach den ersten Stunden nicht direkt um therapeutische Interventionen ging, eher hatte ich das Gefühl, dass sie mich nahtlos als Ersatz akzeptiert hatte. Die Schulsituation hatte sich bald erheblich gebessert und sie schien mit dem Kontakt zu mir nach wie vor

sehr zufrieden, brauchte ihn aber nicht mehr so sehr. Ich hatte das Gefühl, dass ich ihr inzwischen weniger wichtig war. Im Gegensatz zu der Ausschließlichkeit des Kontakts, den sie zunächst mit mir pflegte, erzählte sie gelegentlich, dass sie gern komme. Sie erzählte aber auch immer öfter von einem Bruder der Mutter, der häufiger als früher zu Hause vorbeikam und mit dem sie Kontakt hatte. Ebenso klangen die Erzählungen über ihre Freundinnen nach unbeschwertem und vergnügtem Spiel.

Wie oft in der kindertherapeutischen Praxis schien es mir schwer zu beurteilen, was in diesem Fall eine Veränderung bewirkt hatte. War es die Erzählung über ihr Erlebnis, die Stabilisierung der Familiensituation oder das Auftauchen des Onkels, der häufiger als früher zur Verfügung stand? Aus meiner Sicht stand ich in einem günstigen Augenblick als Ersatzvater zur Verfügung und habe allein deshalb abseits aller therapeutischen Theorie verhindert, dass sie sich als ganz verlassen, ungeliebt und uninteressant vorkam. So konnte die Zeit überbrückt werden, bis ein realer Partner einspringen konnte, der dies mit ebenso viel Spaß, aber nicht von Berufs wegen tat.

Spezielle Trauertherapien

Eine Reihe von Verfahren sind speziell für die Anwendung bei Verlustsituationen konzipiert worden und gehen damit weit über die besprochenen Modifikationen bestehender Verfahren für Trauersituationen hinaus.

Kriseninterventionsprogramme

Neben reinen Trauertherapien gibt es zahlreiche Programme zur Behandlung akuter Trauer, angefangen von der Information und der Veränderung der aktuellen Umgebung bis hin zu intensiver Durcharbeitung der Geschehnisse in Gruppen oder Einzeltherapie durch besonders betroffene Personen (s. Pynoos u. Nader 1993, Fischer u. Riedesser 1998).

Greifen wir ein Beispiel heraus: Das »Critical Incident Stress Debriefing« (CISD) ist ein in den USA häufig eingesetztes Kriseninterventionsprogramm (Mitchell 1983). Ursprünglich für Notaufnahmestationen konzipiert, kommt es in der unmittelbaren Katastrophensituation zum Einsatz und soll helfen, späteren psychischen Störungen vorzubeugen. Das Einsatzteam besteht aus mehreren Mitgliedern, darunter ein »mental health counselor« und ein »peer counselor«. Letzterer gehört selbst zu der betroffenen Berufsgruppe (z. B. bei Unfällen in einem Betrieb). Er soll Kenntnisse bezüglich der beruflichen Aspekte zur Verfügung stellen und den Betroffenen Glaubwürdigkeit vermitteln. Er selbst ist nicht vom Unfall betroffen.

Die Intervention verläuft in sieben Stufen:

(1) Bei der Einführung werden Grundregeln aufgestellt, der Prozess erläutert und Vertrauensprobleme besprochen.

(2) In der *fact phase* sollen die Teilnehmer beschreiben, was faktisch passierte.

(3) In der *thought phase* werden erste Gedanken der Mitglieder während der Ereignisse erfragt.

(4) Die *reaction phase* dient dem Besprechen der Gefühle.

(5) In der *symptom phase* werden Symptome erörtert, die auftauchten, was auch anhand von Beispielen anderer Ereignisse veranschaulicht werden kann.

(6) Die *teaching phase* hat zum Ziel, dass die Teilnehmer lernen, ihre Reaktionen als normal und vorübergehend einzustufen.

(7) In der *reentry phase* werden Copingmechanismen unterstützt und wird auf ungeeignete Bewältigungsmuster aufmerksam gemacht.

Die Einsatzdauer für das Team beträgt nicht mehr als zwei bis drei Stunden. Selbsterfahrungseinheiten und Gruppen- oder Familientherapien können sich für die Betroffenen anschließen.

Im Fall von Kindern ist es bei traumatischen Todesfällen (etwa infolge von Katastrophen) zuallererst wichtig, ihnen psychisch und räumlich Sicherheit zu vermitteln. Sie müssen mit den (noch vorhandenen) Familienmitgliedern so schnell als möglich wiedervereinigt werden und andere (Kinder) müssen davon abgehalten werden, die Lage zu verschärfen, indem sie etwa »Killer« spielen. Solche Reaktionen sind angesichts der auch bei ihnen entstehenden Aufregung und Angst durchaus nicht selten. Diese Kinder sollten stattdessen die Aufgabe bekommen, sich um ihre Kameraden zu kümmern. In der weiteren Betreuung haben sich *peer support groups* besonders bewährt, da sich Kinder und Jugendliche in diesen Gruppen mit ihrem Problem nicht mehr so allein fühlen.

Wenckstern und Leenaars (1991) schildern am Beispiel des Suizids eines Schülers Interventionsprogramme, die auch auf andere traumatische Ereignisse im schulischen Bereich übertragbar sind. Darüber hinaus haben schulische Interventionsprogramme Ähnlichkeit mit posttraumatischen Interventionsprogrammen:

- die Maßnahme sollte so früh wie möglich nach der Tragödie beginnen;
- Widerstand sollte von einigen, aber nicht allen Überlebenden erwartet werden;
- negative Emotionen gegenüber dem Opfer sollten zur rechten Zeit erfragt werden;
- bei der Realitätstestung sollte geholfen werden;
- wenn es nötig ist, muss der Psychologe bereit sein, sich zurückzuziehen;
- Klischees und banaler Optimismus sind unter allen Umständen zu vermeiden;
- wichtig ist es, auf erheblichen Zeitbedarf eingestellt zu sein (im Allgemeinen mehrere Monate in einer Schule);
- das Nachsorgeprogramm sollte Teil eines Gesundheitspakets sein, das Präventions- und Interventionsmaßnahmen einschließt.

Trauertherapien im engeren Sinn

Zu Beginn einer möglichen Trauerberatung oder Trauertherapie sowie zum eventuellen Einstieg und zur Klärung, ob Therapie oder Beratung überhaupt nötig ist, welche Ziele diese haben sollen und wo Vulnerabilitäten liegen, sind einige grundsätzliche Fragen zu stellen (Raphael et al. 1993), die dem Inhalt nach so aussehen können:

- Können Sie mir etwas über sie/ihn (die/den Verstorbene/n) sagen?
- Können Sie mir etwas darüber sagen, wie sie/er starb?
- Können Sie mir sagen, wie andere seitdem auf Sie reagiert haben, was sie gesagt und getan haben, was dies für Sie bedeutete?
- Können Sie mir etwas über die anderen Dinge sagen, die Ihnen seitdem passiert sind oder die jetzt passieren und die für Sie ebenso schwer sind?
- Können Sie mir etwas über sich selbst und Ihr Leben sagen, bevor das alles passierte? Wie es war und womit Sie in der Vergangenheit konfrontiert waren?
- Können Sie mir etwas über die Familie sagen? Wie dieses Ereignis die Familie als Ganze tangiert und was es Ihrem Gefühl nach für jede Person bedeutet?

Regrief Therapy

Die früheste und bekannteste Entwicklung einer speziellen Trauertherapie ist die »Regrief Therapy« von Volkan (Volkan u. Josephthal 1994). In ihr spielen sogenannte Brückenobjekte eine zentrale Rolle. Sie stellen den Kontakt zum Toten her und sind etwas, das die verlorene Person früher trug (z. B. ihre Uhr), etwas, das der Tote zur Erweiterung seiner Sinne benutzte (z. B. eine Kamera), eine symbolische oder realistische Repräsentation des Toten (z. B. eine Fotografie) oder etwas, das der Trauernde gerade zur Hand hatte, als er vom Tod erfuhr oder den toten Körper sah (z. B. ein Taschentuch). Diese Funktion kann auch eine Fantasie ausfüllen, die der Trauernde sich beispielsweise während der Beerdigung immer wieder ins Bewusstsein rief und die jetzt eine Brücke darstellt.

Die Regrief Therapy beginnt mit dem, was Volkan als »demarcation exercises« bezeichnet. Der Trauernde muss lernen, was zu ihm selbst und was zur Repräsentation der verlorenen Person gehört. Es muss geklärt werden, was von den Introjekten er behalten und welche er zurückweisen will. Der Therapeut fördert über Wochen nicht ein massives Ausleben von Gefühlen, sondern dämpft eher die Ungeduld des Klienten, indem er etwa auf Unmutsäußerungen, warum die Therapie denn so lange dauere, mit besänftigenden Bemerkungen reagiert (»Warum haben Sie denn solche Eile, wir arbeiten doch daran«). Danach beginnt die Arbeit am Brückenobjekt, das zur Therapie mitgebracht und zwischen Therapeut und Klient gelegt wird. Beim Anfassen des Objekts schildert der Klient, welche Gefühle dies bei ihm auslöst. Nach der Therapie wird der Gegenstand vom Therapeuten weggeschlossen. Diese Arbeit am Brückenobjekt kann wochenlang dauern. In den Wochen danach werden mit dem Therapeuten alle Erfahrungen und Erinnerungen durchgegangen (z. B. wann die Abspaltung begann, Begräbnis, Versuche, den Toten am Leben zu halten). Eine Art vom Patienten selbst gefundenes Ritual sei günstig, ebenso die Träume des Klienten, die er während der Therapiezeit hatte, in ihrer Reihenfolge noch einmal mit ihm durchzugehen, damit er sieht, wie die Introjekte der verlorenen Person ihn langsam in Frieden lassen und wo er jeweils im Trauerprozess gestanden hat. Die Therapie dauert insgesamt ungefähr vier Monate mit mindestens drei Sitzungen wöchentlich. Der Therapeut muss in der Regrief Therapy aktiv, direkt und instruierend etwa gegen Gefühle der Scham und der exzessiven Kontrolle angehen, sich als Bündnispartner anbieten. Das Vehikel, über das die Therapie funktioniert, ist die Übertragung, also die positiven Beziehungsgefühle und Erwartungen. Im Lauf der Therapie tauchen auch Übertragungen auf den Therapeuten auf, die dem Verstorbenen gelten. Das kann genutzt werden, um Konflikte durchzuarbeiten, die der Betreffende mit dem Verstorbenen hatte. Die frische Trauer anlässlich der Beendigung der Therapie kann ebenfalls genutzt werden. Die Regrief Therapy ist eine Art psychoanalytischer Fokaltherapie.

Regrief Therapy sei, so Volkan, nicht geeignet für Personen mit einer narzisstischen Charakterpathologie, hingegen gut geeignet für solche mit hohen Werten für Hysterie und Abhängigkeit im MMPI (Minnesota Multiphasic Personality Inventory, einem Persönlichkeitsfragebogen) sowie generell für alle, für die auch eine klassische Psychoanalyse geeignet sei.

Beispiel
Ein Teilnehmer an einer Fortbildungsveranstaltung will im Rollenspiel als Klient fungieren und am tatsächlich erfolgten Tod seiner kleinen Schwester arbeiten. Er ist heute 27 und war sieben Jahre alt, als die Schwester im Alter von drei Jahren an progressivem Muskelschwund starb. Als Brückenobjekt wählt er ein Bild seiner Schwester. Er sitzt dem Therapeuten gegenüber und fasst das Brückenobjekt an. Dann beginnt er zu erzählen, was ihm einfällt. Seine Schwester war ein ganz liebes Kind, immer freundlich und gut gelaunt. Sie war der Sonnenschein der Familie. Die Eltern haben heute noch ein Bild von ihr in fast jedem Zimmer und im Flur einen kleinen Altar. Es war für die Eltern ganz schlimm, als sie starb. Mindestens einmal am Tag beten sie vor dem Altar. Diese Schilderung der liebenswerten Seiten der Schwester gingen etwa eine halbe Stunde lang. Er selbst habe sie auch sehr vermisst. Plötzlich stockt er, wirkt konsterniert und erschrocken.
Therapeut: Was ist, stimmt etwas nicht?
Er zögert. Offensichtlich brechen in ihm Ideen auf, die er selbst für unglaublich hält.
Der Therapeut: Lass es ruhig zu. Lass alles raus.
Er rafft sich auf, wird sehr viel lebhafter und lauter: Nichts stimmt da. Das ist völlig absurd. Die hat immer überall herumgeschissen. Es stank wie die Pest. Und dauernd musste man sich um sie kümmern. Ich auch. Alles hat sich immer nur um sie gedreht. Ich war das so leid. Als ob ich gar nicht da wäre. Das, was meine Eltern heute noch machen, ist doch nur eine Luftblase, das hat mit der Realität nichts zu tun. Ich kann das nicht mehr hören.

Konfrontative Ansätze mit verhaltenstherapeutisch-gestalttherapeutischen Elementen

Als kognitiv-verhaltenstherapeutisch mit gestalttherapeutischen Elementen könnte man die Therapien von Hodgkinson (1982) sowie von Melges und DeMaso (1980) einstufen. Hodgkinson vermutet bei pathologischen Trauerverläufen, dass die Trauer als emotionaler Prozess blockiert ist und in der Therapie wieder befreit werden muss. Die Therapie beginnt mit Konfrontationen. Die dabei entstehenden emotionalen Reaktionen werden dann mittels der gestalttherapeutischen Technik des leeren Stuhls weiterbearbeitet und geschlossen. Diese Folge wiederholt sich während des weiteren Therapieverlaufs.

Melges und DeMaso betonen das Wiedererleben der Trauer im Hier und Jetzt. Zunächst müssen Blockierungen der Trauer gefunden und ein kognitiver Entschluss zum erneuten Trauern gefasst werden. Es folgen Visualisierungsübungen, die sich auf den Toten beziehen. Es sollen die Szenen neu erlebt und in der Gegenwart erzählt und betrauert werden, bevor neue Zukunftsorientierungen entworfen werden.

Geleitete Trauerkonfrontation

Eine dem verhaltenstherapeutischen »flooding« (Reizüberflutung) angenäherte Methode ist die geleitete Trauerkonfrontation von Vogel und Peterson (1991). Der Patient muss sich in regelmäßigen Sitzungen zu Hause immer wieder Bildern und Erinnerungen an den Toten aussetzen. Die Besprechung in der Therapie dient mehr der Kontrolle der Durchführung. Das Verfahren erfordert vom Klienten sehr viel Eigenständigkeit und intrinsische Motivation. Daher wirkt es nur in Fällen, in denen die Trauernden selbst die Erinnerungen und Belastungen loswerden wollen. Der Vorteil sei jedoch, dass es gerade bei resistenten Trauerfällen, bei denen psychodynamische Techniken versagen, erfolgreich ist. Bei ambivalenten Fällen, bei denen die Trauer auch Elemente von Befriedigung (sekundärer Lustgewinn) enthält, sei die Methode hingegen eher nicht sinnvoll. Der Effekt dieser Therapie wird mit Gewöhnung oder mangelnder Verstärkung erklärt. In nicht erfolgreichen Fällen könnte das »anti-exposure paradigm« von Sireling et al. (zit. nach Vogel u. Peterson 1991) mehr Erfolg versprechen.

Transitional Family Therapy (Familienübergangstherapie)

Eine an die Transaktionsanalyse, an systemische und kognitiv-verhaltenstherapeutische Ansätze angelehnte Methode ist die Transitional Family Therapy (TFT), meist als Familientherapie praktiziert. Es ist eine integrative, interaktive Problemlösungstherapie mit durchschnittlich zehn Sitzungen. Die Familienpattern werden transgenerational, sozusagen mit Ausdehnung des transaktionsanalytischen Skriptbegriffs auf die Mehrgenerationenebene als Familienskripts exploriert (Boszormenyi-Nagy u. Spark 1973; Kerr u. Bowen 1988; Stanton 1992), unterbrochen durch eine transitionale (Übergangs-)Therapie. Multigenerationale, sich wiederholende Pattern von Schwierigkeiten und Erfolg bei Übergängen von einem Lebenszyklus zu einem anderen (Carter u. McGoldrick 1988; Landau 1982; Stanton 1992) werden erhoben. Wichtig in der Behandlung von Trauma und Verlust ist der Landkartenprozess (mapping process), vor allem die Erstellung von Übergangslandkarten, die gemeinsam vom Therapeuten und Klienten konstruiert werden. Der Klient soll sich so weit wie möglich zurückerinnern. Epizentren von Trauma und Verlust und die Reaktionen der Familienmitglieder hierauf werden aufgespürt. Die Funktion der Landkarte hierbei ist diagnostisch, prädiktiv und interventiv.

Ist die Ätiologie der Traumata erst einmal identifiziert, hilft der Therapeut, effektiv zu trauern. Dann werden Methoden und Werkzeuge zusammengestellt, um mit solchen Traumata in Zukunft anders umzugehen. Wichtig sind die Interaktionen der Familienmitglieder und die Herstellung von Rapport, Identifizierung der Kräfte und Ressourcen, Erarbeitung von Zielen und einem besseren Umgang mit Trauer. Benutzt werden können Skulpturen, transitionale Skulpturen, Rollenspiel, Simulation und Aufgaben in der Sitzung, die in Hausaufgaben übersetzt werden. Eine ganze Gruppe oder Familie, Untergruppen und zusätzlich für die Familie bedeutsame Personen können eingeladen werden und an der Therapie teilnehmen, die jedoch auch mit Einzelpersonen durchgeführt werden kann. Ziele der Therapie sind die Reorganisation der Familie, das Verstehen der ausgefallenen Familienmitglieder vor und nach ihrem Tod und der Versuch, ihnen zu vergeben, die Verteilung der Verantwortlichkeiten, die Reduzierung der Angst vor nicht tradierten Lösungen und die Mobilisierung von Ressourcen. Die älteren Familienmitglieder können die jüngeren dabei unterstützen. Die üblichen Schritte des Verfahrens, die in jeder Sitzung wiederholt werden, sind (Horwitz 1997):

- sich mit den Familienmitgliedern, wenn möglich auch mit den älteren, und anderen präsenten Unterstützungspersonen der Familie zu treffen;
- Behandlungsziele festzulegen;
- die Kräfte der Familie zu identifizieren und zu mobilisieren;
- die transitionale Landkarte zu konstruieren und die wahrscheinlich traumatischsten Epizentren zu lokalisieren;
- Theorien und Techniken der verschiedensten Schulen zu nutzen, um einen bedeutungsvollen Dialog in der Sitzung und aktionsorientierte Interventionen zustande zu bringen;
- den Familienmitgliedern relevante Aufgaben zuzuweisen, die sie zwischen zwei Sitzungen erledigen sollen;
- die Therapie zu beenden.

Horwitz (1997) geht dabei von folgenden Grundannahmen der TFT aus:

- Reaktionen auf Traumata hängen davon ab, wie gut eine Person auf Lebensereignisse und Änderungen von Lebenszyklen vorbereitet ist.
- Der systemische Zugang neutralisiert die Traumaeffekte durch Unterbrechung des Zyklus von Schmerz und Symptomatologie.
- Die Familie muss den »Verlust verlieren« und dem dahingeschiedenen Familienmitglied eine geeignete und nützliche Anwesenheit in der gegenwärtigen Lebenserfahrung der Familie zubilligen.
- Wenn man eine Familie näher an ihre Trauer bringt als sie dies selbst könnte, hilft ihr dies, den Schmerz aufzugeben. Dies erfordert großes Geschick vom Therapeuten, vor allem beim Pacing, Timing und der Interventionsanwendung.
- Die Besprechung der Realität des Todes demystifiziert die diesbezüglichen Vorstellungen.
- Die Herstellung oder Wiederherstellung eines Gleichgewichts zwischen den noch lebenden Mitgliedern einer Familie und zwi-

schen den lebenden und dem toten Mitglied reorganisiert die Hierarchie effektiv.
- Durch das Durcharbeiten des Schmerzes können der Verlustschmerz und die Traumaangst zwischen allen Familienmitgliedern verteilt werden.

Beispiel
Eine 67-jährige Frau leidet unter massiven Rückenschmerzen und Ängsten wegen des drohenden Todes ihres Mannes seit dessen Gehirnschlag vor drei Jahren, von dem er sich noch nicht ganz erholt hat. Sie erzählt von ihrem Ehemann, ihren Eltern und der gesamten Familie. Untersuchen wir die einzelnen Familien und die Übergänge zwischen Lebenszyklen auf generelle Tendenzen hin: In der Familie der Großmutter mütterlicherseits sind unglückliche Ehen zu finden mit der Tendenz, auf andere Partner auszuweichen, aber eine endgültige Trennung zu vermeiden bis hin zu außerehelichen Kindern und ungeklärter Elternschaft der Kinder in der Familie. Dies kann zumindest bei der Großmutter als unehelichem Kind aus frühkindlicher Ablehnung entstanden sein. Beim Übergang zu ihrem nächsten Lebenszyklus wiederholt sie in der Partnerwahl ihre frühkindliche Erfahrung, dass man sich nicht fest auf den Partner verlassen kann, sondern dieser vor Konflikten in andere Beziehungen (Ersatzbefriedigungen) ausweicht. Sie selbst trifft aber auch keine klare Entscheidung, sondern verharrt in der Beziehung, vielleicht auch weil sie sich auf fünf Kinder einlässt.

Die älteste Tochter heiratet einen Mann aus Enttäuschung, die sie ihrem eigenen Entschluss, nicht mit ihrem Geliebten nach Amerika zu gehen, und der Vermeidung des damit verbundenen Risikos zuzuschreiben hat. Sie verzichtet aber auch nicht endgültig, so dass sie sich ihrem neuen Mann hingeben könnte, sondern träumt ein Leben lang dieser Beziehung hinterher. Die Sehnsucht nach ihrem ersten Partner trägt, sicher nur unter anderem, dazu bei, dass ihr Mann mit der Suche nach anderen Frauen reagiert. Unzufrieden über seinen zu gering bewerteten Kaufmannsberuf ist er ohnedies. Ihr Kind wird zum Sündenbock für die Nichterfüllung der väterlichen Träume und sicher auch zum Ziel für die

Wut des Vaters auf die zu wenig auf ihn konzentrierte Mutter. Dieser Sohn zieht die Konsequenz, nicht mehr leben zu wollen, als ihm seine »Hilfsarbeiterrolle« deutlich wird, und stirbt an Krebs. Die Mutter stirbt kurz danach. Möglicherweise war er alles, was sie am Leben gehalten hatte.

In der Familie des einen Bruders beginnt die Ehe schon mit einer unklaren Vaterschaft. Er setzt hier etwas fort, das er in der elterlichen Ehe gelernt hat. Man kann sich auf Frauen nicht verlassen, man kann nicht einmal sicher sein, dass man der Vater seiner Kinder ist. Seine Frau demonstriert ihm dies weiterhin. Er wählt eine unklare Situation von Anfang an und reagiert mit Tablettensucht und Krankheiten, wenn er die Zustände nicht mehr verkraftet und die Realität sich nicht mehr leugnen lässt.

Der Sohn reagiert auf die Unklarheiten seiner Herkunft verwirrt. Als sich auch in seiner Ehe Unklarheiten und mangelnde Zuneigung herausstellen, bringt er sich mit einem Autounfall ums Leben. Auch hier haben wir das Muster, sich auf Beziehungen unter unklaren Umständen einzulassen, nicht sorgfältig, sondern unter dem gesellschaftlichem Druck eines zu erwartenden Kindes zu entscheiden und dann resigniert das Leben wegzugeben. Der Übergang vom Vater zum Sohn ist hier nahtlos. Eine Kombination zwischen dem Muster der Tante, die ihrer ersten Liebe so lange nachhing, und dem frühen Aus-dem-Leben-Scheiden aufgrund einer falschen Wahl zeigt seine Schwester, die sich außerhalb der Ehe unglücklich verliebt und dann umbringt.

Der andere Bruder zeigt offenbar eine etwas stabilere Tendenz, er flüchtet nicht in Konventionen, sondern agiert seine Bindungsunfähigkeit zu Lasten der mit ihm verbundenen Personen aus. So vermeidet er für sich Krankheit, trotz der unzweifelhaften Disposition hierzu, da sein Bindungsproblem im Hintergrund ja ebenso deutlich ist wie bei seinen Geschwistern. Was den dritten Bruder veranlasst hat, von der Treppe zu stürzen, wissen wir nicht. Allerdings scheint es in der Familie ein vertrautes Lösungsmuster.

Betrachten wir die Mutter der Klientin selbst. Auch sie hatte ursprünglich eine andere Beziehung gewollt, sich nur unter Druck auf die Beziehung zu ihrem Mann eingelassen, geheiratet, weil sie mit unserer Klientin schwanger war. Hier haben wir wiederum das Muster, sich auf wenig überlegte Situationen einzulassen und dann die Konsequenzen ein Leben lang zu tragen.

Betrachten wir den Großvater väterlicherseits, so finden wir auch hier Entscheidungen unter dem Druck anderer, wenngleich die uneheliche Mutter hier nicht geheiratet wird, sondern die von der Schwester bestimmte Frau. Doch hier wäre die gefühlsmäßige Entscheidung ja die für die uneheliche Mutter gewesen. Er reagiert auf seine Situation mit Spielen, wenngleich offenbar eher erfolgreich. Die Großmutter scheint ihm das Gefühl zu vermitteln, dass es seine Hauptaufgabe ist, Geld heranzuschaffen, um ihr gesellschaftliche Reputation zu ermöglichen. Eine gefühlsmäßige Beziehung scheint sie weder zu ihm noch zu den Kindern zu haben. Sein Muster ist, dass man eine Frau heiratet, die einen nicht um seiner selbst, sondern nur wegen des Geldes mag. Das Muster der Großmutter ist, dass man von Männern ganz und gar abhängt, sie aber auch aussaugt, dass man in erster Linie für die Sexualität und das Kinderkriegen da ist, dass für diese Rolle aber auch etwas, auf jeden Fall genügend Geld, geboten werden muss. Geborgenheit und emotionale Beziehung haben in diesem Muster wenig Platz.

Der Vater unserer Klientin empfindet Frauen als kalt. Er hat die Vorstellung, dass man ohne Geld nichts wert ist. Da er nur Schulden hat, fühlt er sich auf dieser Welt und für seine Frau überflüssig, die ihm ein tieferes Gefühl auf ihrer Basis auch nicht vermitteln kann, und nimmt sich das Leben. Der andere Bruder löst seine Probleme eher zu Lasten oder über Demütigung von Frauen.

Bleibt der Bruder unserer Klientin, der offenbar auch von der Vorstellung beseelt ist, dass Geld für die Anerkennung und Liebe einer Frau das Wichtigste ist. Er kann so viel, wie er zu brauchen glaubt, nicht mit Arbeit erreichen und spielt. Seine Frau wiederum hat so viele Beziehungsbrüche erlitten, dass er schon von daher keine Bindung und Hingabe, keine Beziehung erwarten kann, weil sie davor zu viel Angst hat. Seine Vorstellung, dies mit Geld wettmachen zu können, und seine Unfähigkeit, ihre Gefühle zu erkennen, ist aus dem Schema seiner väterlichen Familie geboren, aber wohl zum Scheitern verurteilt.

Beim Übergang zu ihrer eigenen Familie wiederholt unsere Klientin nicht mehr das Muster ihrer Mutter und ihrer Tante mütterlicherseits, dass man einen anderen Mann heiratet als den, den man liebt, und dann ein Leben lang leidet. Sie lässt sich jedoch zu einem Zeitpunkt auf ihre Beziehung fest ein, der ihre ganze Lebensplanung (Studium) ebenso wie die ihres Mannes stört. Dass man heiratet, weil ein Kind unterwegs ist, hat sie noch nachvollzogen, dass man sein Leben mit einem Mann verbringt, den man nicht liebt, nicht mehr. Dass Geld und beruflicher Erfolg dennoch enorm wichtige Ziele sind, stammt aus ihrer väterlichen Familie. Damit, dass sie diesen Ehrgeiz nicht selbst auslebt, kopiert sie die Großmutter väterlicherseits. Sie drängt jedoch ihren Mann zu Leistungen, die am oberen Rand seiner tatsächlichen Möglichkeiten liegen und eher nur in Ausnahmefällen zu erreichen sind, worunter er zusammenzubrechen scheint. Es sieht so aus, als ob er, um sie zufrieden zu stellen, sich völlig übernehmen müsste. Dass er aufgrund seiner Geschichte sehr zu Abhängigkeit von seiner Frau neigen dürfte, erleichtert ihr den Umgang mit ihm.

Fazit: Unsere Klientin ist zum Teil dabei, die Schemata ihrer Familie in eine günstige Richtung zu verlassen. Mütterlicherseits erwartet sie vom Leben, dass man den Mann, den man wirklich liebt, nicht bekommt. Die einzige Möglichkeit, damit umzugehen, ist die, aus der Familie in andere Beziehungen auszuweichen und die Spannungen mit dem unnatürlichen Tod eines der Partner irgendwann zu beenden. Diese Linie hat sie erfolgreich durchbrochen. Väterlicherseits erwartet sie, dass Frauen nur zum Vergnügen der Männer da sind, die sich dafür bis zum Ruin um Geld bemühen müssen, auf alle Fälle mehr, als man mit regulärer Arbeit verdienen kann. Diese können hierauf ebenfalls mit frühem und unnatürlichem Tod reagieren. Diese Tendenz hat sie übernommen, lebt sie zu Lasten ihres Mannes und seiner Gesundheit aus. Besonders ihre Großmutter väterlicherseits hat sie hier beeinflusst. Sie wird überprüfen müssen, ob sie nicht unabhängig von Geld einen Wert besitzt, ob sie nicht mit dem Erreichten zufrieden sein kann. Sonst riskiert sie das Leben ihres Mannes. Sie setzt hier ein Muster fort, das nicht ihr eigenes ist. Den Bruch mit der Tradition ihrer Mutter und Großmutter väterlicherseits, den sie in der Partnerwahl schon begonnen hat, sollte sie nun auch zu einer Überprüfung der Muster ausbauen, die sie in der Ehe noch befolgt. Da sie den Mann liebte, den sie geheiratet hat, könnte sie auch, anders als die Großmutter, nicht zum Ausgleich ständig Geld von ihm erwarten. Sie könnte auch, anders als die Mutter, mit ihm zufrieden sein, bevor er sich zu Tode arbeitet. Ihre Rückenschmerzen könnten ihr verdeutlichen, wie sehr der Druck von Mutter und Großmutter ihr »auf dem Rücken lastet«, wie anstrengend es für sie selbst sein muss, ständig die Antreiberin spielen zu müssen. Ihr Mann andererseits müsste lernen, sich zur Wehr zu setzen, sich nicht körperlich ruinieren zu lassen für Ziele, die nicht seine eigenen sind. Er muss lernen, nicht fortgesetzt etwas bieten zu müssen, so als ob er allein nicht genüge und sonst weggegeben werden könnte, wie er vielleicht seine Situation als uneheliches und nach der Geburt weggegebenes Kind interpretiert hat. In einer familientherapeutischen Situation wäre es erforderlich, dass die Kinder der Klientin ebenfalls darüber nachdenken, was sie an Familientraditionen übernommen haben und wo sie dies bei Übergängen von einem System zum anderen wirksam werden lassen oder wie sie dies abstellen können. Im Verfahren der Transitional Family Therapy ginge es nun darum, die genannten Erörterungen geografisch in einer Landkarte zu veranschaulichen.

Visual/Kinesthetic Dissociation (V/KD)

Mit dem Neurolinguistischen Programmieren (NLP) verwandt ist das Verfahren Visual/Kinesthetic Dissociation (V/KD; Figley 1996). NLP ist, sehr verkürzt gesagt, eine Therapie, bei der es Aufgabe des Therapeuten ist, sich möglichst umfassend auf den Klienten einzustellen, bis hin zur Nutzung seiner bevorzugten Wahrnehmungskanäle, um ihn dann allmählich in Richtung auf ein größeres Wohlbefinden zu führen, ähnlich wie wir dies bei der Anwendung der Hypnose durch Erickson schon kennen gelernt haben. Beim V/KD soll der Klient aus seiner Position herausgehen und die des Stressverursachers einnehmen, die Szene durch dessen Augen sehen, also etwa den Blickwinkel eines attackierenden Hais, eines zu schnell fahrender Zugs, eines Feindes, eines herabrutschenden Bergs einnehmen. Als Nächstes soll er die Position eines neutralen Beobachters einnehmen. Schließlich soll er der Person auf dem Video, das von ihm zu Beginn der Therapie aufgenommen wurde, alles erzählen, was er gelernt hat.

Traumatic Incident Reduction (TIR)

Auf Rogers führt Gerbode (1992) sein Verfahren Traumatic Incident Reduction (TIR) zurück. Dabei soll der Klient seine Geschichte immer wieder erzählen, bis er einen Endpunkt findet. Der Therapeut ist nur Zeuge und vermeidet, unnötige Kommentare oder Interpretationen zu geben. Dann soll der Klient noch einmal die Situation von Anfang bis Ende durchdenken und sie noch einmal erzählen. Der Therapeut soll dabei interessiert sein, aber nicht interessant. Die Methode hat sich als effektiv bei Folteropfern und Personen mit Verlusten durch Mord erwiesen (Agger, zit. nach Figley 1996).

Eye Movement Desensitization and Reprocessing (EMDR)

Das EMDR von Shapiro (s. Figley 1996; Solomon u. Shapiro 1997) ist eine kognitiv-verhaltenstherapeutische Technik zur Trauerbearbeitung. Es handelt sich um eine lösungsorientierte strategische Therapie, die innerhalb eines ausgefeilten Therapieplans verwendet werden kann. Die Methode soll sehr effektiv bei der Reduktion von Ängsten, Alpträumen, unangenehmen Gedanken (Zwangsgedanken) und ständigen Rückblenden (Flashbacks) sein (Silver et al. 1995; Wilson et al. 1995; Renfrey u. Spates 1994). Sie besteht in einer Desensibilisierung der emotionalen Effekte des Traumas und der darauffolgenden kognitiven Restrukturierung der Sicht des Klienten von sich selbst und seiner Teilnahme am Ereignis. Die Behandlung durchläuft die folgenden acht Phasen:

(1) Die Feststellung der Behandlungsfähigkeit (z. B. die emotionalen Erschütterungen auszuhalten): Das klinische Bild wird erhoben, dysfunktionales Verhalten und Symptome werden festgestellt. Ferner werden die Ziele, die neu entwickelt werden sollen, festgelegt, ebenso werden die Ereignisse, die die Pathologie auslösten, die Trigger für dysfunktionales Verhalten und die positiven Verhaltensweisen und Einstellungen, die für künftiges Anpassungsverhalten nötig sind, bestimmt.

(2) Die Vorbereitung des Klienten: Die EMDR-Prozesse und ihr Effekt werden erklärt und Entspannungstechniken gezeigt. Die

Möglichkeit wird besprochen, dass durch das Verfahren intensive Emotionen mobilisiert werden können.

(3) Komponenten des zu behandelnden Ziels werden identifiziert und Grundmaße (baselines) erhoben: Bilder der traumatischen Erinnerung und Gefühle, die die eigene Beteiligung wiedergeben, werden festgestellt (z. B. Gefühle der Scham bei einer Vergewaltigungsszene). Es wird eine positive Kognition ermittelt, die dann in Phase 5 die negative Kognition ersetzen soll. Als Maßstab für die spätere Erfolgsbeurteilung wird festgestellt, wo die positive Kognition auf einer 7-Punkte-Skala gesehen wird. Auch Emotionen und physische Sensationen werden ermittelt und auf einer 10-Punkte-Skala (subjektive Störungseinheiten) festgelegt. Auch dies dient der Festlegung von Veränderungen während des Prozesses. Dann sollen Augenbewegungen, Tippen auf die Handflächen des Klienten oder Schnipsen des Therapeuten mit den Fingern alternierend links und rechts vom Kopf des Klienten die Informationsentwicklung anregen.

(4) Desensibilisierung: Der Fokus liegt jetzt auf den negativen Affekten, die auf der Skala gemessen werden. Während der Klient die negative Kognition und die damit verbundenen Bilder vergegenwärtigt, wird die Therapeut-Klient-Interaktion mit den genannten Stimulationen genutzt, um Veränderungen zu entwickeln, bis das subjektive Störungsmaß mit 0 oder 1 angegeben wird. An strategischen Punkten (abzulesen an den emotionalen Reaktionen des Klienten) macht der Therapeut eine Pause, damit die aufgetauchten Informationen verarbeitet werden können.

(5) Die vorher identifizierte positive Kognition (oder eine spontan auftauchende passendere) wird verstärkt und als Ersatz für die negative Kognition installiert. Dies ist gelungen, wenn die positive Kognition mit 7 eingestuft wird.

(6) Körperprüfung: Zielereignis und positive Kognition sollen im Gedächtnis behalten und die Restspannung im Körper geprüft werden.

(7) Schließung: Das emotionale Gleichgewicht soll hergestellt werden. Es folgen nötigenfalls Entspannungsübungen. Bis zur nächs-

ten Stunde soll ein Tagebuch geführt werden, über dessen Inhalt dann diskutiert werden kann.

(8) Reevaluation: Die Therapieergebnisse werden überprüft, es wird untersucht, inwieweit die Ergebnisse der Neuentwicklung Bestand haben.

In der nächsten Stunde werden die ursprünglichen Ziele wieder angegangen, um Veränderungen festzuhalten und notwendige Neufestlegungen vorzunehmen. Zentrale Themen der Therapie sind:

- die Verantwortlichkeit für das Ereignis, da Klienten oft Verantwortung für etwas übernehmen, für das sie nichts können;
- die Vulnerabilität der Klienten, die extrem unsicher und verletzbar sind;
- Gefühle mangelnder Kontrolle aufgrund der Vorstellung, alles könne über einen hereinbrechen, und
- die Einschätzung geringer eigener Wirksamkeit, nichts ausrichten zu können (vgl. Solomon u. Shapiro 1997).

Thought Field Therapy (TFT)

Auch die Thought Field Therapy ist eine aus dem Umfeld der kognitiven Verhaltenstherapie stammende Methode (Figley 1996). Sie ist gut mit anderen Therapien kombinierbar.

Die zentralen Begriffe, die dabei eine Rolle spielen, sind nach Callahan und Callahan (1997) *Thought Field* (begrenztes Betrachtungsfeld), Fokus, Verwirrung (perturbation) und *psychological reversal*. Letzteres ist ein Zustand, der eine erfolgreiche Behandlung blockiert. Mit der TFT wird gearbeitet, wenn sonst über keine Verbesserung berichtet wird, vor allem bei sogenannten Spitzenproblemen. Gemeint ist damit, dass es jemandem beispielsweise offensichtlich gut geht, er aber bei näherer Befragung immer Gründe findet, dies abzuwerten. Es geht um den Umgang mit neuem, unvertrautem und unerwartetem Material.

Der Klient soll sich der Zielemotion nähern, sich zunächst dem störendsten Teil seiner Trauer zuwenden und ihn auf einer Skala von

1 bis 10 einstufen (baseline). Der Klient soll bestimmte Punkte an seinem Körper berühren, während er die auftauchenden Emotionen bemerkt und erlebt (Callahan u. Callahan 1997). Nach Figley (1996) beginnt nicht der Klient, sondern der Therapeut durch Betasten des oberen Torsos verschiedene Akupressurpunkte und neurologische Zentren zu identifizieren, die den Weg blockieren, auf dem der Körper auf aktive Erinnerung reagiert. Gleichzeitig werden Aktivitäten wie gerichtete Augenbewegungen, Summen und Zählen ausgeführt. So soll der Klient beispielsweise während des Antippens der Handinnenfläche mit dem Finger sagen: »Ich akzeptiere und vergebe ihnen für das, was sie taten.« Oder »Ich akzeptiere mich, auch wenn da noch etwas von diesem Ärger ist« (reversal). Anschließend wird überprüft, ob er immer noch beispielsweise Ärger mit 5 auf der Skala einstufen würde. Es folgen weitere automatische Tätigkeiten: Augen auf, Augen zu, linker Arm unten angetippt, rechter unten angetippt, summen, zählen, summen. Daraufhin wird erneut gefragt: »Wo ist der Ärger jetzt?« Wenn Alpträume auftauchen, wird die Prozedur wiederholt. Nach einer erfolgreichen Sitzung wird der Klient belohnt, indem er mit den Augen vom Boden zur Decke rollen darf, was offenbar als besonders angenehm und entspannend erlebt wird. Der Effekt der Therapie wird mit der kognitiven Verbindung zu Akupunktur-Meridianen und Energiefeldern erklärt. Alternative Erklärungen sind, so Figley (1996), dass die Klienten vergessen, dass sie etwas quälte (Ablenkungshypothese, »distraction hypothesis«), sie ihr Trauma für weniger wichtig halten (»unimportance hypothesis«) oder sie sich frei von Stress fühlen (Heilungshypothese, »cure hypothesis«).

Empirische Evaluationen von Trauerberatung und Trauertherapie

Für den Trauerberater und Trauertherapeuten ist es in mehrfacher Hinsicht interessant zu erfahren, was die wissenschaftliche Überprüfung seiner praktischen Tätigkeit ergibt. Die Würdigung der eigenen Tätigkeit auch in empirischen Untersuchungen stärkt das eigene Selbstbewusstsein und die Zufriedenheit mit dieser Tätigkeit. Aus empirischen Befunden können sich auch Anregungen für das eigene Vorgehen ergeben, wenn sich etwa zeigt, welche Auswirkungen Übertragungen des Therapeuten auf den Klienten, sogenannte Gegenübertragungen, auf diesen und den Therapieerfolg haben, nämlich eine negative (Hayes, Gelso u. Hummel 2011). Die Notwendigkeit von Supervision wäre daraus abzuleiten für alle, die nicht sowieso schon hiervon überzeugt waren. Die Kenntnis der Vorgehensweise bei empirischen Evaluationen und deren Würdigung ist aber auch für diejenigen Praktiker sinnvoll, die Gefahr laufen, sich von so gewonnenen Erkenntnissen allzu schnell in der eigenen Tätigkeit verunsichern zu lassen. Doch auch der eigene Eindruck eines Beraters von seiner Tätigkeit, der sich ihm aus den Rückmeldungen seiner Klienten und seiner eigenen Beobachtung ergibt, ist eine heute zunehmend wieder gewürdigte Erkenntnisquelle. Und schließlich ist die Solidität der dem beratenden Vorgehen zugrunde liegenden Theorie und deren Brauchbarkeit auch in anderen Bereichen des Lebens ein mögliches Bewertungskriterium (Konstruktvalidität).

Wir haben also mindestens drei Möglichkeiten der Beurteilung des Erfolgs einer Trauerberatung oder -therapie (Langenmayr 2012). Fundierte Erkenntnisse wird man allerdings nicht mit einer einzigen Evaluationsmethode und einer einzigen Untersuchung gewinnen, sondern nur in der Zusammenschau vieler methodisch unterschiedlich gewonnener Ergebnisse (Langenmayr u. Kosfelder 1995). Der am Effekt seiner Tätigkeit interessierte Trauerbegleiter wird zudem nicht nur wissen wollen, ob seine Maßnahme generell sinnvoll ist. Er will ebenso herausfinden, bei welcher Klientel und unter Einsatz welcher Methoden Trauerbegleitung angebracht ist. Ebenso interessiert, welche Rolle der Trauerbegleiter selbst und die Interaktion zwischen Begleiter und Klient sowie die Persönlichkeit beider für den Ablauf der Begleitung spielt.

Klinische Erfahrung

Moderat positive Äußerungen eines Klienten können seine tatsächliche Zufriedenheit mit der Beratung widerspiegeln. Je extremer solche Bewertungen ausfallen, können sie jedoch auch die Autoritätsorientiertheit eines Klienten darstellen, sie können die Freude ausdrücken, endlich einen verständnisvollen Zuhörer gefunden zu haben, den Wunsch, sich entgegen der Realität wohler zu fühlen, die Angst davor, dass sich der eigene Zustand verschlimmern könnte, das Bedürfnis, die Honorare des Beraters nicht umsonst bezahlt zu haben und so weiter. Schließlich können sie sogar dazu dienen, Aggressionen gegen den Berater zu unterdrücken und nicht bewusst werden zu lassen. Negative Äußerungen des Trauernden müssen hingegen nicht unbedingt auf eine erfolglose Begleitung hindeuten. Die in der Beratung besprochenen Themen können auch verdrängt und ihr Ansprechen Angst auslösend sein. Sie können zum Beispiel auch unangenehme Aspekte der verlorenen Beziehung tangieren, die man eher nicht sehen wollte, gerade angesichts der häufigen Tendenz zur Idealisierung nach dem Tod von Angehörigen. Erst später kann sich dann Erleichterung einstellen, die auch zu einer positiveren Beurteilung der Beratung führen wird. Ein negativer Eindruck vom Beratungserfolg kann sich auch bei viel zu hohen Erwartungen bezüglich des Erfolgs vonseiten des Trauernden und/oder des Begleiters ergeben.

Konstruktvalidität

Wir können auch das theoretische Konzept hinter der Begleitung/ Beratung/Therapie auf seine Tauglichkeit hin untersuchen. Es lässt sich überprüfen, indem man die Übereinstimmung mit anderen wissenschaftlichen Erkenntnissen vergleicht, seine Plausibilität und Stringenz bewertet. Man kann von den zugrunde liegenden Annahmen, dem zugrunde liegenden Konstrukt, mehr oder weniger überzeugt sein und daher das so begründete Vorgehen des Trauerbegleiters für mehr oder weniger substanziiert halten. Allerdings können verschiedene Beurteiler bezüglich der Stichhaltigkeit eines Konstrukts auch zu unterschiedlichen Wertungen kommen, manchmal sogar aufgrund fundamentaler Lebenseinstellungen und Lebenserfahrungen. Der klientenzentrierte Ansatz von Rogers wird demjenigen unmittelbar einleuchten, der mit Vertrauen und Akzeptanz gute Erfahrungen gemacht hat und dem im Leben oft genug so begegnet wurde. Ein anderer mag damit enttäuscht worden sein und so zu anderen Schlüssen kommen. Es ist dann sinnvoll, aus anderen Quellen zu schöpfen. Im genannten Beispiel ist es möglich, die Hypothese zu formulieren, dass Personen, die anderen mit Vertrauen und Wohlwollen entgegenkommen, bei diesen positive Reifungsschritte, Selbstbewusstsein und Zutrauen in die eigenen Fähigkeiten auslösen. In diesem Zusammenhang sind zum Beispiel die Ergebnisse von Rosenthal und Jacobson (1968) heranzuziehen. Diese weisen nach, dass Lehrer, denen man eine positive Überzeugung hinsichtlich der Intelligenz einzelner Schüler vermittelte, bei diesen längerfristig positive Veränderungen der Intelligenz hervorriefen.

Empirisches Vorgehen

Den weitaus größten Umfang haben bisher empirisch-statistische Untersuchungen zur Trauerbegleitung eingenommen. Doch schon deren Aufbau ist nicht so unproblematisch, wie man sich das wünschen würde. Schon das gern verwendete Kontrollgruppendesign

(Vergleich einer nicht betreuten Trauergruppe mit einer betreuten) birgt Gefahren. Sie beruhen zum Teil darauf, dass die Methode einer anderen Wissenschaft entlehnt wurde, der Pharmakologie oder im engeren Sinne der Psychopharmakologie. Hier wird die Effektivität eines Medikaments überprüft, indem man einer Gruppe in bestimmter Weise Erkrankter ein Medikament mit Wirkstoff (Experimentalgruppe) und einer anderen, möglichst in Bezug auf alle anderen Aspekte identischen Gruppe (Kontrollgruppe) ein solches ohne Wirkstoff verabreicht. Schon hier ist wichtig, dass die Klienten und auch die Behandlungssituation möglichst gleich sind (z. B. die Tabletten gleich groß sind, von gleicher Farbe usw.), um andere als die zu kontrollierenden Einflüsse des Präparats auszuschließen. Auch die die Medikamente mit oder ohne Wirkstoff verabreichenden Ärzte müssen über die wahre Natur des Medikaments im Unklaren sein (Doppelblindversuch), um Effekte im Sinn einer sich selbst erfüllenden Prophezeiung (s. o. Rosenthal und Jacobson) zu vermeiden.

Beim Versuch, dieses Vorgehen auf Effektivitätsuntersuchungen von Trauerbegleitung zu übertragen, stehen wir vor einem erheblichen Problem: Wir müssten ein Trauerbegleitungs-Placebo für die nicht behandelte Kontrollgruppe finden. Doch was soll das sein? Ein harmloses Gespräch über das Wetter im Vergleich zu fundierter Trauerbegleitung? Ein Strickkurs? Doch wer garantiert, dass diese vorgeschlagenen Ersatzlösungen nicht ihrerseits tatsächlich bestimmte Wirkungen erzielen, in welche Richtung auch immer? Und wie soll gar die Doppelblindbedingung erreicht werden? Könnte der Trauerbegleiter begleiten, ohne zu wissen, was er eigentlich genau erreichen will? Könnte nicht ein Teil des Effekts seiner Tätigkeit nur darauf zurückgehen, dass er überzeugt ist, etwas Sinnvolles und Hilfreiches zu tun? Kann nicht ein Teil des Effekts jeder Psychotherapie hierauf beruhen? Kann nicht umgekehrt bei der Kontrollgruppe mit einem Gesprächs-Placebo der Trauerberater von der Sinnlosigkeit seines Einsatzes überzeugt sein und so ebenfalls eine Wirkung auslösen? All dies hätte mit den interaktiven Abläufen zwischen Trauernden und Begleitern noch gar nichts zu tun.

Also besser eine behandelte und eine unbehandelte Gruppe, die mittels Zufallsaufteilung zustande gebracht werden? Möglicherweise sind die beiden Gruppen dann aber nicht vergleichbar. Nun könnten wir ja auch Trauernde in eine behandelte und eine nicht behandelte Gruppe aufteilen und dafür sorgen, dass die Ausgangslage, was Traueraspekte, demografische Aspekte und Persönlichkeit anbelangt, in beiden Gruppen durchschnittlich gleich ist. Also eine lange Testbatterie und Interviews, um anschließend der einen Gruppe mitzuteilen, dass mit ihr nicht gearbeitet wird? Noch problematischer wäre, wenn wir die Klienten sich selbst einer Gruppe mit Behandlung und einer ohne solche zuordnen lassen. Dann würden wir eine motivierte und eine nicht motivierte Gruppe vergleichen und ein Unterschied wäre allein aufgrund dieses Kriteriums vorprogrammiert. Auf die Problematik solcher Aufteilungen werde ich noch eingehen.

Validitätskriterien sind ein weiterer kritischer Punkt. Was soll als Begleitungserfolg gewertet werden? Wenn ein Trauernder mit blockierter Trauer sich verstärkt mit seiner Trauer konfrontiert und diese zulassen kann, werden viele Trauerberater dies als Erfolg werten. Manche könnten jedoch auch auf die Idee kommen, hier sei eine bereits gelungene Anpassung gestört worden. Wenn jemand, der ständig weinte, allmählich erfreulichere Aspekte des Lebens wieder entdeckt, hat er dann seine Trauer bearbeitet oder hat er sie vielleicht nur verdrängt? Ist es als günstiges Zeichen zu werten, wenn ein Trauernder wieder heiratet oder ist dies nur die Suche nach der verlorenen Person in einer anderen? Solche Fragen werden sich nie einfach beantworten lassen. Auch psychologische Tests, die man einsetzen kann, bedürfen immer der Interpretation, und diese ist oft von der theoretischen Orientierung des Untersuchenden abhängig. Die Befragung des Trauernden und die Einschätzung des Begleiters unterliegen den bereits beschriebenen subjektiven Beurteilungsfaktoren.

Ein weiteres Problem ist die Relevanz schwer erfassbarer Beurteilungskriterien. Konzentriert man sich nur auf alle eindeutig wahrnehmbaren Verhaltensweisen, so erfasst man gegebenenfalls ganz vorsichtig vor sich gehende Veränderungen zum Beispiel in der allgemeinen Lebenseinstellung nicht. Viele Untersuchungen beziehen körperliche Veränderungen nicht mit ein. Wenn ein Trauernder in der Begleitung immer häufiger und heftiger zu weinen beginnt, so kann dies auch damit zusammenhängen, dass sich psychosomatische Verfestigungen auflösen und die zugrunde liegenden Gefühle wieder der Bearbeitung zugänglich werden. Welche Rolle spielen Medikamente, Alkohol und Drogen? Wird dem Untersucher hiervon überhaupt berichtet, selbst wenn der Fragenkatalog eine diesbezügliche Frage enthält? Zu welchem Zeitpunkt sollen Daten erhoben werden, die später den Erfolg belegen sollen? Sicher zu Beginn, aber zu welchen anderen Zeitpunkten während der Begleitung und in welchem Zeitraum nach Beendigung noch einmal (Katamnese)?

Aufgrund der geschilderten schwierigen Situation konzentrieren sich manche Untersucher eher auf einzelne Aspekte des Begleitungsablaufs oder auf den Vergleich verschiedener Methoden der Trauerbegleitung miteinander. Einige der oben geschilderten Probleme werden dabei umgangen. Doch muss hier ganz besonders sicher gestellt werden, dass Trauerbegleiter, die eine bestimmte Methode anwenden sollen, diese in der gleichen Weise anwenden und dass sie dies kontinuierlich über die gesamte Begleitung hinweg in derselben, vorher klar festgelegten Weise tun. Möglicherweise gerät man da in Schwierigkeiten mit der Echtheit der Berater, da man sich kaum vorstellen kann, dass alle Berater hinter einem Konzept in derselben Weise stehen und dies in derselben Weise praktizieren oder praktizieren wollen. Es muss gewährleistet sein, dass nicht etwa der klientenzentrierte Berater plötzlich genervt auf verhaltenstherapeutische Übungen, Hausaufgaben und Skalierungen verfällt – oder umgekehrt. Mindern kann man diese Gefahr durch vorausgehendes Training und begleitende Kontrollen. Ganz ausschließen kann man sie nicht.

Betrachten wir kurz ein paar Beispiele für Effektivitätsuntersuchungen zur Trauerberatung. Diese fallen sehr heterogen aus und sind daher geeignet, die vorher genannten Probleme solcher Untersuchungen zu verdeutlichen. Aufgrund dieser Situation versuchten einige Autoren mit sogenannten Metaanalysen mehr Klarheit zu gewinnen. Diese bestehen darin, dass eine Reihe von Einzeluntersuchungen zusammenfassend empirisch-statistisch gewürdigt wird (wobei als Kriterien zum Beispiel die Anzahl der untersuchten Fälle in einer Untersuchung, die Schwankung der Einzelwerte usw. einbezogen wird). Im Anschluss betrachten wir Untersuchungen, die sich nicht mehr auf den generellen Effekt einer Maßnahme konzentrieren, sondern unterschiedliche Trauerberatungsmethoden beziehungsweise -therapien miteinander vergleichen oder sich auf bestimmte Klientenmerkmale im Vergleich zu anderen konzentrieren.

Es war eine früher vielfach geübte Praxis, bei psychischen Problemen Medikamente zu geben, was auch bei Trauerproblemen so praktiziert wurde. Hiermit befasst sich die schon ältere, aber klare Ergebnisse liefernde empirische Untersuchung von Maddison und Viola (1968). Trauernde, die über längere Zeit medikamentös behandelt worden waren, wurden mit solchen verglichen, denen keine Medikamente verabreicht worden waren. Nach einem Jahr lagen in der nicht pharmakologisch behandelten Gruppe geringere manifeste Trauerreaktionen vor. Ihr Gesundheitszustand war zudem signifikant besser. Dieses Ergebnis deutet auf Trauerverdrängungen bei Medikamentengabe zu Lasten der physischen Gesundheit hin.

Eine Reihe von Arbeiten befasst sich mit der Wirkung von Selbsthilfegruppen. Des Weiteren liegen auch einige Arbeiten zur individuellen Trauertherapie vor. Vachon et al. (1980) griffen das Widow-to-Widow-Selbsthilfeprogramm auf, das bereits von Silverman (1969) konzipiert worden war, bei dem schon länger verwitwete Frauen erst seit kurzem verwitwete betreuen. Hierbei dienen die »erfahrenen« Witwen als Bewältigungsmodell für die gerade frisch verwitweten Klientinnen. Die Autoren teilten die Versuchsteilnehmerinnen zufällig auf die betreute Gruppe und die Kontrollgruppe ohne Intervention auf, die einen Monat nach dem Tod des Ehemanns aufgesucht wurden. Zur Erfolgsmessung wurde ein Gesundheitsfragebogen (General Health Questionnaire mit 30 Items) verwendet. Offensichtlich wurde der Anpassungsprozess durch die Intervention erleichtert und bewirkte bei den Witwen mit hohem Risiko, psychiatrisch zu erkranken, eine Veränderung in Richtung der Witwen mit geringem Risiko, während bei der nicht behandelten Gruppe mit hohem Risiko nach 24 Monaten häufiger eine deutliche psychiatrische Störung vorlag. Neue Aktivitäten und ein besseres Selbstgefühl ergaben sich schneller bei der Interventionsgruppe.

Lieberman und Videka-Sherman (1986) untersuchten ebenfalls den Effekt einer Selbsthilfegruppe an 502 Verwitweten (394 in der Experimental-, 108 in der Kontrollgruppe; 466 Frauen, 36 Männer). Die Verwitwung lag durchschnittlich 43 Monate zurück. Symptomlisten wurden zu Beginn der Maßnahme und ein Jahr später erstellt. Bei der Selbsthilfegruppe zeigte sich eine signifikante Abnahme der Depression und des Gebrauchs von psychotropischen Medikamenten. Stark in die Gruppenarbeit involvierte Mitglieder zeigten weniger Angst, ein höheres Wohlbefinden, eine höhere Selbsteinschätzung und deutliche Verbesserungen bei Zielproblemen.

Balk et al. (1998) verglichen 46 Teilnehmer einer Unterstützungsgruppe, 34 Kontrollgruppenpersonen ebenfalls mit Personenverlusten und 61 Personen ohne Verluste hinsichtlich ihrer Reaktion auf ausgewählte TAT-Bilder (Thematischer Apperzeptions-Test) in drei verschiedenen Situationen. Alle Teilnehmer waren Studenten. Es zeigten sich signifikante Gruppendifferenzen beim Auftauchen der Themen Tod und Trauer und eine Interaktion zwischen Gruppenzugehörigkeit und Zeit insofern, als die Teilnehmer der Unterstützungsgruppe eher die Fähigkeit aufwiesen, sich trotz der Krise ein Gefühl von Selbstwirksamkeit zu bewahren.

Constantino (1988) verglich eine aktive Behandlungsgruppe und eine Gruppe mit sozialer Aktivität sowohl miteinander als auch mit einer Kontrollgruppe. Die 117 Teilnehmer hatten ein mittleres Alter von 58 Jahren, waren durch eine Zeitungsanzeige gefunden und zufällig den drei Gruppen zugeordnet worden. Die Zeitdauer seit der Verwitwung variierte von weniger als einem bis zu 20 Jahren. Fragebogen- und Selbstreportdaten wurden vor und drei, neun und zwölf Monate nach der Intervention erhoben. Die Teilnehmer der aktiven Behandlungsgruppe wiesen niedrigere Depressionswerte und höhere in sozialer Anpassung auf, wobei die größte Veränderung drei Monate nach Behandlungsende gefunden wurde.

Black und Urbanowicz (1987) evaluierten je sechs familientherapeutische Sitzungen mit 21 Familien, in denen ein Elternteil gestorben war, und verglichen sie mit einer Kontrollgruppe. Nach einem Jahr waren der hinterbliebene Elternteil bei der Familientherapiegruppe weniger deprimiert und die Kinder weniger unruhig als in der Vergleichsgruppe. Dieser Effekt war selbst nach zwei Jahren noch vorhanden, allerdings nicht mehr signifikant nachweisbar.

Jerneizig und Langenmayr (1992) haben 27 in der Essener Trauerberatungsstelle mit klientenzentrierter Therapie durchgeführte und vollständig dokumentierte Trauertherapien evaluiert. Im Einzelnen hatte die Untersuchung folgende Ergebnisse: Nahezu alle erfassten Symptome zeigten bei Ratings vor und nach der Therapie signifikante oder sehr signifikante Verbesserungen. Das gilt für Magen-Darm-Störungen, Schlafstörungen, Appetitstörungen, Herz-Kreislauf-Störungen, Kopfschmerzen, Nervosität, Hilflosigkeit, Depressionen, Konzentrationsstörungen, Schuldgefühle, Fremdaggressionen, Selbstaggressionen, Alkoholabusus, Medikamentenabusus und Suizidabsichten.

Annähernd signifikant verbessert waren Infektionen und Atembeschwerden; nicht signifikant verbessert hatten sich Veränderungen der Rückenschmerzen, Sinnesstörungen und Agitiertheit.

Vor allem typische Depressionssymptome hatten sich verbessert wie etwa Appetitlosigkeit, Schlafstörungen und Energieverlust. Insgesamt ergab sich für die Klienten eine wieder positivere Lebensperspektive.

Eine clusteranalytische Auswertung der Symptomveränderungen zeigte eine Reihe von Zusammenhängen zwischen einzelnen Symptomverbesserungen, was eine Wirkung der klientenzentrierten Trauertherapie auf den Gesamtzustand des Trauernden anstatt nur auf einzelne Symptome untermauert. Als besonders zentral im Therapieprozess erwiesen sich Verbesserungen bei Nervosität, Depression und Konzentrationsstörungen, was zeigt, dass die Therapie vor allem die depressiven Gefühle der Trauer verringert. Hinsichtlich der körperlichen Symptome hatte die Therapie die deutlichsten Effekte bei Schlafstörungen.

Die Untersuchung verzichtete auf eine Kontrollgruppe. Allerdings lagen die Verluste in der deutlich überwiegenden Zahl der Fälle (81,5 %) länger als zehn Jahre zurück und es zeigte sich keine signifikante Korrelation zwischen der Zeitdauer seit dem Verlust und der Symptomstärke, sodass auch von daher ausgeschlossen werden kann, dass bei diesen Klienten auch ohne Therapie ein Bewältigungsprozess stattgefunden hätte.

Stroebe, Zech et al. (2005) stellten sechs, 18 und 48 Monate nach dem Verlust keinen Effekt sozialer Unterstützung auf die Trauereffekte und eine mögliche Erholung fest. Sie fanden aber einen Effekt auf Depressionen.

Van der Houven, Schut et al. (2010) ließen eine Interventionsgruppe von 460 Trauernden und eine Gruppe von 297 Kontrollpersonen regelmäßig ihre Gefühle niederschreiben. Sie erhoben den psychischen Zustand zu Beginn sowie drei und sechs Monate später. Gefühle der Einsamkeit verringerten sich und positive Gefühle nahmen zu, aber Depressionssymptome und Trauer änderten sich nicht. Die Intervention erfolgte per E-Mail.

Stroebe et al. (2002) referieren zwei eigene Untersuchungen: Die Versuchspersonen wurden gebeten, auf einer Skala mit 5 Items anzugeben, wie intensiv sie nach dem Verlust anderen Menschen Gefühle zeigten. Es fand sich kein Zusammenhang zwischen Symptomen und Anpassungsproblemen einerseits und der Bereitschaft andererseits, anderen Menschen die eigenen Gefühle zu zeigen. Von den 545 angesprochenen Personen wollten 379 teilnehmen. 281 schickten den ersten Fragebogen zurück. 153 brachen ab. Es blieben 128.

In einer zweiten Untersuchung wurden Trauernde aufgefordert, sieben Tage lang ein Tagebuch zu schreiben. Die Instruktionen variierten, was den Ausdruck empfundener Gefühle anbelangte. Zwei Kontrollgruppen wurden gebildet. Es zeigte sich kein Effekt der experimentell unterschiedlich stark induzierten Gefühlsäußerungen. Es zeigten sich aber auch nicht die allseits bekannten Effekte wie zum Beispiel erschwerte Verarbeitung plötzlicher Verluste gegenüber einem lange im Voraus antizipierten Verlust (durch Krankheit).

Insgesamt ziehen die Autoren den Schluss, Trauerberatung sei bei normaler Trauer überflüssig. Die Trauernden hätten, so die Studie, ihren eigenen Rhythmus und kämen auch ohne Beratung zurecht. Eine Beratung bringe keinen zusätzlichen Effekt. Lediglich bei Personen mit starkem Mitteilungsbedürfnis oder komplizierter Trauer sei ein Effekt zu erwarten.

Ashurst (2003) untersuchte dagegen die Gefühlsänderungen bei Angehörigen innerhalb von zwölf Monaten nach einem Trauerfall. Es zeigte sich ein weniger schwerwiegender Verlauf des Trauerprozesses bei den Personen, die an der Trauerberatung teilgenommen hatten.

Mögen manche der Unterschiede in den zuweilen völlig konträren Untersuchungsergebnissen auf die Anlage der Untersuchung, die Kriterien für Beratungserfolg, die ausgewählte Population oder die Beratungsmethode zurückgehen, so erstaunt dennoch deren weites Auseinanderklaffen. Bei einer derartigen Lage wissenschaftlicher Untersuchungsresultate kann man immer auch an die Effekte übergeordneter Faktoren denken, die die eine oder andere Richtung der Ergebnisse beeinflussen, ohne explizit erkannt worden zu sein. Dies wird auch hier gleich deutlich werden.

Man könnte sich zunächst vielleicht etwas mehr Klarheit von sogenannten Metaanalysen erwarten, indem man die Ergebnisse vieler Untersuchungen zusammenfasst, wobei deren Resultat natürlich von der Art der in die Analyse einbezogenen Einzeluntersuchungen abhängt. Doch stehen sich auf dem Gebiet des Trauerberatungseffekts auch hier zwei widersprüchliche Positionen diametral gegenüber:

Neimeyer (2000) und Jordan und Neimeyer (2003) kommen zu dem Schluss, bei normaler Trauer sei eher eine Verschlechterung durch Beratung, allenfalls kein Effekt zu erwarten. Einbezogen wurden hier zehn ergebnisorientierte Studien von Fortner, die, so die Kritik von Larson und Hoyt (2007), bis heute nicht publiziert worden sind, sondern einer unveröffentlichten Dissertation entstammen. Zudem seien die Analysemethoden von Fortners Arbeiten, mit denen er zu dem Schluss einer Verschlechterung des Zustands Trauernder durch Trauerbegleitung kommt, »unorthodox«. Schut und Stroebe (2010) stehen ebenfalls dem Effekt von Trauerbegleitung bei normaler Trauer skeptisch gegenüber. Günstiger sehen diese Analysen die Situation bei komplizierter Trauer.

Allumbaugh und Hoyt (1999) gelangen hingegen zu deutlich anderen Erkenntnissen: Sie beziehen in ihre Metaanalyse 35 Studien ein (2284 Personen mit Trauerfällen vor durchschnittlich 27 Monaten). Sie stellten fest, dass die Beziehung zum Verstorbenen und die Zeit seit dem Verlust relevant für das Ergebnis sind. Insgesamt seien geringe bis moderate Effekte der Trauerbegleitung festzustellen. Allerdings finden die Autoren eine faszinierende Erklärung für die ungünstigen Ergebnisse anderer Untersuchungen. Die Resultate hängen vom Vorgehen des Experimentleiters bei der Gewinnung von Versuchspersonen ab. Wenn die Trauernden sich selbst der Versuchs- oder der Kontrollgruppe zuordnen dürfen, ergeben sich sehr gute Ergebnisse. Bei willkürlicher Zuordnung durch den Experimentleiter fallen die Resultate eher spärlich aus.

So ist es sicher angezeigt, sich ein paar kritische Gedanken über die Situation auf dem Feld der Evaluation von Trauerbegleitung/ -beratung/-therapie zu machen: An einigen der genannten Untersuchungen fällt auf, dass nur ein Fünftel der um Teilnahme gebetenen Personen auswertbare Angaben geliefert hat. Auch wenn dies bei solchen Untersuchungen nicht ungewöhnlich ist, können die Ergebnisse von einer solchen Auslese gerade hier deutlich tangiert sein, wo die Motivation für das Ergebnis eine Rolle spielt (s. Allumbaug u. Hoyt 1999).

Trauergefühle, die in Tagebüchern oder im Rahmen von Fragebögen beschrieben werden, müssen nicht tatsächlich vorhandene Gefühle erfassen. Es handelt sich dabei um kontrollierte Vorgänge, die tatsächlich vorhandene Trauergefühle nur bedingt widerspiegeln. Nach Kenntnis aller Trauerberater spielen Vorgänge der Leugnung zu Beginn eines Trauerprozesses eine wichtige Rolle. Gerade dies könnte aber zum Negieren tatsächlich vorhandener emotionaler Erschütterungen beitragen.

Die Bedeutung von Gefühlen im Trauerprozess und in der Trauerbegleitung basiert zudem nicht allein auf deren Äußerung. Sie liegt vielmehr in der Verknüpfung von Gefühlsäußerung und kognitiver Umstrukturierung. Die Eignung einiger Untersuchungsinstrumente muss bezweifelt werden. Ob das Beck'sche Depressionsinventar tatsächlich Trauervorgänge oder nur Depressionen erfasst, kann man zumindest in Frage stellen, zumal unter Fachleuten die Unterschiede zwischen Depression und Trauer noch nicht endgültig geklärt sind.

Eine qualifizierte Ausbildung bei Trauerbegleitern ist nicht immer vorauszusetzen. Die Vorgehensweise von Begleitern muss außerdem nicht unbedingt mit dem übereinstimmen, was der Experimentleiter erwartet. Inwiefern ist zum Beispiel gesichert, dass ein Begleiter, der die Anweisung hat, nur unterstützend vorzugehen, nicht auch therapeutische Tendenzen einfließen lässt?

Mögliche Erklärungen für negative Befunde bei der Trauerevaluation könnten sein:

- Die Ausbildung der Trauerberater: Wenn die Trauerberatung von ungenügend ausgebildeten Beratern durchgeführt wird, ist dies kein Argument gegen die Beratung selbst.
- Trauerberatung könnte auch bei normaler Trauer durchaus Effekte haben, die lediglich in vielen Untersuchungen nicht erfasst werden, zum Beispiel bei chronischen Schmerzen. So zeigt Reed (1999), dass Trauertherapie auch bei Patienten mit chronischen Schmerzen und Depression effektiv ist.
- Es kann sich bei vielen Ergebnissen um methodische Artefakte aufgrund der Übertragung von Methoden aus dem psychologischen Labor auf die Realität der Beratungssituation handeln. In der Realität besteht kein Druck, sich einer Trauerberatung zu unterziehen. Trauernde werden nicht rekrutiert oder umworben,

sich beraten zu lassen. Sie werden nicht zufällig einer Beratungsgruppe zugeordnet oder einer Kontrollgruppe ohne Beratung. Die Realität ist, dass Trauernde sich freiwillig, mitunter vielleicht angestoßen von Verwandten, bei Trauerberatern melden. Diese Klienten werden auch Trauerberatung als für sich Erfolg versprechend ansehen, sonst würden sie dies kaum auf sich nehmen.

Somit könnte der Unterschied in den Ergebnissen von Neimeyer beziehungsweise Schut und Stroebe einerseits und Allumbaugh und Hoyt andererseits sich vielleicht durch Folgendes auflösen: Neimeyer, Schut und Stroebe kommen zu dem Ergebnis, dass die Skepsis gegenüber Trauerberatung nur bei normaler Trauer angezeigt sei. Bei komplizierter Trauer hingegen erwarten auch diese Autoren positive Ergebnisse. Die Personen, die freiwillig in Trauerberatung gehen, werden in der Realität auch eher die Personen sein, die unter höherer Belastung stehen.

Betrachten wir kurz, welchen Effekt allein der Aspekt der größeren oder geringeren Freiwilligkeit an der Teilnahme an einem Evaluationsversuch auf das Ergebnis haben könnte. Wir unterscheiden bei der Motivation zur Teilnahme zwischen dem Wunsch nach Beratung und keinem Wunsch nach Beratung.

Bei den Trauernden, die an der Begleitung teilgenommen haben und diese auch wollten, können wir erwarten, dass sie mit der Situation insgesamt zufrieden sind. Einige werden sich die Abläufe vielleicht doch anders vorgestellt haben oder Angst bekommen. Insgesamt könnten wir denselben Effekt erwarten, den wir sonst bei Beratungen und Psychotherapien vorfinden: Zwei Drittel (sehr vorsichtig geschätzt) werden ziemlich oder sehr zufrieden sein, ein Drittel eher nicht. Bei denjenigen, die sich eher gedrängt oder verpflichtet fühlten, aber eigentlich keine eigene Motivation verspürten, können wir umgekehrt (wiederum hypothetisch) eher zwei Drittel Unzufriedene erwarten. Ein Drittel mag dann dem Ganzen doch noch etwas abgewonnen haben.

Wenn jemand teilnehmen wollte, aber nicht durfte, wird der Einfluss dieser Situation überwiegend in Frustration bestehen. Bei einem Drittel unterstellen wir, dass sie sich dann doch noch mit der Situation versöhnt haben. Genau das, was sie wollten, haben diejenigen bekommen, die nicht teilnehmen wollten und dies auch nicht taten. Da sie kein schlechtes Gewissen gegenüber dem Experimentleiter haben müssen (sie wurden ja nicht ausgewählt) und sie zudem auch nicht die korrigierende Erfahrung machen können, dass ihnen Trauerbegleitung doch geholfen hätte, können sie ganz zufrieden sein, was sich in der folgenden Tabelle als insgesamt zufrieden (+++) ausdrückt.

	Teilnahme	keine Teilnahme
Wunsch nach Beratung	++−	−−+
Kein Wunsch nach Beratung	+−−	+++

Allein unter dem Aspekt der Zuordnung durch den Experimentleiter beziehungsweise nach dem Zufallsprinzip erhalten wir also Ergebnisse, die den von Neimeyer festgestellten, negativen bis allenfalls neutralen Wirkungen von Trauerbegleitung entsprechen. Zugegebenermaßen ist dies ein hypothetisches Modell, aber es zeigt, welche Gefahren verzerrter Untersuchungsresultate sich allein durch das Vorgehen des Experimentleiters ergeben können. Der Unterschied in den Ergebnissen der Metaanalysen von Allumbaugh und Hoyt einerseits und Stroebe et al. andererseits könnte genau das widerspiegeln. Zudem erklärt sich so, warum auch bei den Untersuchungen von Stroebe et al. bei Personen mit komplizierter Trauer positive Beratungseffekte zu finden sind. Der Wunsch nach Beratung wird bei dieser Gruppe viel häufiger und stärker sein.

Bei allen Untersuchungen zur Effektivität von Trauerbegleitung besteht die Gefahr, dass sich Forscher vorschnell auf die psychischen Aspekte der Trauerverarbeitung konzentrieren und tiefgreifende körperliche Prozesse übersehen. Beem et al. (1999) untersuchten die Auswirkung von Trauerberatung zu Beginn der Beratung kurz nach dem Trauerfall und vier Monate später und verglichen die gefundenen Werte mit einem verheirateten Kontrollsample. Zu Beginn waren die untersuchten Witwen in psychologischen Tests ängstlicher, feindseliger, depressiver und agoraphobischer. Zum zweiten Messzeitpunkt hatten sich die Werte denen der verheirateten Kontrollstichprobe angeglichen. Ebenfalls erhobene immunologische Maße (T- und B-Zellen) zeigten hingegen nicht dieselbe Verbesserung, sondern es waren noch deutliche Unterschiede bis zum zweiten Erhebungszeitpunkt geblieben.

Zech et al. (2010) kommen zu dem Schluss, dass Trauerberatung auch bei normaler Trauer weder generell effektiv noch ineffektiv ist, sondern die Effektivität von bestimmten Voraussetzungen abhängt:

- Es muss um Klienten gehen, die Hilfe benötigen und Bereitschaft für eine Beratung zeigen. Wichtig sind eine Identifizierung der Gründe für die Schwierigkeiten des Ratsuchenden sowie die Bearbeitung dieser Gründe/Themen in der Beratung.
- Die Beratung muss adäquat und Quantität sowie Zeitpunkt müssen für den Trauernden stimmig sein.
- Der Berater sollte flexibel sein. Fundamental ist die Arbeit an der therapeutischen Beziehung.

Aus dieser Situation heraus hat eine Reihe von Trauerevaluationsforschern den Schluss gezogen, sich mehr auf die Unterschiede in der Effektivität verschiedener Trauerberatungs- und -therapiemethoden zu konzentrieren, zumal die Bearbeitung dieser Fragestellung empirisch bedeutend weniger problembelastet ist.

Zunächst einmal ist sicher von Interesse, wieweit präventive Maßnahmen mit Trauernden sich in ihrem Effekt von therapeutischberatenden Behandlungsmaßnahmen unterscheiden. Hierzu liegt eine Metaanalyse von Wittouck et al. (2011) vor, die sich auf komplizierte Trauer bezieht: In 14 randomisierten Untersuchungen mit Kontrollstichprobendesign zeigte sich, dass der Effekt von präventiven Maßnahmen so gut wie zu vernachlässigen war, wohingegen die Behandlungen deutliche Effekte zeigten. In der Periode nach der Behandlung nahm der Effekt sogar noch zu.

Boelen et al. (2007) verglichen unterstützende Beratung und zwei verhaltenstherapeutische Techniken (kognitive Restrukturierung und Konfrontation) in ihrem Effekt auf Trauernde. Es zeigte sich eine Überlegenheit der beiden verhaltenstherapeutischen Techniken und insbesondere einer Kombination aus beiden.

Marmar et al. (1988) überprüften Einzelpsychotherapien im Vergleich zu zwölf wöchentlichen Gruppensitzungen unter fachlicher Leitung. Die 61 Versuchspersonen wurden durch öffentliche Ankündigungen gesucht und zufällig den beiden Gruppen zugeordnet. Sie waren im Schnitt seit 54 Wochen verwitwet. Erhebungsinstrumente waren ein Selbstreport, klinische Ratings und Testbatterien. Die Erhebung erfolgte vier Monate und ein Jahr nach Ende der Interventionen. Es zeigten sich keine Behandlungseffekte. Beide Gruppen verbesserten sich. Die Symptomreduktionen waren allerdings bei der Kurztherapiegruppe ausgeprägter, nach einem Jahr sogar signifikant. Nach Marmar et al. spräche dies dafür, der wesentlich ökonomischeren Gruppentherapie in der Behandlung Verwitweter mehr Aufmerksamkeit zu schenken.

Ramsays (1979) verhaltenstherapeutisches Konfrontationsmodell, das sich bei phobischen pathologischen Trauerreaktionen als wirksam erwiesen hat, wurde von Mawson et al. (1981) in Form gelenkten Trauerns überprüft. Die Sitzungen fanden zwei Wochen lang dreimal wöchentlich für eine bis eineinhalb Stunden statt. Die Nachuntersuchung erfolgte nach 28 Wochen. Alle Versuchspersonen hatten mehr als ein Jahr lang wegen Trauer unter Stress gelitten. Die Experimentalgruppe mit sechs Personen (wie auch die Kontrollgruppe) wurde mit den Techniken Konfrontieren, Hausaufgaben (Schreiben über Trauer) und Verhinderung der Vermeidung quälender Erinnerungen behandelt. Die Kontrollgruppe sollte Trauer vermeiden und sich mit der verlorenen Beziehung beschäftigen. Signifikante Verbesserungen waren für drei Maße und ein Trend zur Verbesserung bei vier weiteren Maßen nachzuweisen. Die Methode sei empfehlenswert bei chronischer Trauer. Sireling et al. (1988) bestätigten diese Resultate.

Raphael (Raphael et al. 1993) teilte eine operational definierte Gruppe von Witwen mit hohem Risiko (z. B. ambivalente oder abhängige Beziehung, fehlende Unterstützung des sozialen Netzwerks, plötzlicher Tod) zufällig einer Interventions- oder Kontrollgruppe zu. Hinzu kam eine dritte Gruppe mit niedrigem Risiko (gematcht nach Alter und soziodemografischen Daten). Die Intervention fand drei bis zwölf Wochen nach dem Tod des Ehemanns mit sechs bis acht Sitzungen (je eineinhalb bis zwei Stunden) statt. Sie bestand darin, den Trauerausdruck zu erleichtern, die traumatischen Umstände zu bearbeiten und unterstützende Interaktionen des sozialen Netzwerks zu fördern. 13 Monate später fand Raphael bei der Interventionsgruppe ein reduziertes Risiko für die allgemeine und psychische Gesundheit, das dem Niveau der Gruppe mit dem niedrigen Risiko angepasst war. Bei ambivalenten Beziehungen waren der Umfang und die Schwere der Depression reduziert, bei Nichtunterstützung durch das soziale Netzwerk die Nutzung des Gesundheitssystems verringert. Die Effektivität der Therapie verhielt sich proportional zum Umfang des erreichten Trauerausdrucks und der Trauerbearbeitung. Die Ergebnisse zeigen, dass ein nicht unwesentlicher Effekt der Trauertherapie darin bestand, den Einfluss der bekannten Risikofaktoren zu mindern. Zu ähnlichen Ergebnissen mit einer vergleichbaren Versuchsanordnung war auch Parkes (1979) gekommen.

Geschlechtsspezifisch unterschiedliche Bedürfnisse in Bezug auf eine Trauertherapie stellten Schut et al. (1997) fest: Je 23 Witwen und Witwer unter 65 Jahren wurden elf Monate nach dem Verlust des Partners wahlweise einer emotionsfokussierenden und einer problemfokussierenden Intervention unterzogen. Der Vergleich erfolgte mit 59 unbehandelten Kontrollpersonen. Die Witwer profitierten mehr von der Emotionsfokussierung, die Witwen von der Problemfokussierung, also jeweils von dem Ansatz mit der Tendenz, die geschlechtsspezifisch weniger ausgeprägt ist.

Stroebe und Stroebe (1991) stellen die Notwendigkeit von Trauerarbeit für die Anpassung an den Verlust zwar generell eher in Frage, fanden aber dennoch geschlechtsspezifische Unterschiede: In einer prospektiven Studie mit je 30 Witwen und Witwern fanden sie, dass Witwen, die eine Konfrontation mit ihrem Verlust vermieden, sich über eine Periode von 18 Monaten nicht von solchen unterschieden, die ihre Trauer durcharbeiteten. Hingegen zeigten Witwer bei Trauerarbeit bessere Anpassung im Beobachtungszeitraum.

Horowitz (1984) untersuchte die Auswirkung von dynamischer Psychotherapie zur Herstellung einer Vertrauensbeziehung auf 52 Versuchspersonen mit Anpassungsstörungen oder einer posttraumatischen Stressstörung infolge des Todes des Ehemanns oder eines Elternteils. Es fanden zwölf Sitzungen statt. Messinstrumente waren eine Vortherapieuntersuchung, Therapieprotokolle sowie Testbatterien zur Diagnostik stressspezifischer psychiatrischer Symptome sowie die Beurteilung der Arbeitssituation und interpersoneller Probleme. Es wurden eine Vielzahl von Interaktionen zwischen Dispositions-, Prozess- und Outcome-Variablen gefunden. Die Symptome waren wesentlich verbessert, das Funktionieren im Arbeits- und im interpersonellen Bereich weniger gut. Hier hatten die Personen mit stabilerem und reiferem Selbstkonzept vor der Therapie positivere Werte. Unterstützende Interaktionen waren hilfreicher bei interpersonellen Problemen und bei weniger motivierten Patienten. Exploratorische Interpretationen (einschließlich negativer Bereiche) waren bei hoch motivierten und stabileren Persönlichkeiten wirkungsvoller. Dies zeigte sich besonders im Umgang mit der Beendigung der Therapie.

Kleber und Brom (1987) untersuchten 83 Versuchspersonen mit erheblichen Verlusterlebnissen in den letzten fünf Jahren, die starke Beschwerden aufwiesen. Drei therapeutische Vorgehensweisen wurden praktiziert: Traumadesensibilisierung (graduelle Auseinandersetzung mit dem Verlust, Entspannung), Hypnosetherapie und psychodynamische Therapie (Durcharbeiten). Zum Vergleich diente eine Warteliste-Kontrollgruppe. Alle therapeutischen Wege waren erfolgreich, insbesondere bezüglich einer Reduktion des zweiphasigen Stresssyndroms (sowohl verlustbezogene Intrusionen wie Bilder, Flashbacks und Alpträume als auch Vermeidungsverhalten). Haupteffekte zeigten sich bei Stresssyndromen (z. B. Leugnung, Distanzlosigkeit) und wesentlich weniger bei symptomatischen somatischen und psychoneurotischen Beschwerden. Die psychodynamische Therapie schnitt tendenziell insgesamt, unabhängig vom Alter, etwas besser ab. Verhaltenstherapeutische Methoden waren hingegen wirksamer bei jüngeren Personen mit niedrigerem Einkommen. Diejenigen mit Tendenz zur inneren Kontrolle (internal locus of control) schnitten besser ab, misstrauische und ärgerliche Personen weniger gut. Es zeigt sich hier also ein sehr vielschichtiges Bild hinsichtlich einer differenziellen Indikation für verschiedene Arten der Trauertherapie bei pathologisch Trauernden.

Fassen wir kurz zusammen: Die wissenschaftliche Zukunft sollte nicht in Untersuchungen bestehen, die danach fragen, ob Trauerberatung prinzipiell effektiv oder ineffektiv ist (Bonanno u. Lilienfeld 2008). Ich gehe nach allem Gesagten auch bei normaler Trauer von der prinzipiellen Effektivität von Trauerberatung aus. Sonst würden auch die beim Vergleich verschiedener Trauerberatungsmethoden gefundenen zahlreichen Unterschiede keinen Sinn ergeben. Allerdings sind die Effekte abhängig von vielfältigen Bedingungen wie zum Beispiel der Qualifikation des Trauerberaters. Wesentlich sinnvoller erscheint es, genau die Bedingungen zu untersuchen, unter denen Trauerbegleitung hilfreich ist. Hier wäre an unterschiedliche Vorgehensweisen in der Beratung, an Variablen der Trauernden, der Trauerberater und an das Wechselspiel zwischen diesen Variablen zu denken. All dies würde auf die Forderung hinauslaufen zu untersuchen, in welchen Trauersituationen welcher Trauernde bei welchem Trauerberater und mit welcher Beratungsmethode am besten aufgehoben ist. Hier sind aber erst erste Ansätze sichtbar.

Fortbildung in Trauerberatung und Trauertherapie

Um unsere Erfahrungen mit der Trauerberatung und Trauertherapie weiterzugeben, führen zwei Kolleginnen und ich im Rahmen der Ruhr Campus Academy in Essen, die zur Hälfte von der Universität Duisburg-Essen und zur Hälfte vom Kreis der Freunde und Förderer der Universität getragen wird, regelmäßig Fortbildungskurse durch. Die Kurse dauern etwa ein Jahr (zwölf mal monatlich zwei Tage (freitags und samstags). Ziel ist die Vermittlung von Kenntnissen und Inhalten der hier bisher behandelten Themenbereiche. Ziel ist ferner eine intensive Selbsterfahrung, die sich von der Wissensvermittlung unseres Erachtens nicht trennen lässt, da die Beschäftigung mit Trauerprozessen von Anfang der Ausbildung an intensive eigene Gefühle auslöst, die zunächst regelmäßig aufgearbeitet werden und gegen Mitte der Ausbildung in festgefügte Selbsterfahrungsblöcke (zwei mal zwei Tage) münden. In kaum einem anderen Psychotherapiebereich ist das Ergebnis der Therapie so stark von der Person des Therapeuten und seinem Umgang mit eigener Trauer abhängig wie im Bereich der Trauertherapie.

Bei den zwölf Blöcken à jeweils zwei Tagen geht es thematisch in loser Reihenfolge um folgende Themen:
- Block 1: Kennenlernen; allgemeine Klärungen; Einführung in die Trauerproblematik I: Theorie der Trauer;
- Block 2: Einführung in die Trauerproblematik II: empirische Ergebnisse zur Trauer;
- Block 3: Einführung in die Therapiemethoden I: Personzentrierte Gesprächspsychotherapie; Transaktionsanalyse; Psychoanalyse und tiefenpsychologische Verfahren; katathym-imaginative Psychotherapie; jeweilige Anwendung in Trauerfällen;

- Block 4: Einführung in die Therapiemethoden II: Gestalttherapie; Psychodrama; Primärtherapie; Bioenergetik; Hypnose; jeweilige Anwendung in Trauerfällen;
- Block 5: Einführung in die Therapiemethoden III: Verhaltenstherapie; Familien- und Gruppentherapie; systemische Therapie; Kindertherapie; jeweilige Anwendung in Trauerfällen;
- Block 6: Einführung in spezielle trauertherapeutische Verfahren (z. B. Regrief Therapy, Transitional Family Therapy);
- Block 7: Selbsterfahrungsgruppe: Diesen ersten Selbsterfahrungsblock führen wir nach der Methode der katathym-imaginativen Psychotherapie durch (Leuner u. Wilke 2004): Die Teilnehmer liegen auf Matten und geraten durch eine Entspannungsübung in eine Situation, in der sie problemlos auftauchende Fantasien zulassen können. Es werden bestimmte Bilder vorgegeben (z. B. Blume, Haus usw.), die die Teilnehmer sich vorstellen. Anschließend werden diese gemalt und über die Bilder gesprochen.
- Blöcke 8, 9, 10: Umgang mit speziellen Trauersituationen, allgemeine und speziell auf Trauer bezogene Psychopathologie, Rollenspiel und andere Übungen; Supervision, Rituale, kulturelle Aspekte der Trauer, Kindertrauer, empirische Evaluation von Trauerberatung.

Ein für die Teilnehmer wichtiger Punkt ist auch immer die Besprechung des Beratungssettings:
- Wo führt man Beratung durch? In den Räumen des Klienten (nur im Notfall), in eigenen Räumen, in einer Beratungsstelle?
- Wie soll der Raum gestaltet werden? Eher wenig persönlich, um viele Projektionen und Übertragungen zu fördern, oder eher auch deutlich nach dem Geschmack des Beraters eingerichtet (Möbel, Bilder, Blumen usw.)?
- Wie soll der Berater sich verhalten, wie kleiden? Soll er Klienten siezen oder duzen?
- Was wird zu Beginn vereinbart (Auftragsklärung, Kontrakt), das heißt, was soll das Ziel der Beratung sein, welche Leistungen

erbringt dabei der Therapeut, welche der Klient? Wer legt fest, wann das Ziel erreicht ist, und wie geschieht dies?
- Wie verhält man sich bei »falschen« Klienten, die keine eigentlichen Trauerklienten sind, sondern andere Probleme haben? Hier sind Netzwerke wichtig, das heißt Verbindungen zu anderen Beratungsstellen mit anderem Fokus, zu Institutionen wie psychiatrischen Einrichtungen, Arbeitsämtern und so weiter. Wie verhält man sich bei Suizidgefahr? Wie ist hier die Rechtslage für Berater?
- Welche Sitzordnung empfiehlt sich: gegenüber, über Eck?
- Wie sollte mit Geschenken umgegangen werden: Was will der Klient damit erreichen?
- Was macht der Klient mit mir? Dies ist eine wichtige Frage, um die eigene Gegenübertragung zu kontrollieren. Freue ich mich auf den einen Klienten und bei einem anderen schrecke ich eher zurück? Langweile ich mich während der Sitzung oder bin ich achtsam und so weiter.
- Wie hoch ist das Honorar, gibt es ein Ausfallhonorar?
- Sollten Kaffee oder Zigaretten zugelassen werden oder nicht? Wer darf was?
- Es muss für die eigene Psychohygiene gesorgt werden: Hierzu gehört vor allem regelmäßige Supervision, um sich einschleichende unbewusste Elemente der Therapeut-Klient-Beziehung zu erfassen.
- Was gilt hinsichtlich Diskretion und Schweigepflicht?
- Zeitstruktur: Wie lang ist eine Sitzung, wie häufig sollen Sitzungen sein, wie regelmäßig?
- Wie erfolgt die Akquise: Über Flyer, Telefonbuch, ein Schild, Vorträge?
- Gibt es Vorgaben hinsichtlich Geräuschen und Licht?

- Block 11: Selbsterfahrungsgruppe: diesmal nach dem Muster sogenannter T-Gruppen oder sensitivity trainings, die im Sitzen durchgeführt werden. Hier geht es zunächst um eigene Gefühle,

dann auch um die Abläufe in der Gruppe und Beziehungen untereinander. Ziel ist die Aufmerksamkeitsförderung für Prozesse, wie sie auch zwischen Klient und Therapeut stattfinden können.
- Block 12: Supervision (Besprechung von Trauerbetreuungen der Teilnehmer).

Die Teilnehmer müssen zwei Einzelgespräche und mindestens fünf Betreuungsstunden einer längeren Trauerbegleitung schriftlich darstellen. Die Ausbildung wird von der Universität zertifiziert. Angesprochen sind Psychologen, Ärzte, Sozialarbeiter, Hospizmitarbeiter, im kirchlichen Bereich tätige Personen (Pfarrer, Diakone und Gemeindehelfer), Altenpfleger, Bestatter und andere verwandte Berufsgruppen. Die einzelnen Sitzungen sind mit Übungen, kleineren Selbsterfahrungsanteilen, Klärungen, auch Beziehungsklärungen innerhalb der Gruppe aufgelockert.

Die Besprechung der einzelnen Therapieansätze beinhaltet auch, dass sich immer zwei Teilnehmer zusammenfinden, sich eine gestellte oder tatsächliche Trauersituation überlegen und dann vor der Gruppe unter Berücksichtigung der wesentlichen Elemente der jeweiligen Therapie eine Sitzung durchführen, wobei der eine Therapeut, der andere Klient ist. Anschließend erfolgt eine Diskussion aller Gruppenmitglieder zusammen mit den beiden Akteuren, um technische Aspekte, aber auch die während des Beratungsgesprächs entstandenen Gefühle, Konflikte und Gedanken zu klären.

Die Besprechung einzelner Therapieansätze wird ergänzt durch Filmaufnahmen von bedeutenden Therapeuten, die Therapien vorführen und sich zum jeweiligen Verfahren äußern. Auch zu einzelnen anderen Bereichen (z. B. Verlusten, die Kinder erlebt haben, oder Eltern, die ein Kind verloren haben) wird Filmmaterial gezeigt.

Schon etwa ab der Hälfte des Kurses beginnen regelmäßige Besprechungen der von den Teilnehmern selbst durchgeführten Beratungsgespräche (Supervision).

Wir betonen von Anfang an, dass nicht für jeden Teilnehmer dieselbe Art des Vorgehens in der Trauertherapie oder Trauerberatung gleich adäquat ist, weil aufgrund des persönlichen Naturells zu jedem eine andere Therapiemethode besonders gut passt. Der Erfolg in der Beratung oder Therapie ist aber maßgeblich davon abhängig, wie authentisch sich der Therapeut oder Berater verhält, wie sehr und wie glaubhaft er sich mit dem praktizierten Verfahren und der damit verbundenen Weltanschauung identifiziert. Zu einem eher aktiven Therapeuten passen die Gestalttherapie oder das Psychodrama besser als die geduldig abwartende Haltung des personzentrierten Gesprächstherapeuten oder des Psychoanalytikers. Somit sehen wir unsere Aufgabe darin, die Teilnehmer mit den wesentlichen Verfahren vertraut zu machen, nicht damit sie alles gleichermaßen praktizieren können, sondern damit sie sich nach genügendem spielerischem Umgang für das oder die Verfahren entscheiden, die zur eigenen Persönlichkeit und Lebensgeschichte am besten passen.

Ich stelle beispielhaft kurz einige der Übungen dar, mit denen wir wesentliche Elemente der Ausbildung verdeutlichen und auf die Person des Teilnehmers beziehen. Anschließend schildere ich einige Sequenzen aus Therapierollenspielen und versuche, kurz zu verdeutlichen, was die Teilnehmer dabei erfahren können.

(1) Übung zu Gegenübertragungsphänomenen: Es sollen vorurteilsbelastete Einstellungen gegenüber unterschiedlichen Todesfällen demonstriert werden. Die Teilnehmer sollen kurz ihre spontane Reaktion und ihre Gefühle notieren und ihre Sympathie mit den Hinterbliebenen auf einer Skala von 1 bis 7 bei den folgenden Todesfällen festlegen: Der 18-jährige Sohn von Sabine W., Christian,
a) starb nach zweijährigem Kampf an Leukämie,
b) tötete sich nach kurzer, heftiger Depression selbst,
c) starb bei einem Autounfall, den er betrunken selbst verursachte,
d) starb bei einem Autounfall, den der betrunkene Fahrer der Gegenseite verursachte,
e) wurde von einem Fremden ausgeraubt und ermordet,
f) wurde von seinem homosexuellen Freund ermordet.

(2) Die Teilnehmer sollen alle eigenen Trauererlebnisse mit den Konsequenzen aufschreiben, die dies damals für sie hatte und die sie heute noch für wahrscheinlich halten.

(3) Was ist ihre früheste Erinnerung an den Tod? Was die früheste Erinnerung überhaupt (Indiz für die Lebensleitlinie nach Alfred Adler)?

(4) Welche Aussagen zum Thema Tod und Sterben sind ihnen von ihrer Mutter, ihrem Vater, ihren Geschwistern oder weiteren in der Kindheit wichtigen Bezugspersonen in Erinnerung?

(5) Welche Märchen sind ihnen geläufig, in denen das Thema Tod und Sterben eine Rolle spielt? Welches davon ist ihnen am sympathischsten und warum?

(6) Ein Teilnehmer benennt die Mitglieder seiner Ursprungsfamilie und schreibt jeder Person einen für sie charakteristischen Satz, ein Motto zu. Dann benennt er Personen aus der Teilnehmergruppe, die diese Personen repräsentieren sollen, und postiert sie im Raum, so wie es nach seinem Empfinden angemessen ist. Nun fangen auf Kommando des Gruppenleiters die Einzelnen an, ihr Motto erst ganz leise zu murmeln, dann immer lauter zu sagen und schließlich laut zu schreien. Die Reaktionen des Betroffenen und der Akteure werden anschließend erörtert.

Beispiel
Zur Familie einer jungen Frau gehören Vater, Mutter und ihr Bruder. Sie ist schon von zu Hause ausgezogen und lebt in einer Wohngemeinschaft. Die Familienmitglieder werden von ihr so aufgestellt, dass der Bruder in der offenen Tür postiert wird, mit einem Bein auf der Türschwelle stehend, mit dem anderen außerhalb des Zimmers, so als ob er nur einen flüchtigen Blick hereinwirft. Sein Satz lautet: »Ich will Geld.« Der Vater steht in einer Ecke des Zimmers, halb zur Wand gewandt, die Mutter in der anderen mit Blick in die Richtung zwischen Gruppe und Fenster. Das Motto des

Vaters ist: »Ich habe keine Zeit, ich muss arbeiten«, das Motto der Mutter: »Ich habe meine eigenen Freunde.« Die Situation wurde von den Gruppenteilnehmern als zerrissen empfunden, so als ob da »niemand seinen richtigen Platz hätte«. Die junge Frau, um deren Familie es ging, empfand die Situation als verwirrend und beziehungslos.

(7) Ähnlich lässt sich die Familienskulptur von Satir verwenden: Sie beschränkt sich auf die räumliche Darstellung der Familie, deren einzelne Mitglieder im Raum aufgestellt werden. Besonderer Wert wird auf deren Stellung zueinander und im Raum gelegt.

Beispiel
Eine 27-jährige Studentin stellt den Vater mitten im Zimmer auf, mit der ausgestreckten Hand nach der links von ihm stehenden Mutter und in deren Richtung geneigt. Die Mutter ist leicht abgewandt von ihm, hat die Hände vor das Gesicht geschlagen, in gekrümmter Haltung den Kopf zum Boden gesenkt. Die zwei Jungen und das Mädchen kauern auf dem Boden zwischen den Eltern, umfassen sich wie ein einziges lebendes Knäuel. Im Hintergrund des Vaters steht dessen Mutter, aufrecht, mit hoch aufgerichtetem Kopf, zusammengepressten Lippen und nach hinten gedrückten Schultern.

Diese Szene drückt die Anlehnungsbedürftigkeit des Vaters an die Mutter mit der ausgestreckten Hand und der Körperhaltung aus. Diese wendet sich aber, offenbar sorgenvoll, von ihm ab, ist in sich selbst gekehrt. Das Anlehnungsbedürfnis des Vaters könnte mit seiner herrisch im Hintergrund fast wie ein Bewacher postierten Mutter zusammenhängen. Die Kinder klammern sich aneinander fest. Sie stehen zwischen Vater und Mutter, was bedeuten kann, dass der Vater sie als hinderlich auf dem Weg zu seiner Frau empfindet, vielleicht sich auch ersatzweise mit seinen Zärtlichkeitsbedürfnissen an die Kinder hält.

(8) In Anlehnung an die Transaktionsanalyse kann jeder Teilnehmer das notieren, was ihm Vater, Mutter, Geschwister und weitere wichtige Bezugspersonen als Botschaften mit auf den Weg gegeben

haben, was Standardsätze von ihnen waren, mimische, gestische oder verbale Äußerungen, an die der Betreffende sich besonders erinnert, wenn er an die Person denkt.

(9) Die Beziehung zu einer verlorenen Person kann deutlich und gefühlsmäßig noch einmal ins Leben gerufen werden, indem ein Teilnehmer bestimmt wird, die verlorene Person zu spielen, er sich bei offener Tür in ein Nachbarzimmer stellt und dort anfängt, erst leise, dann immer eindringlicher nach dem Teilnehmer zu rufen oder Sätze zu sagen, die vorher vereinbart wurden. Zum Schutz des Teilnehmers wird ein anderer in der Gruppe bestimmt, der nah bei ihm ist, an den er sich notfalls klammern und um Hilfe wenden kann. Der Teilnehmer reagiert zuerst nicht direkt, sondern über seinen »Beschützer«.

Beispiel
Der an Suizid verstorbene Vater eines Teilnehmers beginnt nach ihm zu rufen. Der Teilnehmer sagt seinem Beschützer, er habe das Gefühl, sein Vater sei nicht einverstanden, dass er (der Teilnehmer) noch lebe. Der Teilnehmer ruft: »Das ist doch deine Sache, wenn du nicht mehr leben willst. Ich mache das nicht so wie du.« Der Vater lässt sich nicht abwimmeln. Der Beschützer: »Hau ab, wir haben keine Lust, uns mit dir abzugeben. Wir wollen leben, leben.« Die Szene wird etwas heftiger. Der Teilnehmer, der sich zunächst etwas an seinen Beschützer gedrückt hatte, greift selbst ein und wird ziemlich lautstark und energisch: »Ich will mit dir nichts mehr zu tun haben. Du bist tot und du bleibst tot.«
Nach der Szene fühlt der Teilnehmer sich erschöpft und erleichtert. Er berichtet, dass der Vater tatsächlich versucht hatte, die Mutter zu überreden, sich mit ihm zusammen umzubringen und den betroffenen Teilnehmer als damals zehnjähriges Kind mit in den Tod zu nehmen. Der wiederum hat jetzt gemerkt, wie viel Kraft zum Leben und zur Abwehr des väterlichen Ansinnens doch in ihm steckt.

(10) Oft erzählen Teilnehmer, wenn sie morgens wieder zusammenkommen, wovon sie geträumt haben. Meist ist nach den Gesprächen

des vorangegangenen Tages ziemlich deutlich, worauf sich der Inhalt beziehen könnte. Eine Teilnehmerin hatte tags zuvor erzählt, dass sie an zunehmender Niereninsuffizienz leide, es aber ablehnt, eine Niere transplantiert zu bekommen, obwohl sie schon einmal die Möglichkeit dazu hatte. Sie empfinde es als natürlichen Ablauf ihres Lebens, das nicht zu tun. Eine andere Teilnehmerin hatte gerade eine neue, aber stark renovierungsbedürftige Wohnung gemietet, und der Umzug stand bevor. Die zweite Teilnehmerin träumte, im Krankenhaus sei eine Nierenoperation durchgeführt worden, jedoch nicht wie üblich, sondern mit viel Silikon. Die Niere war über und über mit weißem Silikon verschmiert und verbunden.

Sicher ist es sehr problematisch, in Fortbildungsseminaren auf unbewusste Trauminhalte zu sprechen zu kommen. Wir sind in dieser Hinsicht extrem zurückhaltend und überlassen das Gespräch eher den Teilnehmern. Auch in diesem Fall sagte die Träumerin spontan, »na, da habe ich wohl noch an deine Erzählung von gestern gedacht, aber unseren Umzug habe ich wohl gleich mit dazugepackt. Das hat mich wohl belastet gestern.« Sicher hätte man daran denken können, dass die Träumerin der anderen Teilnehmerin etwas Gutes tun wollte, weil sie nicht verkraftet hatte, dass diese sich gegen eine hilfreiche medizinische Maßnahme wehrte. Dass die Niere nun aber so mit Silikon verschmiert war und die Operation offenbar eher wie eine bauhandwerkliche Arbeit aussah, muss nicht nur mit ihren Renovierungsarbeiten zu tun haben, sondern könnte auch eine Verärgerung über das ihr nicht verständliche Verhalten der anderen Teilnehmerin andeuten, vielleicht auch eine gespannte Beziehung zu dieser überhaupt. Dies jedoch anhand zufällig aufgetauchter Träume zu besprechen, würde zu schnell und zu stark unbewusstes Material zu Tage fördern, das im Fortschreiten des Seminars irgendwann unproblematischer sichtbar werden würde. Durch zu schnelle Förderung unbewussten Materials können entsprechende Deutungen Ängste und Aggressionen erzeugen, die in einem Zusammenhang, in dem die Teilnehmer ja nicht Klienten mit Symptomen sind, die sie loswerden wollen, zu noch schwer zu kontrollierenden Prozessen führen.

(11) Um die Teilnehmer vorsichtig mit ihrer eigenen Einstellung zu Tod und Trauer zu konfrontieren, bitten wir sie, sich eine Viertelstunde lang mit dem Gedanken an ihren eigenen Tod zu beschäftigen: Wie wünschen sie sich diesen? Wie wollen sie beerdigt werden? Wer soll anwesend sein? Welche Gründe haben sie dafür jeweils (z. B. für den Wunsch nach einer Feuerbestattung oder Erdbestattung)? Dabei wird oft nicht nur ihre Einstellung zum Tod sichtbar, sondern auch die Motivation für die Teilnahme am Seminar. Eine Teilnehmerin erzählte etwa, sie sei vor einigen Jahren lebensgefährlich an einer ungeklärten Allergie erkrankt. Vorausgegangen war der Tod ihres Vaters, an dem sie sehr hing. In dieser Situation war es ihr das Wichtigste gewesen, dass ihre drei kleinen Kinder versorgt wären. Das sei ihr auch heute noch am Wichtigsten, weshalb sie sich auf jeden Fall keinen plötzlichen Tod wünsche, sondern so sterben wolle, dass sie alle ihre Kinder betreffenden Dinge vorher noch regeln könne. Als sie wieder genesen war, hatte sie das Gefühl, dass der Tod ihres Vaters etwas mit ihrer Krankheit zu tun gehabt hatte. Als sie dann die Ankündigung des Seminars gelesen habe, habe sie beschlossen, die Möglichkeit zu nutzen, diese Thematik aufzuarbeiten.

(12) Teilnehmer können auch aufgefordert werden, eine Trauerrede an ihrem eigenen Grab zu halten, was ihre Einstellung zu sich selbst, vor allem zu ihrem idealen Selbst, gut verdeutlicht.

(13) Wenn Teilnehmer eine Trauerrede am Grab eines anderen halten, zeigt sich, welche Konventionen und gesellschaftlichen Zwänge zur Leugnung ambivalenter Einstellungen in dieser Situation gegeben sind, wie sie empfunden werden und welche psychischen Schwierigkeiten damit verbunden sind.

(14) Übungen zum Verlassen(-werden) und zu Trennungen können von den Teilnehmern in der Weise durchgeführt werden, dass je zwei sich zusammentun, wobei der eine festhalten und der andere verlassen will. Dies kann so aussehen, dass der eine den anderen am Arm

festhält, während der andere sich ebenso körperlich wehrt und beide dazu ihre Gefühle und Wünsche lautstark schreien. Nach einiger Zeit können die Rollen getauscht werden. Anschließend werden die bei den Teilnehmern entstandenen Gefühle besprochen.

(15) Es können mit den Teilnehmern auch aus der Gestalttherapie stammende Rituale durchgeführt werden. Eine Möglichkeit ist, die Namen von verlorenen Personen, von denen man endgültig Abschied nehmen will, ganz groß auf einen Zettel zu schreiben, diesen eine letzte Nacht unter das Kopfkissen zu legen und am nächsten Tag in der Erde zu vergraben, in einem Bach zu versenken oder feierlich mit einer Kerze zu verbrennen. Ebenso kann eine Kerze angezündet werden mit der Intention, bei deren Erlöschen die Beziehung endgültig erlöschen zu lassen. Teilnehmer können auch alles, was ihnen unangenehm ist und wovon sie sich lösen wollen, in einer Liste aufschreiben, alles, was ihnen sehr wichtig ist und was sie unbedingt behalten wollen, in einer anderen. Dann können sie die erste Liste verbrennen, die zweite aber stets am Herzen tragen.

(16) Zu schwierigen Beratungsfällen können Rollenspiele durchgeführt werden. Ein Teilnehmer hatte ein älteres Ehepaar in Betreuung, das den einzigen Sohn verloren hatte und sich seitdem offensichtlich nur noch auf den Tod vorbereitete, allerdings ohne suizidale Absichten. Unseren Teilnehmer ärgerte, dass er es einfach nicht schaffte, diese trostlose Situation etwas aufzuhellen. Zwei Teilnehmer spielten das Ehepaar, er den Berater. Man merkte, wie der Berater im Gespräch immer drängender und ärgerlicher wurde. Dann tauschten sie die Rollen. Die vorherige Ehefrau war nun seine Beraterin. In dieser Situation fiel ihm auf, wie unangenehm er sich bedrängt fühlte und wie sehr er das Bedürfnis hatte, dass seine gegenwärtige psychische Situation respektiert würde. Er sagte das der Beraterin deutlich und merkte nun plötzlich, wie er danach anfing, sich wohler zu fühlen. Offensichtlich hatte der Berater durch eigenen Erfolgsdruck und Drängen eine Situation herbeigeführt, in der er das Ehe-

paar, weil es sich gegen seine Bevormundung wehren wollte, genau in der Situation festhielt, aus der er ihm eigentlich heraushelfen wollte.

(17) Einen zentralen Punkt unserer Fortbildung stellen neben der konzentrierten Selbsterfahrung an zwei Wochenenden die Übungen zu einzelnen Therapieverfahren dar, wobei immer ein Teilnehmer Berater, der andere Klient ist. In der Regel denken die Teilnehmer sich eigene Verlustsituationen aus oder versetzen sich in die von Bekannten. Dabei kann an den eigenen Haltungen während der Beratung gearbeitet werden. Im anschließenden Gespräch oder beim nochmaligen Anschauen der Videoaufnahmen sind Einsichten in psychologische Zusammenhänge möglich, die vorher oft erörtert wurden, aber nie nacherlebt werden konnten.

Beispiel
Eine Studentin befand sich mit mir im (psychoanalytisch orientierten) Beratungsgespräch. Ich war Berater. Es ging um ihre geschiedenen Eltern. Das Gespräch verlief für uns beide angenehm, wenngleich sie einräumte, dass sie doch etwas aufgewühlt worden war, aber nicht so viel, wie sie ursprünglich befürchtet hatte. Ich fragte sie zum Abschluss, ob sie auch einmal Wut auf mich verspürt habe wegen meiner Nachfragen. Nein, nur auf ihren Vater. Im nächsten Beratungsgespräch war die »Klientin« eine Studentin, die sich in die Rolle einer Freundin versetzte, die den Vater mit vier Jahren verloren hatte und offensichtlich immer von Männern, mit denen sie einige Zeit zusammen war, unter ihr unverständlichen Umständen verlassen wurde. Beraterin war gleichfalls eine Studentin. Das Gespräch ging sehr in die Tiefe der zuletzt abgebrochenen Beziehung und zeigte, dass die Klientin offensichtlich von Anfang an durch extreme Anpassung versucht hatte, ein Verlassenwerden zu verhindern. Die Beraterin machte ihr ihre Erwartungen und auch deren Problematik deutlich, fragte intensiv nach weiteren vergangenen Beziehungen und versuchte, Zusammenhänge zum verlorenen Vater und der Beziehung zu diesem herzustellen. Im nachfolgenden Gespräch fragte ein Teilnehmer die »Klientin«, ob sie das Gespräch belastet habe. Offensichtlich: »Ich war so sauer, als die einfach nicht aufhörte zu fragen, ich wollte da einfach nicht ran, und die

hörte einfach nicht auf zu bohren. Ich hätte sie erwürgen können, als die immer weiter gefragt hat.« Daraufhin wurden nun der Klientin aus dem ersten Gespräch plötzlich Zusammenhänge klar (zu mir gewandt): »Jetzt versteh ich erst, was du immer meinst, wenn du von Aggressionen sprichst. Das habe ich bisher einfach nicht verstanden, worauf man da sauer sein soll und wo die Aggression herkommen soll. Die wollte in Ruhe gelassen werden, ihre Schmerzen nicht spüren und Angelika (Beraterin des zweiten Gesprächs) hat sie das einfach nicht gelassen.«

Diese Form der Übung ist eine Kombination aus Selbsterfahrungsanteilen, Erwerb von Techniken und grundsätzlicher Überprüfung von Einstellungen, die in der Beratungssituation, in der Gruppe und außerhalb der Gruppe relevant sind.

Beispiel
Christiane erzählt von der Scheidung ihrer Eltern, vom Gefühl, vom Vater vernachlässigt worden zu sein, der bei Gericht durchgesetzt hatte, dass die Kinder zu ihm kamen. Er hat die Kinder immer an Freundinnen abgeschoben. Der Berater fragt, ob das heute noch Auswirkungen auf sie habe? »Nein, eigentlich nicht«, das fand sie alles nur lustig. Der Berater lächelt ein wenig, worauf sie sofort versteht, warum. Sie hatte am Vortag einen heftigen Disput mit Michael, einem anderen Teilnehmer, dem aufgefallen war, dass Christiane immer, wenn ihr etwas zu nahe ging, in Witze, oberflächliche Bemerkungen oder dahin auswich, dass sie etwas lustig finde.
    »Ja, du meinst die Sache mit Michael. Ja, das ist mir auch eingefallen.«
    »Vielleicht ist das so deine Methode, mit Belastungen umzugehen.«
    »Dass ich mich da emotional rausziehe.«
    »Kann das sein?«
    »Ja, auch mit meinem Freund, wenn mir das zu eng wird, bin ich einfach weg. Das ärgert mich auch an Michael, der ist da wie mein Vater. Schon wie der dasitzt, immer den Arm um irgendjemand rum, das ganze Gehabe und auch dieser etwas lässige Pullover.«
    »Was bedeutet das für dich?«
    »Na so, hier bin ich, so paschamäßig, so besitzergreifend, so gewollt

locker und eigentlich gar nicht, so gefühllos. Ich will dem Michael ja nichts unterstellen, aber dieser Pullover ...«

»Der erinnert dich an etwas, womit du schlechte Erfahrungen gemacht hast, und die willst du nicht noch einmal machen. Solches Verhalten kannst du nicht haben?«

»Nein, wenn er sich schon sonst nicht um uns gekümmert hat (meint den Vater), dann braucht er sich auch nicht so aufzuspielen. Vielleicht habe ich einfach Angst, mich auf Gefühle einzulassen.«

Bei simulierten Beratungsgesprächen können typische Blockierungen und ihre Ursachen aufgedeckt werden: An einem Beratungsgespräch, das transaktionsanalytisch ausgerichtet sein sollte, nehmen Conny als Beraterin und Monika als Klientin teil. Monika stellt die Situation einer nahen Verwandten dar. Sie erzählt, dass sie von Männern ständig verlassen wird, dass ihr das vor wenigen Wochen wieder passierte, dass sie ohne Vater aufgewachsen ist, weil dieser kurz nach ihrer Geburt an Krebs starb, und ihre Mutter mit dem Vater eine so harmonische Ehe geführt hatte, dass sie sich nie mehr an jemand anderen binden wollte. Nachdem das Beratungsgespräch soweit problemlos verlaufen ist und die »Therapeutin« einfühlsam auf die Schilderungen eingegangen war, kommt das Gespräch ins Stocken. Die Klientin setzt noch ein paar Mal wieder an, aber von Conny kommt nichts mehr. Nach einigen Minuten sagt sie: »Ich habe einen Blackout, ich weiß auch nicht, was los ist.« Der Leiter schaltet sich ein: »Was ist mit dir?« Conny: »Ich habe das Gefühl, dass sich das so wie ein roter Faden durch ihr Leben zieht und dass auch die Mutter da eine Rolle spielt.« Leiter: »Dann sag ihr das doch.« Conny (zu Monika gewandt): »Männer haben dich immer wieder verlassen, so dass du zu dem Schluss gekommen bist, dass Männer, denen du nahe stehst, dich generell verlassen.« Monika: »Verletzt und allein gelassen und jetzt will ich einfach keine neue Beziehung mehr.« Das Gespräch läuft normal weiter.

Im Nachgespräch stellt sich heraus, dass Conny, eine sehr vorsichtige und überlegte junge Frau, an dieser Stelle Angst gehabt hatte, der Hinweis auf eine Art Skript könne zu drastisch und verletzend sein. Sie hatte zwischen den Alternativen geschwankt, ihren Eindruck klar wiederzugeben oder sich nicht zu äußern, und so kam die bemerkte Verzögerung zustande. Die Gruppe fand, dass die von ihr gemachten Äußerungen durchaus angemessen und nicht verletzend waren, und Monika bestätigte, dass sie damit etwas anfangen konnte. Spekulativ kann man auch unterstellen, dass Conny an dieser Stelle vielleicht ein ähnliches Problem hat wie die Klientin und eigene Gefühle und Erinnerungen zu einer Blockierung führten. Sie hatte sich als junges Mädchen von einem Freund getrennt, der sich danach das Leben nahm. Es wäre also denkbar, dass die Äußerung von Monika, sich nie wieder an jemand binden zu wollen, in ihr entsprechende Ängste um Monika ausgelöst hat. Vielleicht auch kamen ihr ihre eigenen Gefühle von damals in Erinnerung, als ihre eigene Beziehung so tragisch endete und sie auch gedacht haben könnte, es sei besser, sich überhaupt nie wieder zu binden. Da die Gruppe sich zu diesem Zeitpunkt erst am Beginn der gemeinsamen Arbeit befand, schien es dem Leiter sinnvoll, es bei den genannten Erörterungen zu belassen, in der Annahme, dass für den Einzelnen wichtige Punkte in der Ausbildung sowieso wiederkehren werden.

(18) Besonders relevant in der Supervision ist die Aufdeckung von Bereichen, bei denen der Berater aufgrund seiner Persönlichkeit Teile der Wirklichkeit ausblendet. Ebenso sind die Reaktionen der Berater von Interesse, bei denen eine die Wirklichkeit des Klienten verzerrende Sicht (z. B. durch Projektion, Identifikation, Übertragung) die Therapeut-Klient-Interaktion beeinträchtigt und ungünstige Verhaltensweisen beim Klienten hervorruft oder zumindest verstärkt.

Beispiel 1
Barbara, 24 Jahre, Studentin der Pädagogik, bespricht in der Supervision ein Beratungsgespräch mit einer 56 Jahre alten Frau, die gerade einen guten Bekannten verloren hatte. Die Klientin schien ein typisch traditionelles Rollenbild zu verwirklichen. Als sie in den Ort zog, wo ihr Mann wohnte, um ihn zu heiraten, gab sie alle bisherigen Bekannten auf, obwohl diese

nicht weit weg wohnten, und widmete sich nur noch dem Bekanntenkreis ihres Mannes, obwohl ihr dieser sehr unsympathisch war. Die Eifersucht ihres Mannes mag auch dazu beigetragen haben. Nur der gerade Verstorbene, auch ein Bekannter ihres Mannes, war sehr herzlich zu ihr. Seit der Heirat war sie Hausfrau trotz Kinderlosigkeit. Die Ehe wird als zerrüttet geschildert, seit Jahren hätten die Partner keinen sexuellen Kontakt mehr zusammen. Barbara schildert das gelaufene Beratungsgespräch als für sie äußerst unzufriedenstellend. Die Frau sei »so oberflächlich«. Obwohl der Bekannte verstorben war, zeigte sie keine Gefühle, wich eher auf Allgemeinplätze über seine Toleranz und Freundlichkeit und die Bewunderung aus, die er allgemein genoss. Barbara hat den Eindruck, er werde idealisiert, aber eine persönliche gefühlsmäßige Beziehung schimmert nicht durch.

Einer der anderen Ausbildungsteilnehmer bemerkt, die Klientin könnte, ohne sich das einzugestehen, in den Verstorbenen verliebt gewesen sein, und um dies zu verbergen, sich in oberflächlichen Äußerungen ergehen. Eine andere Teilnehmerin hält es für möglich, die beiden könnten eine engere Beziehung zusammen gehabt haben, als es der Umwelt bekannt ist. Barbara fällt es wie Schuppen von den Augen. Sie ist verblüfft, dass sie auf diese Ideen nicht gekommen war, kann sich damit den Gesprächsverlauf gut erklären. Im Gespräch zeigt sich, dass Betrug des Partners für Barbara trotz umfangreicher Beratungserfahrung und ihrer ansonsten angestrebten Offenheit schwer vorstellbar ist. »Wenn ich jemand anderen mag, dann sage ich das doch, dann mache ich das doch nicht heimlich, dann ziehe ich daraus doch Konsequenzen.« Am meisten stört sie an derartigen Beziehungsmustern die »Verlogenheit«. Ohne dass diese Interpretation in diesem Beratungsfall richtig sein muss, ist doch auffällig, dass Barbara von ihrer eigenen Einstellung her einen Bereich der Wirklichkeit ausgeklammert hat, der durchaus plausibel hätte berücksichtigt werden können.

Beispiel 2
Brigitte, Diplompsychologin, 29 Jahre alt, stellt mit einer anderen Kursteilnehmerin ein Beratungsgespräch nach. Die Ausgangsbasis ist die folgende: Die Klientin hat einen langjährigen intimen Freund durch Suizid

verloren, nachdem sie die Beziehung unmittelbar zuvor abgebrochen hatte. Nach Schilderung der Beziehung und der Gründe für den Abbruch wird die Klientin bei der Darstellung ihrer Schuldgefühle sehr heftig. Brigitte versucht mehrfach im personzentrierten Ansatz, ihr die Gefühle widerzuspiegeln. Die Klientin greift die Beraterin direkt an: »Würden Sie sich nicht schuldig fühlen?« Sichtlich beunruhigt schwenkt Brigitte auf direkte Richtungsvorgaben um: »Sie müssen sich nicht schuldig fühlen.« Sie wiederholt das mehrfach, und die anderen Teilnehmer merken, dass Brigitte völlig die Kontrolle über den Gesprächsverlauf verliert. Die Klientin beharrt auf ihren Schuldgefühlen und deren Berechtigung. Brigitte wendet sich Hilfe suchend an die Teilnehmergruppe: »Nein, das wird mir jetzt zu heiß.« Sie macht dennoch weiter. Die Klientin äußert: »Jetzt kann ich ihm nur noch nachfolgen.« Brigitte erstarrt, wird kreidebleich und wehrt mit den Händen heftig ab. Sie bricht das Gespräch ab. Als sie sich beruhigt hat, schildert sie ihre emotionalen Hintergründe: Ihr Vater hat während ihrer ganzen Kindheit immer wieder mit Suizid gedroht. Sie hatte immer die Aufgabe empfunden, ihm über solche Phasen hinwegzuhelfen und ihn aufzuheitern. Sie durfte nie sie selbst sein, sondern musste immer Erwartungen entsprechen, um eine Katastrophe zu verhindern. Sie ahnte, dass während des gerade geführten Gesprächs eine solche Drohung wieder im Raum stand, und sah nur noch die Möglichkeit abzubrechen. Die andere Teilnehmerin, die die Klientin gespielt hatte, legte dann dar, dass sie die Äußerung, sie würde »ihm nachfolgen«, zunächst eher sehr allgemein und nicht spezifisch für Suizid gemeint hatte. Sie habe sich darunter auch eine Erkrankung oder ein sehr viel späteres Nachfolgen und Enthaltsamkeit von weiteren Beziehungen vorstellen können. Brigitte hatte hier also eine eindeutige Interpretation der ursprünglich mehrdeutigen Äußerung vorgenommen. Die Klientin schilderte dann, wie sie im Verlauf des Gesprächs aufgrund der Reaktionen von Brigitte zunehmend Neigung verspürte, sich in die Schuldgefühle hineinzusteigern. Von den anderen gefragt, welche Gefühle die aufgeregten und besorgten Reaktionen von Brigitte bei ihr ausgelöst hätten, meinte sie: »Ich habe mich so umhüllt, so gewärmt gefühlt.« Brigitte hatte hier also eine zumindest verstärkende Wirkung.

Literatur

Ackerman, N. W. (1966): Treating the troubled family. New York, London.
Ackerman, N. W., Lieb, J., Pearce, J. K. (Hrsg.) (1970): Family therapy in transition. Boston.
Ader, R., Cohen, N. (1981): Conditioned immunopharmacologic responses. In: Ader, R. (Hrsg.): Psychoneuroimmunology (S. 281–320). New York.
Adler, A. (1959): Individualpsychologie. In: Frankl, V. E. (Hrsg.), Handbuch der Neurosenlehre und Psychotherapie, Bd. 3 (S. 221–266). München.
Ainsworth, M. D. S., Blehar, M. C., Waters, E., Wall, S. (1978): Patterns of attachment: Assessed in the strange situation and at home. New York.
Ajdacic-Gross, V., Ring, M., Gadola, E., Lauber, C., Bopp, M., Gutzwiller, F., Rossler, W. (2008): Suicide after bereavement: An overlooked problem. Psychological Medicine 38 (5), 673–676.
Akasmou, S. (2013): Die Bedeutung von Ritualen. Leidfaden – Fachmagazin für Krisen, Leid, Trauer 1, 71–74.
Allumbaugh, D.-L., Hoyt, W. T. (1999): Effectiveness of grief therapy: A meta-analysis. Journal of Counselling Psychology 46 (3), 370–380.
Allen, B. G., Calhoun, L. D., Cann, A., Tedeschi, R. G. (1993–94): The effect of cause of death on responses to the bereaved: Suicide compared to accident and natural causes. Omega 28 (1), 39–48.
Anda, R. F., Brown, D. W., Dube, S. R., Bremner, J. D., Felitti, V. J., Giles, W. H. (2008): Adverse childhood experiences and chronic obstructive pulmonary disease in adults. American Journal of Preventive Medicine 34 (5), 396–403.
Andersen, T. (1990): Das reflektierende Team. Dortmund.
Anderson, T., Goolishian, H. (1992): Der Klient ist Experte: Ein therapeutischer Ansatz des Nicht-Wissens. Zeitschrift für systemische Therapie, 10 (3), 176–189.
Ariès, P. (1974): Western attitudes toward death: From the Middle Ages to the present. Baltimore.
Ariès, P. (1984): Bilder zur Geschichte des Todes. München.
Ashurst, J.-R. (2003): Rural grief: The grief experience in Union County, Georgia. In: Dissertation Abstracts International, Section B: The Sciences and Engeneering, 63 (7)-B, 3463.

Baker, J. E. (1997): Minimizing the impact of parental grief on children: Parent and family interventions. In: Figley, Ch. R., Bride, B. E., Mazza, N. (Hrsg.), Death and trauma: The traumatology of grieving. Washington, 139–157.
Balk, D. (1996): Attachment and the reactions of bereaved college students: A longitudinal study. In: Klass, D., Silverman, P. R., Nickman, St. L. (Hrsg.), Continuing bonds: New understandings of grief. Series in death education, aging, and health care (S. 311–321). Washington DC.
Balk, D. E., Lampe, S., Sharpe, B., Schwinn, Sh., Holen, K., Cook, L., Dubois, R. III (1998): TAT results in a longitudinal study of bereaved college students. Death Studies 22 (1): 3–21.
Bandura, A., Blanchard, E. B., Ritter, B. (1969): Relative efficacy of desensitization and modeling approaches for inducing behavioral, affective and attitudinal changes. Journal of Personality and Social Psychology 13 (3), 173–199.
Barraclough, B. (1987): Suicide: Clinical and epidemiological studies. London.
Bartrop, R. W., Luckhurst, E., Lazarus, L., Kiloh, L. G., Penny, R. (1977): Depressed lymphocyte function after bereavement. Lancet 97, 834–836.
Bartrop, R. W., Lazarus, L., Luckhurst, E., Kiloh, L. G., Penny, R. (1985): Depressed lymphocyte function after bereavement. In: Locke, St., Ader, R., Basedovsky, H., Hall, N., Solomon, G., Spector, H. N., Strom, T: Foundations of Psychoneuroimmunology (S. 337–340). New York.
Bebbington, P. (1987): Marital status and depression: A study of English national admission statistics. Acta Psychiatrica Scandinavica 75, 640–650.
Beck, A. T. (1992): Kognitive Therapie der Depression (3. Aufl.). Weinheim.
Beem, E. E., Hooijkaas, H., Cleiren, M. H. P. D., Schut, H. A. W., Garssen, B., Croon, M. A., Jabaaij, L., Goodkin, K., Wind, H., de Vries, M. J. (1999): The immunological and psychological effects of bereavement: Does grief counselling really make a difference? A pilot study. Psychiatry Research 85 (1), 81–93.
Bendann, E. (1996): Death customs. An analytical study of burial rites. London.
Benedetti, G. (1992): Psychotherapie als existentielle Herausforderung. Göttingen.
Berne, E. (1975/2000): Was sagen Sie, nachdem Sie »guten Tag« gesagt haben? (16. Aufl.). Frankfurt a. M.
Berne, E. (1967): Spiele der Erwachsenen. Reinbek.
Beutel, M. (1991): Zur Psychobiologie von Trauer und Verlustverarbeitung – neuere immunologische und endokrinologische Zugangswege und Befunde. Psychotherapie, Psychosomatik, Medizinische Psychologie 41, 267–277.
Beutel, M., Arenz, St., Weiner, H. (1997): Verarbeitung des plötzlichen Kindstods in Partnerschaft, Familie und Selbsthilfegruppe. Monatsschrift Kinderheilkunde 145, 626–632.
Beutel, M., Deckardt, R., Schaudig, K., Franke, S., Zauner, R. (1992): Trauer, Depressivität und Angst nach einem Spontanabort – Eine Studie über systematische Erfassung und Einflussfaktoren. Psychotherapie, Psychosomatik, Medizinische Psychologie 42, 158–166.

Beutel, M., Deckardt, R., Schaudig, K., Rolvering, M. (1993): Chronische Trauer nach einem Spontanabort: Ergebnisse einer Längsschnittstudie nach 13 Monaten. Psychotherapie, Psychosomatik, Medizinische Psychologie 43, 411–419.

Beutel, M., Will, H., Völkl, K., von Rad, M., Weiner, H. (1995): Erfassung von Trauer am Beispiel des Verlustes einer Schwangerschaft: Entwicklung und erste Ergebnisse zur Validität der Münchner Trauerskala. Psychotherapie, Psychosomatik, Medizinische Psychologie 45, 295–302.

Binger, C. M., Ablin, A. R., Feuerstein, R. C., Kushner, J. H., Zoger, S., Mikkelsen, C. (1969): Childhood leukemia, emotional impact on patient and family. New England Journal of Medicine 280, 414–480.

Birtchnell, J. (1975): Psychiatric break down following recent parent death. British Journal of Medical Psychology 48, 379–390.

Black, D., Urbanowicz, M. A. (1987): Family intervention with bereaved children. Journal of Child Psychology and Psychiatry 28, 467–476.

Black, St., Humphrey, J. H., Niven, J. S. F. (1985): Inhibition of Mantoux reaction by direct suggestion under hypnosis. In: Locke, St., Ader, R., Basedovsky, H., Hall, N., Solomon, G., Spector, H. N., Strom, T.: Foundations of Psychoneuroimmunology (S. 319–324). New York.

Bock, J., Helmeke, C., Ovtscharoff jr., W., Gruß, M., Braun, K. (2003): Frühkindliche emotionale Erfahrungen beeinflussen die funktionelle Entwicklung des Gehirns. Neuroforum 2, 51–55.

Boelen, P. A., de Keijser, J., van den Hout, M. A., van den Bout, J. (2007): Treatment of complicated grief: A comparison between cognitive behavioural therapy and supportive counseling. Journal of Consulting and Clinical Psychology 75 (2), 277–284.

Bojanovsky, J. (1980): Wann droht der Selbstmord bei Verwitweten? Schweizer Archiv für Neurologie, Neurochirurgie und Psychiatrie 127, 99–103.

Bonanno, G. A., Lilienfeld, Sc. O. (2008): Let's be realistic: When grief counseling is effective and when it's not. Professional Psychology: Research and Practice 39 (3), 337–378.

Bond, Sh. (2011): Risk of mental health disorders does not increase following first trimester-induced abortism. Journal of Midwifery and Women's health 56 (3), 313–314.

Boszormenyi-Nagy, I., Spark, G. M. (1973): Loyalty. In: Boszormenyi-Nagy, I., Spark, G. M. (Hrsg.), Invisible loyalties (S. 37–52). New York.

Bowen, M. (1966): The use of family theory in clinical practice. Comprehensive Psychiatry 7 (5), 345–374

Bowen, M. (1978/1993): Family therapy in clinical practice. Northvale, NJ.

Bowlby, J. (1969): Attachment. New York.

Bowlby, J. (1973): Attachment and loss. Vol. 2. Separation: Anxiety and anger. New York.

Bowling, A. (1988): Who dies after widow(er)hood? A discriminant analysis. Omega 19, 135–153.
Bretz, H. J., Heekerens, H. P., Schmitz, B. (1994): Eine Metaanalyse der Wirksamkeit von Gestalttherapie. Zeitschrift für Klinische Psychologie, Psychopathologie und Psychotherapie 42 (3), 241–260.
Bron, B. (1992): Zur Psychotherapie depressiver Alterspatienten mit pathologischen Trauerreaktionen. Zeitschrift für psychosomatische Medizin und Psychoanalyse 38 (4), 346–357.
Bron, B. (1991): Trauer und Suizidalität nach Verlust einer nahestehenden Person bei endogenen und neurotisch-reaktiven Depressionen im höheren Lebensalter. Schweizer Archiv für Neurologie und Psychiatrie 142 (3), 219–233.
Brown, D. W., Anda, R. F., Felitti, V. J., Edwards, V. J., Malarcher, A. M., Croft, J. B., Giles, W. H. (2010): Adverse childhood experiences and the risk for lung cancer. Bio Med Central (BMC) Public Health 10: 311.
Bunch, J. (1972): Recent bereavement in relation to suicide. Journal of Psychosomatic Research 16, 361–366.
Bunch, J., Barraclough, B., Nelson, B., Sainsbury, P. (1971): Suicide following bereavement of parents. Social Psychiatry 6 (4), 193–199.
Calhoun, L. G. Selby, J. W., Faulstich, M. E. (1980): Reactions to the parents of child suicide: A study of social impressions. Journal of Consulting and Clinical Psychology 48 (4), 535–536.
Calhoun, L. G., Selby, J. W., Walton, P. B. (1985–86): Suicidal death of a spouse: The social perception of the survivor. Omega 16 (4), 283–288.
Callahan, R. J., Callahan, J. (1997): Thought field therapy: Aiding the bereavement process. In: Figley, Ch. R., Bride, B. E., Mazza, N. (Hrsg.), Death and trauma: The traumatology of grieving. Washington, 249–267.
Canacakis, J. (1990): Ich begleite dich durch deine Trauer. Stuttgart.
Caplan, G. (1964): Principles of preventive psychiatry. New York.
Carter, B., McGoldrick, M. (1988): The family life cycle and family therapy: An overview. In: Carter, B., McGoldrick, M. (Hrsg.), The family life cycle: A framework for family therapy (S. 3–20). New York.
Cautela, J. R. (1976): The present status of covert modeling. Journal of Behavior Therapy and Experimental Psychiatry 7, 323–326.
Chalana, H., Sachdeva, J. K. (2012): Asian Journal of Psychiatry 5 (3), 215–219.
Clyman, R. I., Green, C., Rowe, J., Mikkelsen, C., Ataide, L. (1980): Issues concerning parents after the death of their newborn. Critical Care Medicine 8, 215–218.
Coe, Ch. L., Rosenberg, L. T., Levine, S. (1988): Immunological consequences of psychological disturbance and maternal loss in infancy. Advances in Infancy Research 5, 97–134.
Cohen-Mansfield, J., Shmotkin, D., Malkinson, R., Bartur, L., Hazan, H. (2013): Parental bereavement increases mortality in older persons. Psychological Trauma: Theory, Research, Practice, and Policy 5 (1), 84–92.

Condon, J. T. (1986): Management of established pathological grief reaction after stillbirth. American Journal for Psychiatry 143, 987–992.
Constantino, R. E. (1988): Comparison of two group interventions for the bereaved. Image 20 (2): 83–87.
Cronkite, R. C., Moss, R. H. (1984): The role of predisposing and moderating factors in the stress-illness relationship. Journal of Health and Social Behaviour 25, 372–393.
Dams, A., Schommer, N., Röpke, St., Heuser, I., Lammers, Ch. (2007): Skilltraining and the post-treatment efficacy of dialectic behaviour therapy six month after discharge of the hospital. Psychotherapie, Psychosomatik, Medizinische Psychologie 57 (1), 19–24.
Deckardt, R., Beutel, M., Schaudig, K. (1994): Psychische Langzeitfolgen nach Spontanabort: Helfen medizinische Betreuung, neuerliche Schwangerschaft und Entbindung wirklich bei der Trauerverarbeitung? Geburtshilfe und Frauenheilkunde 54, 347–354.
DeFrain, J. D., Ernst, L. (1978): The psychological effects of sudden infant death syndrome on surviving family members. Journal of family Practice 6, 985–989.
DeMaso, D. R., Meyer, E. C., Beasley, P. J. (1997): What do I say to my surviving children? Journal of the American Academy of Child and Adolescent Psychiatry 36 (9), 1299–1302.
Dienstbier, R. A. (1992): Mutual impacts of toughening on crises and losses. In: Montada, L., Filipp, S.-H., Lerner, M. J.: Life crises and experiences of loss in adulthood (S. 367–384). Hillsdale, NJ.
Dong, M., Giles, W. H., Felitti, V. J., Dube, S. R., Williams J. E., Chapman, D. P., Anda, R. F. (2004): Insights into causal pathways for ischemic heart disease: Adverse childhood experiences study. Circulation 110 (13), 1761–1766.
Dube, Sh. R., Fairweather, D., Pearson, W. S., Felitti, V. J., Anda, R. F., Croft, J. B. (2009): Cumulative childhood stress and autoimmune disease. Psychosomatic Medicine 71 (2), 243–250.
D'Zurilla, T. J., Goldfried, M. R. (1971): Problem solving and behavior modification. Journal of Abnormal Psychology 78, 107–126.
Ellis, A. (1978): Die rational-emotive Therapie (2. Aufl.). München.
Erickson, M. H., Rossi, E. L. (1989): Hypnotherapie (2. Aufl.). München.
Fenichel, O. (1945): The Psychoanalytic theory of Neurosis. New York. (Deutsch: Psychoanalytische Neurosenlehre. Gießen, 2005)
Figley, Ch. R. (1996): Traumatic death: Treatment implications. In: Doka, K. J. (Hrsg.), Living with grief after sudden loss. Hospice Foundation of America. Washington, DC, 91–102.
Finke, J. (2000): Verbalisierung emotionaler Erlebnisinhalte. In: Stumm, G., Pritz, A. (Hrsg.): Wörterbuch der Psychotherapie (2. Aufl.). Wien, New York.
Fischer, G., Riedesser, P. (1998): Lehrbuch der Psychotraumatologie. Berlin.

Fischer, H. K. (1961): Hypertension and the psyche. In: Brest, N., Moyer, J. H. (Hrsg.), Hypertension – Recent advances. Philadelphia, 110–117.
Fischer, H. K. (1962): Emotional problems associated with gynecologic surgery. Clinics in Obstetrics and Gynecology 5, 597–614.
Fischer, H. K., Dlin, B. M. (1972): Psychogenic determination of time of illness or death by anniversary reactions and emotional deadlines. Psychosomatics 13 (8), 170–173.
Fischer, H. K., Dlin, B. M., Winters, W. C. Jr. et al. (1964): Emotional factors in coronary occlusion. II. Time patterns and factors related to onset. Psychosomatics 5, 280–291.
Fleming, J., Altschul, S. (1994): Activation of mourning and growth. In: Frankiel, R. V. (Hrsg.), Essential papers on object loss (S. 273–296). New York.
Fonagy, P. (1997): Attachment and theory of mind: Overlapping constructs? Occasional Papers Association for Child Psychology and Psychiatry 14, 331–368.
Franke, U. (2002): Wenn ich die Augen schließe, kann ich dich sehen. Heidelberg.
Freeman, L. N., Shaffer, D., Smith, H. (1996): Neglected victims of homicide: Thee needs of young siblings of murder victims. American Journal of Orthopsychiatry 66, 337–345.
Freud, S. (1926): Hemmung, Symptom und Angst. G. W. XIV.
Friedman, T., Gath, D. (1989): The psychiatric consequences of spontaneous abortion. British Journal of Psychiatry 155, 810–813.
Frohburg, I. (2004): Katamnesen zur Gesprächspsychotherapie. Überblicksarbeit. Zeitschrift für Klinische Psychologie und Psychotherapie: Forschung und Praxis 33 (3), 196–208.
Gallagher-Thompson, D., Futterman, A., Farberow, N., Thompson, L., Peterson, J. (1993): The impact of spousal bereavement on older widows and widowers. In: Stroebe, M., Stroebe, W., Hansson, R. O. (Hrsg.), Handbook of bereavement: Theory, research and intervention (S. 227–239). New York.
Gelso, Ch. J., Latts, M. G., Gomez, M. J., Fassinger, R. E. (2002): Countertransference management and therapy outcome: an initial evaluation. J. Clin. Psychol. 58 (7), 861–867.
Gerbode, F. (1992): Beyond psychology: An introduction to metapsychology. Palo Alto.
Gesell, A., Ilg, F. L. (1971): Das Kind von fünf bis zehn (6. Aufl.). Bad Nauheim.
Glick, I. O., Weiss, R. S., Parkes, C. M. (1974): The first year of bereavement. New York.
Gottlieb, L. N., Lang, A., Amsel, Rh. (1996): The long-term effects of grief on marital intimacy following an infant's death. Omega 33 (1), 1–19.
Gözütok, M., Jerneizig, R., Langenmayr, A. (2000): Die Bedeutung von Geschwistern und die Bearbeitung ihres Verlustes in der Trauertherapie. In: Holzschuh, W. (Hrsg.): Geschwistertrauer (S. 45–66). Regensburg.

Grossmann, K., Grossmann, K. E. (2004): Bindungen – Das Gefüge der psychischen Sicherheit. Stuttgart.
Grünwald, H. St., Massenbach, K. von (2003): Ergebnisqualität ambulanter systemischer Therapie – eine Multizenterstudie in der deutschsprachigen Schweiz. Psychotherapie, Psychosomatik, Medizinische Psychologie 53 (8), 326–333.
Hall, R. C. W., Beresford, T. P., Quinones, J. E. (1987): Grief following spontaneous abortion. Psychiatric Clinics of North America 10, 405–419.
Hansel, T. C., Nakonezny, P. A., Rogers, J. L. (2011): Did divorces decline after the attacks on the World Trade Center? Journal of Applied Social Psychology 4 (7), 1680–1700.
Harlow, H. E. (1958): The nature of love. American Psychologist 13, 673–685.
Hayes, J. A., Gelso, Ch. J., Hummel, A. M. (2011): Managing countertransference. Psychotherapy 48 (1), 88–97.
Hellinger, B. (2000): Wir gehen nach vorne. Ein Kurs für Paare in Krisen. Heidelberg.
Helsing, K. J., Szklo, M., Comstock, G. W. (1981): Factors associated with mortality after widowhood. American Journal of Public Health 71, 802–809.
Hemminger, H. (1982): Kindheit als Schicksal? Reinbek.
Henseler, H. (2000): Psychodynamik des Selbstmords (4. Aufl.). Wiesbaden.
Henseler, H., Reimer, Ch. (1981): Selbstmordgefährdung. Zur Psychodynamik und Psychotherapie. Stuttgart.
Hickson, J. (1985): Psychological research on empathy: In search of an elusive phenomenon. Psychological Reports 57 (1), 91–94.
Hilgard, J. R. (1953): Anniversary reactions in parents precipitated by children. Psychiatry 16, 73–80.
Hinton, J. M. (1979): Comparison of places and policies for terminal care. The Lancet 8106, 29–32.
Hodgkinson, P. E. (1982): Abnormal grief – the problem of therapy. British Journal of Medical Psychology 55, 29–34.
Horowitz, M. J., Marmar, C., Weiss, D. S., DeWitt, K., Rosenbaum, R. (1984): Brief psychotherapy of bereavement reactions. Archives of General Psychiatry 41, 438–448.
Horowitz, M. J., Wilner, N., Marmar, C., Krupnick, J. (1980): Pathological grief and the activation of latent self-images. American Journal of Psychiatry 137 (10), 1157–1162.
Horwitz, S. H. (1997): Treating families with traumatic loss: Transitional family therapy. In: Figley, Ch. R., Bride, B. E., Mazza, N. (Hrsg.), Death and trauma: The traumatology of grieving (S. 211–230). Washington.
Irwin, M., Daniels, S., Risch, C., Bloom, E., Weiner, H. (1988): Plasma cortisol and natural killer cell activity during bereavement. Biological Psychiatry 24, 173–178.
Janov, A. (1974): Der Urschrei: Ein neuer Weg der Psychotherapie. Frankfurt a. M.

Jansen, M. A. (1985): Psychotherapy and grieving: A clinical approach. Psychotherapy Patient 2 (1), 15–25.
Jerneizig, R., Langenmayr, A. (1992): Empirische Evaluation Klientenzentrierter Trauertherapie. Göttingen.
Jerneizig, R., Langenmayr, A., Schubert, U. (1994): Leitfaden zur Trauerberatung und Trauertherapie (2. Aufl.). Göttingen.
Jones, D. R., Goldblatt, P. O. (1987): Cause of death in widow(er)s and spouses. Journal of Biosocial Science 19, 107–121.
Jones, D. R., Goldblatt, P. O., Leon, D. A. (1984): Bereavement and cancer: Some results using data of deaths of spouses from the Longitudinal Study of Office of Population Censuses and Surveys. British Medical Journal 298, 461–464.
Jordan, J. R. und Neimeyer, R. A. (2003): Does grief counselling work? Death Studies 27 (9),765–786.
Kalish, R. A. (1985): Death, grief and caring relationships (2. Aufl.). Monterey, CA.
Kaprio, J., Koskenvuo, M., Rita, H. (1987): Mortality after bereavement: A prospective study of 95,647 widowed persons. American Journal of Public Health 77, 283–287.
Kardas, J., Langenmayr, A. (1996): Familien in Trennung und Scheidung. Ausgewählte psychologische Aspekte des Erlebens und Verhaltens von Scheidungskindern.
Kast, V. (2013): Sich einlassen und loslassen. Neue Lebensmöglichkeiten bei Trauer und Trennung (23. Aufl.). Freiburg.
Kastenbaum, R. (1992): The psychology of death (2. Aufl.). New York.
Kastenbaum, R., Costa, P. T. Jr. (1977): Psychological perspectives on death. Annual Review of Psychology 28, 225–249.
Kerr, M., Bowen, M. (1988): Family evaluation. New York.
Kiecolt-Glaser, J. K., Fisher, L. D., Ogrocki, P., Stout, J. C., Speicher, C. E., Glaser. R. (1987): Marital quality, marital disruption, and immune function. Psychosomatic Medicine 49, 13–34.
Kiecolt-Glaser, J. K., Kennedy, S., Malkoff, S., Fisher, L., Speicher, G. R., Glaser, R. (1988): Marital discord and immunity in males. Psychosomatic Medicine 50, 213–229.
Kim, K., Jacobs, S. (1993): Neuroendocrine changes following bereavement. In: Stroebe, M., Stroebe, W., Hansson, R. O.: Handbook of bereavement. Theory, research, and intervention (S. 143–159). Cambridge.
Klasen, H. (1993): »Ist die Seele verbraucht, stirbt der Körper.« Sterben und Tod auf der Insel Nias/Indonesien. Psychotherapie, Psychosomatik, Medizinische Psychologie 43, 381–386.
Klass, D., Silverman, P. R., Nickman, St. L. (Hrsg.) (1996): Continuing bonds: New understandings of grief. Series in death education, aging, and health care. Washington, DC.

Kleber, R. J., Brom, D. (1987): Psychotherapy and pathological grief: Controlled outcome study. Israeli Journal of Psychiatry and Related Sciences 24, 99–109.
Knekt, P., Lindfors, O., Laaksonen, M. A., Renlund, C., Haaramo, P., Harkanen, T., Virtala, E. (2011): Quasi-experimental study of the effectiveness of psychoanalysis, long-term and short-term psychotherapy on psychiatric symptoms, work ability and functional capacity during a 5-year follow-up. Journal of Affective Disorders 132, 37–47.
Kobrin, F. E., Hendershot, G. E. (1977): Do family ties reduce mortality? Journal of Marriage and the Family 39, 737–745.
Konigsberg, R. D. (2011): The truth about grief. New York.
Kriz, J. (1985): Grundkonzepte der Psychotherapie. Eine Einführung. München.
Kübler-Ross, E. (1969): On death and dying. New York.
Kuse-Isingschulte, M. W., Beutel, M., Hahlweg, B. C., Stauber, M., Schneider, K. (1996): Die psychische Verarbeitung einer Totgeburt. Geburtshilfe und Frauenheilkunde 56, 380–389.
Lalive d'Epinay, Ch. J., Cavalli, St., Guillet, L. A. (2009): Bereavement in very old age: Impact on health and relationship of the loss of a spouse, a child, a sibling, or a close friend. Omega: Journal of Death and Dying 60 (4), 301–325.
Landau, J. (1982): Therapy with families in cultural transition. In: McGoldrick, M., Pearce, J. (Hrsg.): Ethnicity and familiy therapy. New York.
Langenmayr, A. (1975a): Familiäre Umweltfaktoren und neurotische Struktur. Göttingen.
Langenmayr, A. (1975b): Personenverluste als Determinanten der Partnerwahl. Praxis der Kinderpsychologie und Kinderpsychiatrie 24 (3): 81–84.
Langenmayr, A. (1980): Krankheit als psychosoziales Phänomen. Göttingen.
Langenmayr, A. (2012): Ist Trauerbegleitung effektiv? Eine kritische Stellungnahme. Leidfaden. Fachmagazin für Krisen, Leid, Trauer 1, 71–80.
Langenmayr, A. (2013): Ursprünge von Ritualen in der Kindheit: Abwehr von Gefühlen der Angst und der Ohnmacht. Leidfaden – Fachmagazin für Krisen, Leid, Trauer 1, 29–31.
Langenmayr, A., Kosfelder, J. (1995): Methodische Entscheidungen in der Evaluation von Psychotherapie. Zft. für Klinische Psychologie, Psychopathologie und Psychotherapie 43(4), 273–290.
Langenmayr, A., Prümel, U. (1985): Analyse biographischer Daten von Multiple-Sklerose-Kranken. Göttingen.
Langenmayr, A., Schubert, U. (1987): Lebenslaufanalyse. Göttingen.
Langenmayr, A., Schubert, U. (1990): Differences in number of siblings and choice of marriage partners. Psychological Reports 67, 143–146.
Larson, D. G., Hoyt, W. T. (2007): What has become of grief counselling? An evaluation of the empirical foundations of the new pessimism. Professional Psychology: Research and Practice 38 (4), 347–355.

Laudenslager, M. L., Boccia, M. L., Reite, M. L. (1993): Behavioral consequences of loss in nonhuman primates: Individual differences. In: Stroebe, M., Stroebe, W., Hansson, R. O.: Handbook of bereavement: Theory, research, and intervention (S. 129–142). Cambridge.

Lauer, M., Mulhern, R. K., Wallskog, J. M., Camitta, B. M. (1983): A comparison study of parental adaption – following a child's death at home or in the hospital. Pediatrics 71 (1), 107–111.

Lauer, M., Mulhern, R. K., Schell, M. J., Camitta, B. M. (1989): Long-term follow up of parental adjustment following a child's death at home or in hospital. Cancer 63, 988–994.

Lazare, A. (1979): Bereavement and unresolved grief. In: Lazare, A. (Hrsg.), Outpatient psychiatry: Diagnosis and treatment (S. 381–397). Baltimore.

Lehmkuhl, G., Lehmkuhl, U. (1998): Praxis der Individualpsychologie. In: Hörmann, G.; Textor, M. R. (Hrsg.), Praxis der Psychotherapie: 5 Therapien – 5 Fallbeispiele (2. Aufl.; S. 69–106). Eschborn bei Frankfurt a. M.

Leichsenring, F., Rabung, S. (2011): Long-term psychodynamic psychotherapy in complex mental disorders: update of a meta-analysis. The British Journal of Psychiatry 199, 15–22.

Leppert, P. C., Pahlka, B. S. (1984): Grieving characteristics after spontaneous abortion: A management approach. Obstetrics and Gynecology 64: 119–122.

Leuner, H., Wilke, E. (2004): Katathym-imaginative Psychotherapie (KiP) (6. Aufl.). Stuttgart, New York.

Levav, I., Friedlander, Y., Kark, J., Peritz, E. (1988): An epidemiologic study of mortality among bereaved parents. New England Journal of Medicine 319, 457–461.

Levav, J., Kohn, R., Iscovich, J. Abramson, J. T., Tsai, W. Y., Vigdorovic, D. (2000): Cancer incidence and survival following bereavement. American Journal of Public Health 90 (10), 1601–1607.

Li, J., Olsen, J., Vestergaard, M., Obel, C. (2010): Attention-deficit/hyperactivity disorder in the offspring following prenatal maternal bereavement: A nationwide follow-up study in Denmark. European Child & Adolescent Psychiatry 19 (10), 747–753.

Lieberman, M. A., Videka-Sherman, L. (1986): The impact of self-groups on the mental health of widows and widowers. American Journal of Orthopsychiatry 56, 435–449.

Lier, G. (2010): Das Unsterblichkeitsproblem. Göttingen.

Littlewood, J. (1992): Aspects of grief. Bereavement in adult life. London.

Littlewood, J., Cramer, D., Hoekstra-Weebers, J. E. W. M., Humphrey, G. B. (1991): Parental coping with their child's death. Counseling Psychology Quarterly 4 (2/3), 135–141.

Littlewood, J., Hoekstra-Weebers, J. E. W. M., Humphrey, G. B. (1990): Child death and parental bereavement. Groningen.

Locke, St., Ader, R., Basedovsky, H., Hall, N., Solomon, G., Spector, H. N., Strom, T. (1985): Foundations of Psychoneuroimmunology. New York.

Lord, J. H. (1996): America's number one killer: Vehicular crashes. In: Doka, K. J. (Hrsg.), Living with grief after sudden loss (S. 15–39). Hospice Foundation of America. Washington, DC.

Lowen, A. (1979): Bioenergetik. Reinbek.

Maddison, D. C., Viola, A. (1968): The health of widows in the year following bereavement. Journal of Psychosomatic Research 12, 297–306.

Mandell, F., McAnulty, E., Reece, R. M. (1980): Observations of paternal response to sudden unanticipated infant death. Pediatrics 65, 221–225.

Marmar, C. R., Horowitz, M. J., Weiss, D. S., Wilner, N. R., Kaltreider, N. B. (1988): A controlled trial of brief psychotherapy and mutual-help group treatment of conjugal bereavement. American Journal of Psychiatry 145 (2), 203–212.

Martikainen, P., Valkonen, T. (1996): Mortality after death of spouse in relation to duration of bereavement in Finland. Journal of Epidemiology and Community Health 50, 264–268.

Mawson, D., Marks, I. M., Ramm, L., Stern, R. S. (1981): Guided mourning for morbid grief: A controlled study. British Journal of Psychiatry 138, 185–193.

McInerny, B. P. (1974): Research with primal patients: Vital signs. Journal of Primal Therapy 2 (1), 51–63.

McIntosh, J. L. (1993): Control group studies of suicide survivers: A review and critique. Suicide and Life-Threatening Behavior 23 (2), 146–161.

McMahon, B., Pugh, Th. F. (1965): Suicide in the widowed. American Journal of Epidemiology 81, 23–31.

Meichenbaum, D. W. (1979): Cognivtive behavior modification. The need for a fairer assessment. Cognitive Therapy and Research 2, 127–132.

Melges, F. T., DeMaso, D. R. (1980): Grief-resolution therapy: Reliving, revising and revisiting. American Journal of Psychotherapy 34, 51–61.

Mellström, D., Nilsson, A., Oden, A., Rundgren, A., Svanborg, A. (1982): Mortality among the widowed in Sweden. Scandinavian Journal of Social Medicine 10, 33–41.

Mercer, D., Evans, J. M. (2006): The impact of multiple losses on the grieving process: an exploratory study. Journal of Loss and Trauma 11 (3), 219–227.

Meyer, R. J., Haggerty. R. J. (1985): Streptococcal infections in families. Factors altering individual susceptibility. In: Locke, St., Ader, R., Basedovsky, H., Hall, N., Solomon, G., Spector, H. N., Strom, T.: Foundations of Psychoneuroimmunology (S. 307–318). New York.

Miller, J. B. (1971): Children's reactions to the death of a parent: A review of the psychoanalytic literature. Journal of the American Psychoanalytic Association 19 (4), 697–719.

Minuchin, S. (1977): Familien und Familientherapie. Freiburg.

Minuchin, S., Fishman, H. (1983): Praxis der strukturellen Familientherapie. Freiburg.
Mitchell, J. T. (1983): When disaster strikes: The critical incident stress debriefing process. Journal of Emergency Medical Services 8, 36–39.
Moreno, J. L. (1959/1993): Gruppenpsychotherapie und Psychodrama (4. Aufl.). Stuttgart.
Nagy, M. H. (1965): The child's view of death. In: Feifel, H. (Hrsg.): The meaning of death (S. 79–98). New York.
Neimeyer, R. A. (2000): Searching for the meaning of meaning: Grief therapy and the process of reconstruction. Death Studies 24, 541–558.
Neimeyer, R. A. (2012): The (half) truth about grief. Illness, Crisis, and Loss 20 (4), 389–395.
Nerin, W., Nerin, W. F., Satir, V. (2010): Familienrekonstruktion in Aktion. Virginia Satirs Methode in der Praxis. Paderborn.
Olders, H. (1989): Mourning and grief as healing processes in psychotherapy. The Canadian Journal of Psychiatry 34 (4), 271–278.
Osgood, C. E. (1960): Some effects of motivation on style of encoding (S. 293–306). In: Sebeok, T. A. (Hrsg.): Style in language. Cambridge, MA.
Parkes, C. M. (1978): Home or hospital. Terminal care as seen by surviving spouses. Journal of the Royal College of General Practioners 28, 19–30.
Parkes, C. M. (1979): Evaluation of a bereavement service. In: DeVries, A., Carmichael, A. (Hrsg.), The dying human (S. 389–402). Ramat Gan, Israel.
Parkes, C. M., Laungani, P., Young, B. (1997). Introduction. In: Parkes, C. M., Laungani, P., Young, B. (Hrsg.), Death and bereavement across cultures (S. 3–9). London.
Parkes, C. M., Weiss, R. S. (1983): Recovery from bereavement. New York.
Pauls-Reize, G. M. (2012): Das versteckte Leid von Generationen. Familienstellen in der Trauerbegleitung. Leidfaden – Fachmagazin für Krisen, Leid, Trauer 1, 60–64.
Pennebaker, J. W., Mayne, T. J., Francis, M. E. (1997): Linguistic predictors of adaptive bereavement. Journal of Personality and Social Psychology 72 (4), 863–871.
Perls, F. S. (1974/1996): Gestalttherapie in Aktion (8. Aufl.). Stuttgart.
Pfeffer, C. R., Martins, P., Mann, J., Sunkenberg, M., Ice, A., Damore, J. C., Gallo, C., Karpenos, I., Jiang, H. (1997): Child survivors of suicide: Psychosocial characteristics. Journal of the American Academy of Child and Adolescent Psychiatry 36, 337–345.
Phillips, D. P. (1972): Deathday and birthday: An unexpected connection. In: Tanur, J. M., Mosteller, F., Kruskal, W. H., Link, R. F., Pieters, R. S, Rising, G. R.: Statistics: A guide to the unknown (S. 52–65). San Francisco, CA.
Phillips, D. P. (1977): Motor vehicle fatalities increase just after publicized suicide stories. Science 196, 1464–1465.

Pynoos, R. S., Nader, K. (1993): Issues in the treatment of posttraumatic stress in children and adolescents. In: Wilson, J. P., Raphael, B. (Hrsg.), International handbook of traumatic stress syndromes (S. 535–549). New York.
Rådestad, I., Steineck, G., Nordin, C., Sjögren, B. (1996): Psychic and social consequences of women in relation to memories of a stillborn child: A pilot study. Gynecologic and Obstetric Investigation 41, 194–198.
Rahm, D. (1997): Integrative Gruppentherapie mit Kindern. Göttingen.
Ramsay, R. N. (1979): Bereavement: A behavioural treatment of pathological grief. In: Sjodan, P. O., Bales, S., Dochens, W. S. (Hrsg.), Trends in behavior therapy (S. 217–248). New York.
Rando, Th. A. (1997): Foreword. In: Figley, Ch. R., Bride, B. E., Mazza, N. (Hrsg.), Death and trauma: The traumatology of grieving (S. XV–XIX). Washington.
Raphael, B. (1984): The anatomy of bereavement: A handbook for caring professions. London.
Raphael, B., Middleton, W., Martinek, N., Misso, V. (1993): Counseling and therapy of the bereaved. In: Stroebe, M., Stroebe, W., Hansson, R. O.: Handbook of bereavement: Theory, research and intervention (S. 427–453). New York.
Redmond, L. M. (1996): Sudden violent death. In: Doka, K. J. (Hrsg.), Living with grief after sudden loss (S. 53–71). Washington, DC.
Reed, L. W. (1999): The efficacy of grief therapy as a treatment modality for individuals diagnosed with co-morbid disorders of chronic pain and depression. In: Dissertation Abstracts International: Section B: The Sciences and Engineering 59 (7), 3710
Renfrey, G., Spates, C. R. (1994): Eye movement desensitization and reprocessing: A partial dismantling procedure. Journal of Behavior Therapy and Experimental Psychiatry 25, 231–239.
Reynolds, F. (1996): Laying mother to rest: Working with grief-related nightmares through exposure therapy and imagery. Counseling Psychology Quarterly 9 (3), 229–233.
Richter, H.-E. (1962/2007): Eltern, Kind und Neurose. Psychoanalyse der kindlichen Rolle (32. Aufl.). Reinbek.
Richter, H.-E. (1970): Patient Familie. Entstehung, Struktur und Therapie von Konflikten in Ehe und Familie. Reinbek.
Ringel, E. (1969) (Hrsg.): Selbstmordverhütung. Bern.
Rogers, C. R. (1996): Therapeut und Klient (11. Aufl.). Frankfurt a. M.
Rogers, J., Vachon, M. S., Lyall, W. A., Sheldon, A., Freeman, J. J. (1980): A self-help program for widows as an independent community service. Hospital and Community Psychiatry 31, 844–846.
Rosen, E. J. (1990): Families facing death: Family dynamics of terminal illness. Lexington.
Rosenblatt, P. C., Walsh, R. P., Jackson, D. A. (1976): Grief and mourning in cross-cultural perspective. Human Relations Area Files.

Rosenblatt, P. C. (1997): Grief in small-scale societies. In: Parkes, C. M., Laungani, P., Young, B. (Hrsg.), Death and bereavement across cultures (S. 27–51). London.
Rosenblatt, P. C. (2013): The concept of complicated grief: Lessons from other cultures, In: Stroebe, M., Shut, H., van den Bout, J. (Hrsg.): Complicated grief: Scientific foundations for health care professionals (S. 27–39). New York.
Rosenthal, R., Jacobson, L. (1968): Pygmalion in the classroom: Teacher expectation and pupils' intellectual development. New York.
Rosenthal, R., Jacobson, L. (1971): Pygmalion im Unterricht. Lehrererwartungen und Intelligenzentwicklung der Schüler. Weinheim.
Roskin, M. (1984): A look at bereaved parents. Bereavement Care 3, 26–29.
Rosner, R., Wagner, B. (2009): Komplizierte Trauer. In: Maerker, A. (Hrsg.): Therapie der posttraumatischen Belastungsstörung (S. 441–456). Berlin.
Satir, V. (1975): Selbstwert und Kommunikation. München.
Satir, V. (1990/2004): Kommunikation, Selbstwert, Kongruenz. Konzepte und Perspektiven familientherapeutischer Praxis (7. Aufl.). Paderborn.
Satir, V. (1972/2007): Selbstwert und Kommunikation: Familientherapie für Berater und zur Selbsthilfe (18. Aufl.). Stuttgart
Satir, V., Englander-Golden, P. (2002): Sei direkt. Der Weg zu freien Entscheidungen (3. Aufl.). Paderborn.
Saunders, J. M. (1981): A process of bereavement resolution: Uncoupled identity. Western Journal of Nursing Research 3, 319–332.
Schlegel, L. (1988): Die transaktionale Analyse (3. Aufl.). Tübingen.
Schlippe, A. von, Schweitzer, J. (2007): Lehrbuch der systemischen Therapie und Beratung (10. Aufl.). Göttingen.
Schlippe, A. von, Schweitzer, J. (2010): Systemische Interventionen (2. Aufl.). Göttingen.
Schmidbauer, W. (1997): Der neue Psychotherapieführer. München.
Schmidt-Denter, U. (2000): Entwicklung von Trennungs- und Scheidungsfamilien: Die Kölner Längsschnittstudie. In K. A. Schneewind (Hrsg.): Familienpsychologie im Aufwind. Brückenschläge zwischen Forschung und Praxis (S. 203–221). Göttingen.
Schultz-Hencke, H. (1947): Der gehemmte Mensch. Stuttgart.
Schultze-Florey, Ch. R., Martinez-Maza, O., Magpantey, L., Breen, E. C., Irwin, M. R., Gundel, H., O'Connor, M.-F. (2012): When grief makes you sick: Bereavement induced systemic inflammation is a question of genotyp. Brain, Behavior and Immunity 26 (7), 1066–1071.
Schut, H. A. W., Stroebe, M. S., van den Bout, J. (1997): Intervention for the bereaved: Gender differences in the efficacy of two counseling programmes. British Journal of Clinical Psychology 36 (1), 63–72.
Schut, H., Stroebe, M. (2010): Effects of support, counselling and therapy before and after the loss: Can we really help bereaved people. Psychologica Belgica 50 (1–2), 89–102.

Schwarzer, R., Leppin, A. (1992): Possible impact of social ties and support on morbidity and mortality. In: Veiel, H. O. F., Baumann, U. (Hrsg.), The meaning and measurement of social support (S. 65–83). New York.
Seligman, M. E. P. (1995): Erlernte Hilflosigkeit (5. Aufl.). Weinheim.
Selvini Palazzoli, M., Boscolo, L., Cecchin, G., Prata, P. (1991): Paradoxon und Gegenparadoxon. Ein neues Therapiemodell für die Familie mit schizophrener Störung. Stuttgart.
Silver, S. M., Brooks, A., Obenchain, J. (1995): Eye movement desensitization and reprocessing treatment of Vietnam war veterans with PTSD: Comparative effects with biofeedback and relaxation training. Journal of Traumatic Stress 8, 337–342.
Silverman, P. R. (1969): The widow-to-widow program: An experiment in preventive intervention. Mental Hygiene 53, 333–337.
Simpson, M. A. (1979): The facts of death. New York.
Simpson, M. A. (1997): Traumatic bereavements and death-related PTSD. In: Figley, Ch. R., Bride, B. E., Mazza, N. (Hrsg.), Death and trauma. The traumatology of grieving (S. 3–16). Washington, DC.
Sireling, L., Cohen, D., Marks, I. (1988): Guided mourning for morbid grief: A replication. Behaviour Therapy 29, 121–132.
Smith, P. G., Kinlen, L. J., White, G. C., Adelstein, A. M., Fox, A. J. (1980): Mortality of wives of men dying of cancer of the penis. British Journal of Cancer 41, 422–428.
Solomon, R. M., Shapiro, F. (1997): Eye movement desensitization and reprocessing: A therapeutic tool for trauma and grief. In: Figley, Ch. R., Bride, B. E., Mazza, N. (Hrsg.), Death and trauma: The traumatology of grieving (S. 231–247). Washington.
Sormanti, M., August, J. (1997): Parental bereavement. Spiritual connections with deceased children. American Journal of Orthopsychiatry 67 (3), 460–469.
Spangler, G. (1994):Individuelle und soziale Prädiktoren schulbezogenen Verhaltens von Kindern im ersten Grundschuljahr: Eine Längsschnittstudie. Zeitschrift für Entwicklungspsychologie und Pädagogische Psychologie 26, 112–131.
Speckhard, A. (1997): Traumatic death in pregnancy: The significance of meaning and attachment. In: Figley, Ch. R., Bride, B. E., Mazza, N. (Hrsg.), Death and trauma: The traumatology of grieving (S. 67–100). Washington.
Speece, M. W., Brent, S. B. (1984): Children's understanding of death. A Review of three components of a death concept. Child development 55 (5), 1671–1686.
Sperry, L. (1992): Recent developments in neuroscience, behavioral medicine, and psychoneuroimmunology: Implications for physical and psychological well-being. Individual Psychology: Journal of Adlerian Theory, Research and Practice 48 (4), 480–487.
Spitz, R. (1973): Die Enstehung der ersten Objektbeziehungen (3. Aufl.). Stuttgart.

Staabs, G. von (1943/1995): Der Scenotest (8. Aufl.). Bern.
Stanton, M. D. (1992): The time line and the »Why now?« question: A technique and a rationale for therapy, training, organizational consultation and research. Journal of Marital and Family Therapy, 18, 331–343.
Steinberg, B. S. (2001): The making of female presidents and prime ministers: The impact of birth order, sex of sibling and father-daughter dynamics. Political Psychology 22 (1), 89–114.
Stierlin, H. (1978). Delegation und Familie. Frankfurt a. M.
Stillion, J. M. (1996): Survivers of suicide. In: Doka, K. J. (Hrsg.): Living with grief after sudden loss. Hospice Foundation of America (S. 41–51). Washington, DC.
Stroebe, M. (1992): Coping with bereavement: A review of the grief work hypothesis. Omega 26, 19–42.
Stroebe, M. S. (1994): The broken heart phenomenon: An examination of the mortality of bereavement. Journal of Community and Applied Social Psychology 4 (1), 47–61.
Stroebe, M., Schut, H. (1999): The dual model of coping with bereavement: rationale and description. Death Studies 23 (3), 197–224.
Stroebe, M., Stroebe, W. (1983): Who suffers more? Sex differences in health risks of widowed. Psychological Bulletin 93, 297–301.
Stroebe, M. S., Stroebe, W. (1989): Who participates in bereavement research? A review and empirical study. Omega, Journal of Death and Dying 20 (1), 1–29.
Stroebe, M., Stroebe, W. (1991): Does »grief work« work? Journal of Consulting and Clinical Psychology 59 (3), 479–482.
Stroebe, M., Stroebe, W. (1993): The mortality of bereavement: A review. In: Stroebe, M., Stroebe, W., Hansson, R. O. (Hrsg.), Handbook of bereavement: Theory, research and intervention (S. 175–195). New York.
Stroebe, M., Stroebe, W., Schut, H., Zech, E., van den Bout, J. (2002). Does disclosure of emotions facilitate recovery from bereavement? Evidence from two prospective studies. Journal of Consulting and Clinical Psychology 70 (1), 169–178.
Stroebe, W. (1980): Der Kummer-Effekt. Vortrag auf dem 32. Kongress der Deutschen Gesellschaft für Psychologie in Zürich.
Stroebe, W., Stroebe, M., Aboukim, G., Schut, H. (1996): The role of loneliness and social support in adjustment to loss: A test of attachment versus stress theory. Journal of Personality and Social Psychology 70 (6), 1241–1249.
Stroebe, W., Zech, E., Stroebe, M., Aboumkin, G. (2005): Does social support help in the bereavement? Journal of Social an Clinical Psychology 24 (7), 1030–1050.
Strohschein, L. (2012): Parental divorce and child mental health: Accounting for predisruption differences. Journal of Divorce and Remarriage 53 (6), 489–502.

Sydow, K. von, Beher, St., Schweitzer, J., Retzlaff, R. (2010): The efficacy of systemic therapy with adult patients: A meta-content analysis of 38 randomized controlled trials. Family Process 49 (4), 457–485.

Tausch, D. (2012): Begleitung – Beratung – Therapie. Gedanken zur Begrifflichkeit und Haltung. Leidfaden. Fachmagazin für Krisen, Leid, Trauer 1, 26–31.

Teba, S. (2012): Die langfristige Auswirkung der Rahmenbedingungen elterlicher Scheidung auf depressive und (psycho)somatische Symptome bei Erwachsenen, die als Kinder betroffen waren. Dissertation an der Universität Duisburg-Essen, Fakultät für Bildungswissenschaften.

Toedter, L. J., Lasker, J. N., Alhadeff, J. M. (1988): The Perinatal Grief Scale: Developmental initial validation. American Journal of Orthopsychiatry 58 (3), 435–449.

Toman, W. (1965): Familienkonstellationen: Ihr Einfluß auf den Menschen und seine Handlungen. München.

Toman, W. (1970): Dynamik der Motive: Eine Einführung in die Klinische Psychologie (2. Aufl.). Darmstadt.

Udelman, H. D., Udelman, D. L. (1983): Current explorations in psychoimmunology. American Journal of Psychotherapy 37 (2), 210–221.

Uhlig, H. (1976): Die Sumerer. Volk am Anfang der Geschichte. München.

Ullrich, H. (1991): Totenriten und Bestattung im Paläolithikum. In: Horst, F., Keiling, H. (Hrsg.), Bestattungswesen und Totenkult in ur- und frühgeschichtlicher Zeit (S. 23–34). Berlin.

Ullrich de Muynck, R., Forster, T. (1974): Selbstsicherheitstraining. In: Kraiker, Ch. (Hrsg.), Handbuch der Verhaltenstherapie (S. 351–368). München.

Ulsamer, B. (2001): Das Handwerk des Familienstellens. Eine Einführung in die Praxis der systemischen Hellinger Therapie. München.

Vachon, M. L., Lyall, W. A., Rogers, J., Freedman-Letofsky, K., Freeman, S. J. (1980): A controlled study of self-help intervention for widows. American Journal of Psychiatry 137, 1380–1384.

Van der Houven, K., Schut, H., van den Bout, J., Stroebe, M., Stroebe, W. (2010): The efficacy of a brief internet-based self-help intervention for the bereaved. Behaviour Research and Therapy 48 (5), 359–367.

Vogel, W., Peterson, L. E. (1991): A variant of guided exposure to mourning for use with treatment resistant patients. Journal of Behavior Therapy and Experimental Psychiatry 22 (3), 217–219.

Volkan, V. D., Josephthal, D. (1994): The treatment of established pathological mourners. In: Frankiel, R. V. (Hrsg.), Essential papers on object loss (S. 299–323). New York.

Wagner, M. E., Schubert, H. J. (1977): Sibship variables and United states presidents. Journal of Individual Psychology 33 (1), 78–85.

Wallerstein, J., Blakeslee, S. (1989): Gewinner und Verlierer. Frauen, Männer, Kinder nach der Scheidung. Eine Langzeitstudie. München.

Wallerstein, J., Corbin, S. B., Lewis, J. M. (1988): Children of divorce: A 10-year study. In: Hetherington, E. M., Arasteh, J. (Hrsg.), Impact of divorce, single-parenting and stepparenting on children (S. 198–214). Hillsdale, NJ.
Walsh, F., McGoldrick, M. (1991): Loss and the family: A systemic perspective. In: Walsh, F., McGoldrick, M. (Hrsg.), Living beyond loss: Death in the family (S. 1–29). New York.
Walter, J. L., Peller, J. E. (2004): Lösungsorientierte Kurztherapie (6. Aufl.). Ein Lehr- und Lernbuch. Dortmund.
Weiss, E., Dlin, B. M., Rollin, H. R. et al. (1957): Emotional factors in coronary occlusion. 1. Introduction and general summary. Archives of Internal Medicine 99, 628–641.
Wenckstern, S., Leenaars, A. A. (1991): Suicide postvention: A case illustration in a secondary school. In: Leenaars, A. A., Wenckstern, S. (Hrsg.): Suicide prevention in schools (S. 181–195). New York.
Wieck, H. H. (1977): Lehrbuch der Psychiatrie (2. Aufl.). Stuttgart.
Wilson, S. A., Becker, L. A., Tinker, R. H. (1995): Eye movement desensitization and reprocessing (EMDR) treatment for psychologically traumatized individuals. Journal of Counseling and Clinical Psychology 63, 928–937.
Wittkowski, J. (1990): Psychologie des Todes. Darmstadt.
Wittouck, C., Van Autreve, S., De Jaegere, E., Portzky, G., Van Heeringen, K. (2011): The prevention and treatment of complicated grief. A meta-analysis. Clinical Psychology Review 31 (1), 69–78.
Wolfersdorf, M., Etzersdorfer, E. (2011): Suizid und Suizidprävention. Stuttgart.
Wolpe, J., Wolpe, D. (1988): Life without fear: Anxiety and its cure. Oakland, CA.
Worden, J. W. (1987): Beratung und Therapie in Trauerfällen: Ein Handbuch. Bern.
Worden, J. W. (1996): Children and grief. When a parent dies. New York.
Ycaza Stroschein, C. (2007): Healing with primal: Too good to be true? PsycCRITIQUES 51 (42).
Young, M., Benjamin, B., Wallis, C. (1963): The mortality of widowers: The Lancet 2, 454–456.
Zech, E., Ryckebosch-Dayez, A.-S., Delespaux, E. (2010): Improving the efficacy of intervention for bereaved individuals. Toward a process-focused psychotherapeutic perspective. Psychologica Belgica 50 (1–2), 103–124.
Znoj, H. (2005): Ratgeber Trauer. Informationen für Betroffene und Angehörige. Göttingen.

Anlaufstellen und Übersichtsliteratur

RCA (Ruhr Campus Academy)
Raum T03 R03 D91
Universitätsstraße 2
45141 Essen
Ausbildung in professioneller Trauerbegleitung
Fortbildung für Psychotherapeuten in Trauerpsychologie und Trauerpsychotherapie
Tel.: 0201/183-7340, 0201/183-4521
Fax: 0201/183-7392

Institut für Psychotraumatologie
Springen 26
53804 Much
Tel.: 02245/919411

Selbsthilfegruppe Verwaiste Eltern Hannover
Scheelenkamp 3
30827 Garbsen
Tel.: 05131/6256

Weitere Adressen können erfragt werden bei:
Bundesverband Trauerbegleitung e. V.
Linzeweg 16
34346 Hann. Münden
E-Mail: info@bv-trauerbegleitung.de

Übersichtswerke zu Tod, Trauer und Trauertherapie
Figley, Ch. R., Bride, B. E., Mazza, N. (Hrsg.) (1997): Death and trauma: The traumatology of grieving. Washington.
Fischer, G., Riedesser, P. (1998): Lehrbuch der Psychotraumatologie. Berlin.

Jerneizig, R., Langenmayr, A, Schubert, U. (1994): Leitfaden zur Trauerberatung und Trauertherapie (2. Aufl.). Göttingen.
Littlewood, J. (1992): Aspects of grief. Bereavement in adult life. London.
Parkes, C. M. (1996): Bereavement. Studies of grief in adult life (3. Aufl.). London.
Stroebe, M., Stroebe, W., Hansson, R. O. (1993): Handbook of bereavement: Theory, research and intervention. New York.
Volkan, V. D., Josephthal, D. (1994): The treatment of established pathological mourners. In: Frankiel, R. V. (Hrsg.): Essential papers on object loss (S. 299–323). New York.
Worden, J. W. (1996): Children and grief. When a parent dies. New York.

Zeitschriften zu Tod, Trauer und Trauertherapie
Bereavement Care
Death Studies
Leidfaden – Fachmagazin für Krisen, Leid, Trauer
Mortality
Omega

Übersichtswerke zu Psychotherapien
Bastine, R. (1992): Klinische Psychodiagnostik, Prävention, Gesundheitspsychologie, Psychotherapie, psychosoziale Intervention. Stuttgart.
Beese, F. (2004): Was ist Psychotherapie? Göttingen.
Ellenberger, H. (2005): Die Entdeckung des Unbewussten. Stuttgart.
Kriz, J. (2007): Grundkonzepte der Psychotherapie. Eine Einführung (6. Aufl.). München.
Schwertfeger, B., Koch, K. (2002): Der Therapieführer. Die wichtigsten Formen und Methoden. München.
Stumm, G., Wirth, B. (2006): Psychotherapie. Schulen und Methoden. Wien.

Trauernde begleiten   V&R

Petra Rechenberg-Winter /
Esther Fischinger
Kursbuch systemische Trauerbegleitung
2. Auflage 2010. 237 Seiten, mit 8 Abb. und 1 Tab. sowie 1 CD, gebunden
ISBN 978-3-525-49133-1

»Der wohltuend ›akzeptierende‹ Ansatz der beiden Autorinnen macht dieses Buch besonders lesenswert.«
Rundbrief des Bundesverbandes Verwaiste Eltern in Deutschland e.V.

Monika Müller /
David Pfister (Hg.)
Wie viel Tod verträgt das Team?
Belastungs- und Schutzfaktoren in Hospizarbeit und Palliativmedizin
2. Auflage 2013. 318 Seiten, mit 6 Abb. und 3 Tab., kartoniert
ISBN 978-3-525-40341-9
E-Book: ISBN 978-3-647-40341-0

In der palliativen Versorgung sind die Patienten wie auch die dort Arbeitenden auf das Lebensende fokussiert. Doch welches Maß an Sterben, Tod und Trauer kann ein Team aushalten?

Stephanie Witt-Loers
Trauernde begleiten
Eine Orientierungshilfe
2010. 160 Seiten, mit einer Abb. und mit 47 Beispielen für Beileids- und Trostbriefe zum Download, kartoniert
ISBN 978-3-525-63020-4
E-Book: ISBN 978-3-647-63020-5

»Insgesamt ein sehr gelungenes und kompaktes Nachschlagwerk mit zahlreichen Anregungen und Leitgedanken.« Doris Lindner, socialnet

Alice Bodnár
Der ewige Kollege
Reportagen aus der Nähe des Todes
2009. 203 Seiten, mit zahlr. Farbfotos, gebunden
ISBN 978-3-525-40421-8

Verena Begemann / Manfred Hillmann / Daniel Berthold
Sterben und Gelassenheit
Von der Kunst, den Tod ins Leben zu lassen
Mit einem Vorwort von Andreas Heller.
2013. 144 Seiten, mit ca. 12 farbigen Bildern von Karin Lenser, kartoniert
ISBN 978-3-525-40345-7
E-Book: ISBN 978-3-647-40345-8

Mehr Informationen unter www.v-r.de

Vandenhoeck & Ruprecht

Fundiertes Know-how zur Arbeit mit Trauernden

V&R

Monika Müller / Sylvia Brathuhn / Matthias Schnegg
Handbuch Trauerbegegnung und -begleitung
Theorie und Praxis in Hospizarbeit und Palliative Care

Unter Mitarbeit von T. Adelt, T. Breidbach, C. Fleck-Bohaumilitzky, F. Grützner, M. Kern, D. Klass, B. Papendell, D. Pfister, R. Rosner, M. Weber, S. Zwierlein-Rockenfeller.
2013. 292 Seiten, mit 3 Abb. und 1 Tab., kartoniert
ISBN 978-3-525-45188-5

E-Book: ISBN 978-3-647-45188-6

Das Buch will das Bewusstsein für Trauerleiden und -erleben schärfen und den Mitarbeitern palliativer Versorgungsdienste und von Hospizen Handwerkszeug anbieten, mit diesem Thema kompetent umzugehen.

Palliativmedizin und Hospizarbeit haben sich in den vergangenen Jahren in vielfältiger Weise entwickelt. In der Begleitung von schwerkranken und sterbenden Menschen sind Schmerz, körperliche und psychische Probleme, Leid, Abschied und Trauer allgegenwärtig. Das Handbuch gibt Antworten auf die zahlreichen Fragen zum Phänomen Trauer. Neben der Vermittlung theoretischen Grundwissens werden praktische Umgangsweisen mit Trauer wie auch mit den immer wieder auftauchenden Fragen von Schuld, Verzweiflung, Sinnsuche und Sehnsucht behandelt.

Vandenhoeck & Ruprecht

Das Fachmagazin für Krisen, Leid, Trauer

V&R

Leidfaden

Fachmagazin für Krisen, Leid, Trauer

ISSN 2192-1202

Die Zeitschrift möchte allen, die Menschen in Krisen und Trauer therapeutisch, medizinisch oder seelsorgerlich begleiten, zur Seite stehen und sie mit fundierten Beiträgen bei ihrer Arbeit unterstützen.

Nähere Informationen zur Zeitschrift erhalten Sie unter
www.v-r.de/leidfaden
Alle Hefte sind auch einzeln beziehbar!

Die Zeitschrift »Leidfaden« erscheint durchgehend mit themenbezogenen Heften. Die Themenwahl orientiert sich an spezifischen Handlungsfeldern. »Leidfaden« möchte (semi-)professionellen Trauerbegleitern eine inhaltliche Verortung bieten, die sie in ihrer Arbeit unterstützt und als Fortbildungsorgan dient, Hintergründe beleuchtet und Denkanstöße gibt; entsprechende Rubriken werden fortlaufend aufgenommen (Praxis- und Forschungsberichte, Reportagen, Interviews, Tagungskalender, Verbandsnachrichten, fachspezifische Foren, Glossen, Rezensionen, Literaturhinweise etc.).

Geschäftsführende Herausgeber: Monika Müller (Bonn), Prof. Dr. Lukas Radbruch (Bonn), Dr. Sylvia Brathuhn (Neuwied)

Herausgeber: Thorsten Adelt (Bonn), Dorothee Bürgi (Zürich), Arnold Langenmayr (Ratingen), Markus Melchers (Bonn), Heiner Melching (Berlin), Christian Metz (Wien), Petra Rechenberg-Winter (Eichenau).

Vandenhoeck & Ruprecht